Reflejos del Paisaje Humano de La Herradura

Itinerario narrativo por un pueblo encantador

Renate van Nijen

Copyright 2016 © Renate van Nijen

Todos los derechos reservados. Prohibida la reproducción de este libro o parte de su contenido en cualquier formato sin previo consentimiento por escrito de Renate van Nijen.

ISBN   978-90-824528-2-2

Publicado por Palcho Publications
Email: info@renatevannijen.com
www.renatevannijen.com
Imágenes: Renate van Nijen
Arte de la cubierta : Renate van Nijen

Layout: Ferry Verhoeve

Traducción: Annalivia Connolly

Mi agradecimiento a todas las personas que han participado con su historia personal en la creación de este libro y mi reconocimiento especial a Mel O'Gorman Davies, Jeannette Bos, Mari Carmen Parra González, Ana B. Díaz Espildora, Angel Galdo F. y Olga Ruano por su ayuda.

También quiero agradecer a varios miembros de mi familia por su collaboración y apollo en el proceso de creación de este libro.

Reflejos del Paisaje Humano de La Herradura también está disponible en Inglés (Reflections from La Herradura).

Índice

- La cubierta de este libro   6
- Prefacio   7

Un itinerario narrativo

- La historia de La Herradura   10
- 'Evolución, de paraíso pesquero a paraíso turístico   15

Gente pintoresca

- El barrendero feliz - Francisco Martín   21
- El narrador que relata los relatos de los narradores - Raimundo de Haro García   25
- Pasión por la poesía - Paulino Álvarez González   29

Después de la vida

- Un certamen internacional - Andrés Segovia   33
- 'El Ruso', una leyenda del flamenco - Manuel Rodríguez Garciolo   36
- Un devoto artista del pueblo - Pepe Gámez   40

Cantar es mi historia

- Una familia cantante - Helena Díaz de Haro   43
- Un encantador director de coro - Pablo Ruiz Segura   49
- La Herradura, un pueblo de fusión - Lupe Posada   55

Una cofradía de literatura

- Un maestro poeta - Reinaldo Jiménez Morales   63
- Un escritor prolífico - Salvador Compán   68
- Levantando el ánimo - Andrés Cárdenas   74
- El poeta frente al mar - Tomás Hernández Molina   79
- Una pareja literaria - Álvaro Salvador / Pepa Merlo   83

Imágenes que cuentan una historia
- Inspirado por el silencio - Juanfran Cabrera — 89
- Una gran pérdida cambió nuestras vidas - Fraser Williamson — 94
- Siguiendo mi dicha - Lauren Sebastian — 100

Sonidos de la música
- Cuando Alemania encuentra Cuba - Charly Endres — 106
- No mueren con remordimientos - Tony Turner — 112
- Carpintería musical - Graham Emes — 119
- Desde Nueva York a la bahía - James Sobers — 125
- Música en imágenes - Lino Díaz — 134

A través de una lente
- El camino hacia el sur - Bob Long — 142
- Compartir reflexiones - Chloe Pettersson — 151
- Una interpretación holandesa de belleza española - Jeroen Stultiens — 157
- Los fotógrafos de pueblo - Jose y Nihal — 166
- Salvar los rinocerontes - Charlie Jackson — 169

Pasión por el Flamenco
- El sueño de un guitarrero - Stephen Hill — 178
- En cuerpo, mente y espíritu - Pablo Escudero — 186
- Mi vida es flamenco - Olga Rodriguéz Garciolo — 192
- Flamenco, una pasión de familia - Ana Maria Aneas Pintado — 195

Vivir el sueño en color
- Políticas americanas - Anna DiGesu — 202
- Me dio una dirección en 2003 – Renate van Nijen — 207
- Un hogar apto para una nómada - Kerry Broomhead Brown — 214

El pasado perfila el futuro
- Descubrir Andalucía - Juan Franco Quirós 219
- Imágenes que cuentan del pasado - Paco Alaminos 224
- Historia como pasión - José Ángel Ruíz Morales 228

Objetos artísticos
- Aventura artística en un jardín encantado - Rosario González Torres 233
- La joyería de círculos de la cosecha - Paolo Sgura 238
- El olor a cuero - Lilian Urquieta 245

Un enfoque diferente
- Culto, religión y arte - Juan Manuel Calvache 250
- Un castillo pintoresco - Manuel Lecrín 256
- La vida es teatro, teatro es la vida - Josune Sáinz Santana 263
- Un camaleón artístico - Antonio Cochera 268

Atracción e inspiración
- Soñar en grande, La Herradura un espacio cultural importante - Mario Aguilar 273
- Creando un interés - Marjolein Lu Jong 279

Un pueblo de fiestas 285
Nota del autor 291

Arte de Portada de Renate van Nijen

'Seaside Reflections' es un cuadro en óleo, representando la forma de la bahía, una herradura y un típico pueblo blanco andaluz, el mar y el flamenco.

Más arte de Renate van Nijen www.renatevannijen.com

Prefacio

"La Herradura o bien te cautivará o te escupirá," me dijo una vez alguien capturado por su mágica sensación. En los años que he vivido aquí he visto cómo de cierto es esto y puedo confirmar con alegría mi propia experiencia de ser cautivada por este pueblo a orillas de la Costa Tropical.

He estado pensando en escribir este libro durante un tiempo, pero cuando la idea llegó a mí, sabía que no quería escribir simplemente un libro de historia o una guía para turistas. Tenía un profundo impulso de compartir la historia de La Herradura desde la perspectiva individual de su fascinante variedad de gente interesante – tanto los que han sido atraídos por la encantadora aldea de La Herradura desde lejos, como yo, como los que han nacido y se han criado aquí. Quería ver si también sintieron el Feng Shui casi perfecto de esta 'joya en la bahía', donde el mar besa las montañas y las montañas abrazan el mar. Una vez que empecé a hablar con estas personas, sabía que no estaba solo en mí el amor por este lugar y sabía que necesitaba compartir sus historias únicas con el mundo.

El pueblo de La Herradura recibe su nombre gracias a la forma de la brillante bahía mediterránea. Pasear por las calles de La Herradura - aparentemente desiertas fuera de temporada – uno podría pensar que es un lugar poco despierto, tal vez incluso anodino. Pero las apariencias pueden ser engañosas. Este místico pueblo canta como una sirena a las almas sensibles de todas partes, y a veces literalmente del otro lado del mundo. Pintores, escritores, escultores, músicos y otros con un acercamiento espiritual a la vida - sanadores, maestros de yoga, de Tai Chi, Pilates o meditación- han encontrado el camino hasta aquí, todos atraídos por la energía que parece elevarte - si estás abierto a ello, por supuesto.

La Herradura ofrece belleza a pie de calle, en la vida

diaria de los herradureños en los callejones encalados; en el cielo con los muchos entusiastas del parapente que crean una colorida exhibición a lo largo del año, bordeando los promontorios antes de aterrizar en la playa; y naturalmente en y bajo el agua donde se puede encontrar un paraíso cristalino para nadadores y buceadores.

"Reflejos del Paisaje Humano de La Herradura," no es una guía, pero al leer las historias de sus artistas y otras personas 'pintorescas', aparte de descubrir lo que les impulsa, aprenderás sobre la historia de La Herradura, su evolución y esperanzas para el futuro, a la vez que puedes descubrir sus secretos y lugares especiales.

¿Y quién sabe? Tal vez La Herradura pueda trabajar su magia en ti también, e inspirarte a contar un día tus propias historias de esta enigmática bahía…

Renate van Nijen

Itinerario narrativo

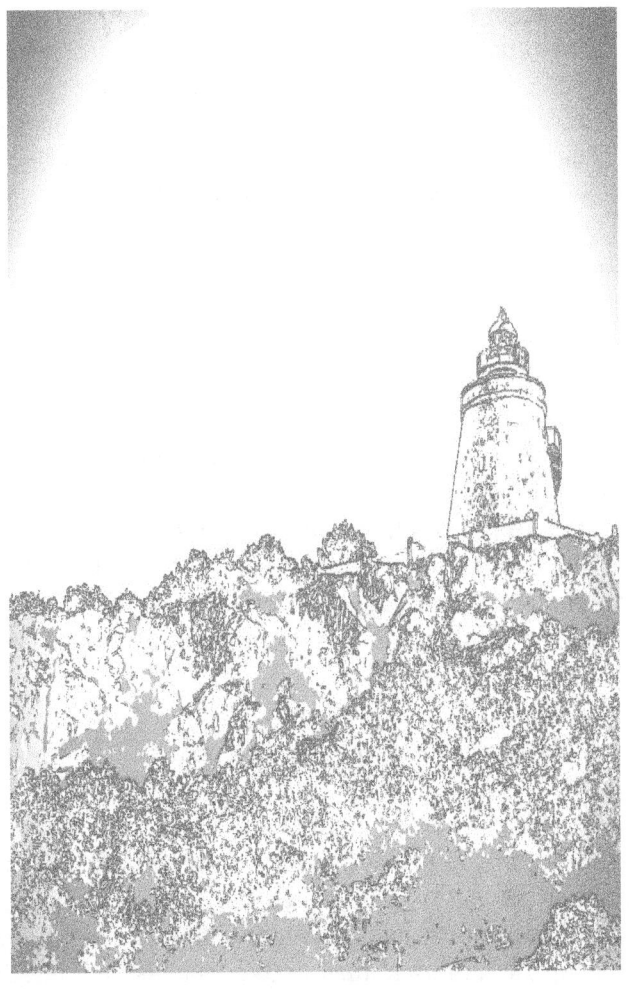

La historia de La Herradura

Las dos atalayas permanecen orgullosas sobre sus montañas, contemplando la bahía y el mar. Ambos monumentos han sido testigos de siglos de cambios. La torre de Cerro Gordo se creó en el s.XVI y la de la Punta de la Mona es aún más antigua - fue convertida en un faro a finales del s.XX pero se originó en el s.XII.

La Herradura puede ser empapada en historia pero esta enigmática Bahía revela su pasado poco a poco. De hecho sondeos arqueológicos 'oficiales' no se llevaban a cabo hasta hace poco. La primera evidencia histórica se descubrió en 1888 al construirse la carretera costera de Almería a Málaga. Informes de esta época declaran que se habían descubierto numerosas tumbas en el *Barranco de las Tejas*, un camino de tierra que sale del paseo marítimo justo al pasar la farmacia a mano derecha.

Posteriormente, cuando se construyó la autovía en la década de 1990 un grupo del departamento de arqueología medieval de la universidad de Granada hizo un sondeo y encontró restos de un asentamiento prehistórico de la Edad de Cobre. Desde entonces ninguna otra excavación arqueológica ha tenido lugar en La Herradura, lo que significa que aún podría haber muchos tesoros antiguos en los suelos herradureños que de momento permanecen sin descubrir.

Descubrimientos arqueológicos oficiosos

A pesar de ello, a lo largo de los años jornaleros han hallado artefactos mientras labraban el campo, los cuales han guardado sin pensar en la importancia y así permaneciendo en manos privadas - uno de esos hallazgos fue la espada 'argárica' más grande jamás encontrada en Andalucía. Asi es por objetos como esos, encontrados y guardados por campesinos, que la historia de 'Jate' puede ser trazada como una línea evolutiva desde la Edad de Cobre a la Edad de Bronce - con cultura argárica, luego con los fenicios, seguida por los romanos.

Árabes en La Herradura

Gracias a fuentes árabes que se refieren a Jate, sabemos que después de los Romanos se asentaron los moros en la zona. Sabemos que se referían a Jate y no a Jete porque hablaban de un puerto marítimo y un castillo fortificado. Jete no tiene puerto, está a siete kilómetros de la costa, y tampoco tiene un castillo fortificado, La Herradura sí. Esta confusión histórica se generó con los relatos de la historia de La Herradura. Durante la Edad Media, La Herradura era conocida como Ŝāt (orilla), traducido como Jate, que sigue siendo el nombre del río que desemboca en las orillas del pueblo. En la Edad Media textos hablaban de la zona, refiriéndose a ella como Jate. Entonces, cuando los textos se tradujeron a finales del s.XX, se obtuvo información de un mapa en el que aparecía Almuñécar con un pueblo cercano llamado Jete, no Jate. A consecuencia de la traducción toda la información histórica de La Herradura fue designada a Jete y ¡de ahí fue citada erróneamente en varios libros históricos! Aunque La Herradura nunca ha tenido su propia administración, el pueblo tiene una importante historia conocida.

De hecho, cuando llegaron los árabes a esta zona de España, desembarcaron primero en La Herradura, no en Almuñécar. A finales del s. V d.C. a consecuencia de una enorme crisis en el Mediterráneo las industrias de salazones, principal producto de las ciudades romanas en esta zona, desaparecieron y con ellas las propias ciudades. Los habitantes de los pueblos y las aldeas se desplazaron a las montañas, hacia áreas más seguras y fortificadas, como los *Castillejos*.

La llegada de los cristianos

Desde el s.XI d.C Almuñécar volvió a fortificarse y se hizo más importante, pero la zona de Jate seguía siendo un pueblo árabe hasta que llegaron los cristianos en 1489. Entonces la situación cambió drásticamente. Los cristianos conquistaron las ciudades fortificadas como Almuñécar y Salobreña, expulsando a los árabes. Se desató una guerra que duró muchos años. Llegó un punto en que la aldea de Jate, situada más o menos donde está ahora el puente de la autovía, fue abandonada por completo, a partir del 1526, debido a que la gente se había instalado en los interiores, retirándose de la costa para evitar la piratería y las guerras.

Un desastre nacional 'secreto'

Donde gran parte de la historia de La Herradura se ha 'perdido', malinterpretado o 'perdido en la traducción', alguna parte del pasado de la bahía ha sido intencionalmente mantenida en secreto. El diecinueve de octubre 1562 La Herradura se convirtió en el escenario de un acontecimiento histórico que se mantuvo secreto durante muchos años y hasta hoy ha permanecido relativamente desconocido para el mundo, incluso para muchos españoles. La bahía sufrió de un gran desastre natural que les costó la vida a más de 5000 personas. Fue una de las mayores catástrofes en la historia naval española que tuvo lugar en las orillas de La Herradura. Veinticinco galeras de la armada española naufragaron en la Punta de la Mona debido a una tormenta. Estas enormes naves de guerra mediterráneas podían llevar hasta 500 tripulantes cada uno. Los remeros de estas galeras eran esclavos o criminales convictos.

El día antes, la flota de veintiocho galeras zarpó del puerto de Málaga hacia Orán y Mozalquivir en el norte de África, después de una misión de defensa española contra ataques piratas. Se levantaron fuertes vientos y buscaron refugio en la Punta de la Mona en la bahía de La

Herradura, pero el viento cambió y veinticinco galeras chocaron entre sí y fueron destrozadas. Justo antes de ocurrir el desastre, quitaron las cadenas a los esclavos. Muchas de las personas saltaron de las galeras al mar, pero fueron arrastradas por la corriente o aplastadas por los restos de las naves. Dos mil personas lograron sobrevivir, la mayoría esclavos que luego serían capturados. El desastre se mantuvo en secreto por miedo a que el enemigo supiera de la pérdida de gran parte de la armada española. Los cuerpos fueron enterrados en la playa, pero fueron descubiertos durante un nuevo temporal. Vinieron personas de toda la zona para ayudar a desenterrar los cadáveres y volver a enterrarlos más cerca de las montañas. Hasta el día de hoy nadie sabe exactamente dónde. Ahora forma parte de la historia de La Herradura y varios habitantes del pueblo han dedicado un libro a este trágico evento; e incluso la catástrofe fue mencionada por Miguel de Cervantes en *Don Quijote de la Mancha cap. 31 2a parte* cuando escribió "que fue hija de Don Alonso de Marañón, caballero del Hábito de Santiago, que se ahogó en La Herradura".

La llegada de los Italianos

En los tiempos del desastre las costas del sur de España estaban prácticamente deshabitadas, como en el caso de La Herradura. Aparte de la fortaleza militar del s.XVIII, a la que ahora nos referimos como 'el castillo', no hubo realmente un pueblo cerca de la costa hasta el principio del s. XIX cuando empezó a llegar la población que compone el pueblo actual. Sabemos, gracias a la documentación, que esta población era extranjera. A consecuencia de la Guerra Napoleónica muchos dejaron Italia en busca de una nueva vida. Las personas que acabaron en La Herradura venían de Noli, frente a Génova en la provincia de Savona, lo que explica por qué la mayoría de las cincuenta y tantas familias originales del pueblo tienen antepasados italianos. La historia cuenta que se establecieron en La Herradura por su entorno natural, que les recordaba a Noli. Muchos vivían de la pesca y del buceo para recolectar el coral rojo que se podía encontrar en las profundidades de la Punta de la Mona.

No obstante, se puede decir que una parte de la historia ha sido descubierta, indudablemente sigue habiendo misterios enterrados en los alrededores, pero el pueblo está en constante evolución y la historia de La Herradura siempre será un relato en proceso.

Evolución, de bahía pesquera a bahía turística
Juan Manuel de la Cuesta, originariamente de Granada y que lleva viniendo a La Herradura con sus padres de vacaciones desde 1957, afirma que "antes de que el turismo llegara a La Herradura mucha gente vivía de la pesca y la agricultura. No había bloques de apartamentos en primera línea de playa ni paseo, solo un camino de arena en la playa. Las lluvias torrenciales provocaban que el río creciera hasta el punto de que no pudieras llegar hasta el extremo del pueblo donde se encuentra Peña Parda. Al aproximarte a la orilla se encontraban varias casas de pescadores y en dirección Punta de la Mona había pequeñas chozas. Solo había un chiringuito en la playa. La calle principal del pueblo era la calle Real, pero aún no existían casas en la parte de arriba. Había pocas calles en el pueblo y ningún supermercado. Para hacer la compra la gente iba a los ultramarinos, una palabra antigua que hace referencia a productos importados de América. Existían dos ultramarinos en La Herradura. No vendían productos de América pero sí todo lo que podías necesitar para el hogar desde bombillas, pintura, cerraduras, a latas de conserva, botellas de vino, pan, fruta y verdura. En aquellos tiempos muchos vecinos solo tenían un empleo durante tres o cuatro meses durante el verano, pescando o como agricultor. Durante el resto del año no tenían dinero. Era bastante normal en la época, que los ultramarinos guardaran listas de lo que la gente compraba a lo largo del año y que cuando cobraran en verano pagaran sus deudas.
La vida era simple y dura. En los cincuenta muchas casas ni siquiera tenían cuartos de baño y la gente hacia sus necesidades donde tenían los animales. Pero poco a poco las cosas empezaron a cambiar. Aún no había mucho turismo y solo durante los domingos de agosto conseguirías ver a algunas personas en la playa. Fue entonces cuando se construyeron algunas casas y vinieron los primeros franceses a pasar sus vacaciones.

Principalmente eran argelinos ya que Francia tenía una colonia en Argelia. En 1955 y 1956 se construyeron las primeras casas de Punta de la Mona. Prieto Moreno compró el terreno inicialmente para construir casas para un grupo selecto de amigos entre los que se encontraba Andrés Segovia. Prieto Moreno era una figura muy conocida e influyente que vivía en Madrid. Era el arquitecto conservador de La Alhambra de Granada y director general de bellas artes. Prieto se especializaba en arquitectura, urbanismo y protección de patrimonio histórico y artístico, pero también se dedicaba a los jardines y publicó un libro de jardinería. Viajó a muchos países árabes y fue influenciado por su arquitectura. A finales de los cincuenta los primeros ingleses comenzaron a construir casas en la Punta de la Mona. Había unas tres o cuatro e incluso nombraron una calle en su honor, *Camino de los Ingleses*. Prieto necesitaba dinero para crear la infraestructura en la Punta de la Mona y empezó a vender terreno, pero escogió con cuidado a sus clientes e impuso su visión. Las casas se construyeron bajo sus estrictas directrices. Su idea era que cada casa tuviera una parcela de 1000 metros cuadrados y que se integrara con el entorno, cubierto por árboles, para que no se pudieran ver los edificios desde la carretera.

Todavía eran tiempos de Franco. Aunque no había libertad de prensa o política, había libertad de comercio. Los turistas eran bienvenidos y la economía comenzó a crecer. En parte debido al turismo, pero también gracias a los emigrantes españoles que se marcharon a países como Alemania o a ciudades como Barcelona para trabajar.

Estos trabajadores enviaban sus sueldos a sus familias, lo que ayudaba a la economía local. La Herradura empezó a cambiar. Poco a poco se arreglaban las casas, se instalaron cuartos de baño y la gente compraba coches, lavadoras y televisores. Hombres comenzaron a trabajar como jardineros y mujeres limpiando casas. Sobre todo a finales de los sesenta el turismo empezaba a florecer. Más personas se mudaron al pueblo y se empezó a construir en parte de Cerro Gordo, que también pertenecía a Prieto Moreno. La familia Moreno construyó los primeros chalets en la zona de Los Romeros, pero también se llegó a un acuerdo con un grupo de holandeses que construyeron varias urbanizaciones, como Las Palomas y Los Girasoles. Los holandeses no vinieron a comprar casas, como los ingleses, sino a hacer negocios. Eran jóvenes, veinteañeros, hablaban varios idiomas y conectaban fácilmente con otros países europeos. Tenían una oficina en una calle, a la cual siguen refiriéndose a ella como *Calle de los Holandeses*. Esto era a finales de los sesenta comienzo de los setenta. En aquel entonces ya había cuatro o cinco chiringuitos donde la gente tocaba música popular de la época y creaban una atmósfera de espíritu libre que encantaba tanto a turistas españoles como a los extranjeros. Durante los setenta empezó a desarrollarse el paseo marítimo. Venían muchos españoles del interior de la península al sur para pasar tiempo en la playa y era necesario construir más. Vecinos respaldaron el proyecto pero se llevó a cabo con poco cuidado de calidad. Había un interés por hacer dinero rápido y esto resultó en edificios poco atractivos y mal construidos. En 1975 solo había cuatro o cinco edificios en primera línea de playa pero eso pronto cambio. Personas de países del norte de Europa empezaron a comprar propiedades, entre ellos ingleses y belgas, pero también de países como Dinamarca. También se construyeron apartamentos en Punta de la Mona.

El boom inmobiliario realmente despegó al inicio del año 2000, cuando se crearon los *Cármenes del Mar* en Cerro Gordo. Fue un proyecto desastroso ya que el terreno no era apto para la construcción. Algunas de las casas se tuvieron que derribar y muchas sufren serios problemas estructurales a consecuencia de movimientos del terreno. Los vecinos a menudo se refieren a la urbanización como *'crímenes del mar'*. Un proyecto parecido se llevó a cabo en Marina del Este, el puerto marítimo y de ocio de La Herradura, también experimentando significativos problemas estructurales, pero no tan graves como los anteriores.

En sus principios el puerto estaba muy bien organizado con cantidad de jardines, pistas de tenis e incluso se podía montar a caballo. Todo esto cambió para dar paso al turismo masificado, particularmente para turistas españoles que solo venían durante el mes de agosto. Era el inconveniente del boom inmobiliario y quizás no se pensó a fondo. Marina del Este es un lugar precioso y animado durante el verano pero en invierno puede transmitir una sensación desértica, lo que es una pena. La crisis también ha afectado a La Herradura. Aun así, ahora en el 2015, sigue habiendo una comunidad extranjera, en mayor parte inglesa y alemana, pero el colegio local registra cerca de ¡25 nacionalidades! Es excepcional para un pueblo de 4000 habitantes. El mercado inmobiliario también ha empezado a levantarse un poco. Gente de países nórdicos como Noruega, Suecia y Dinamarca han vuelto a encontrar su camino hasta aquí. Sigue siendo un sitio atractivo para los aficionados de la naturaleza, para hacer excursiones y simplemente disfrutar de la atmósfera española con sus chiringuitos, sus playas y la típica costumbre 'granaína' de servir una tapa con cada bebida. Para muchos seguirá siendo un paraíso turístico".

A Juan Manuel le encantaban las vacaciones con sus padres en los años cincuenta y sesenta, llenas de excursiones, pesca y tiempo en la playa. En 1974 tuvo la oportunidad de abrir una agencia inmobiliaria en La Herradura y vive aquí con su familia desde entonces, atestiguando de primera mano su evolución. Su amor por el pueblo se hace visible cuando explica apasionadamente cuáles son sus deseos para el futuro de La Herradura. "Me gustaría ver una mejora de lo que tenemos y ninguna o muy poca construcción, me gustaría que lo que se construya se haga respetando el medio ambiente. Las leyes urbanísticas están hechas de goma y pueden ser interpretadas de muchas maneras pero espero que la administración municipal sea consciente de la importancia de conservar este pueblo especial en la visión de Prieto Moreno...integrado en su entorno."

Gente pintoresca

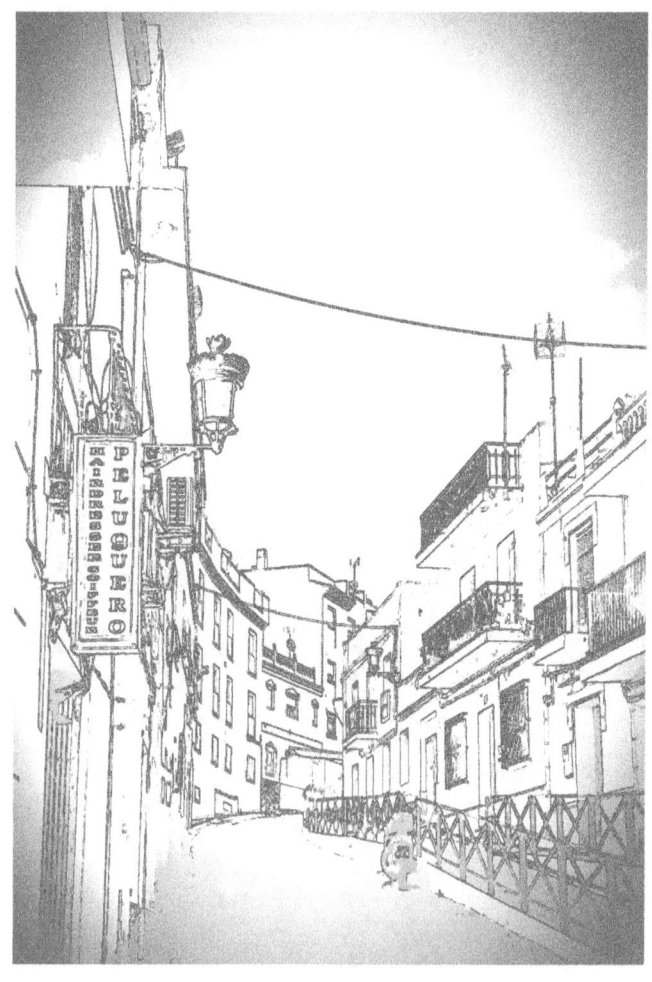

El barrendero feliz

"Señora, sobre la entrevista para su libro... Solo para que lo sepa... Siempre desayuno a las 10:00 en frente de la iglesia." La pequeña iglesia católica del pueblo está como escondida de la calle y de primeras no te da la impresión de que sea una iglesia. El campanario solo mide unos diez metros con dos campanas pequeñas dando la hora, anunciando celebraciones y misas de funerales. Una placa conmemorativa con una figura medieval y una cita de El Ingenioso Hidalgo Don Quijote de la Mancha, capítulo 31 2ª parte, que menciona La Herradura, marca la entrada del templo. La placa conmemorativa se refiere al naufragio que tuvo lugar en la bahía de La Herradura el 19 de octubre de 1562, donde tantos perdieron la vida. La plaza de la Iglesia está protegida por una amplia variedad de ficus, convirtiéndola en un lugar bonito y frondoso. Varios bancos de madera ofrecen asiento a los que visitan la plaza para contemplar la vida o esperar a que las puertas de la iglesia se abran antes de comenzar la misa. A la izquierda de la plaza hay una zona cubierta aguantada por pilares estilo romano, con una colección de azulejos retratando a Jesús con un niño. Debajo de la imagen hay una plataforma blanca con una pequeña imagen de María y una placa conmemorativa sobre el suelo de mármol. Media pared está cubierta por azulejos típicamente andaluces. Son azules, rojos y verdes, cuyos fascinantes estampados de influencia árabe absorben tu atención por completo. Cuatro escalones abren paso al acceso de la iglesia, su entrada cubierta por un pórtico de madera. Robustas puertas, también de madera, conducen al interior del pequeño templo, sin la abundancia de esculturas doradas de fondo, tan comunes en España, pero con una delicada colección de estatuas a ambos lados del altar. La pared del fondo muestra un mural inusual. Es azul celeste con un estilo bastante abstracto, pintado por el ya fallecido Pepe Gámez. Crea una atmósfera tranquila y calmante.

El día está inusualmente nublado, algunas ligeras gotas de lluvia caen sobre mis mejillas. Me doy prisa para llegar a la plaza de la iglesia. Un gran ficus da cobijo de la llovizna, y saludo a Francisco Martín el barrendero, más conocido aquí como Paco. Le veo prácticamente cada mañana, seis días a la semana, cuando salgo con mi perro por el paseo. Paco siempre me saluda con un agradable "Buenos días, señora". Es claramente un apasionado de su trabajo, barriendo las calles como si su vida dependiera de ello sin perder nunca el entusiasmo. Sus *Buenos días* van dirigidos a los dueños de los bares y los transeúntes madrugadores, acompañados por una sonrisa. A veces, se me acerca corriendo después de que haya recogido los excrementos de mi perro con una bolsita de plástico, que me quita de las manos a la vez que me bendice con un "Vaya con Dios".

Hoy he quedado con él para hacerle algunas preguntas. Acaba de terminarse su desayuno y me deja un lugar para sentarme en el banco de madera bajo el árbol, mientras dobla con cuidado las bolsas de plástico antes de guardarlas de nuevo en su mochila. Lolo, el perrito de uno de los bares, que siempre se mantiene cerca de Paco durante sus rondas limpiando calles, está sentado frente a él. Está esperando pacientemente las sobras, después de haber lamido la lata de atún del suelo hasta dejarlo reluciente. Paco recoge la lata vacía y la mete en una bolsa de plástico junto a basura sobrante del desayuno. Me invita a sentarme. Me da la impresión de que le entusiasma la entrevista. Su sonrisa amable me alivia. Me preocupa un poco no comprender todo lo que me cuente debido a que se expresa a través de un fuerte dialecto andaluz y habla muy deprisa. "Me encanta el mar... antes era pescador," explica. Su pasión por el mar es casi tangible. Ha trabajado en Almuñécar durante ocho años y ahora trabaja en La Herradura seis días a la semana, desde las siete de la mañana hasta la una de la tarde. Siempre está contento y barre con una energía que me saca una sonrisa. "Me gusta que todo esté limpio", dice. "Quiero que la gente que visite La Herradura y los que vivan aquí piensen... *es tan limpio y bonito aquí.*" Explica que le encanta el mar porque lo lleva en el alma; sigue sintiendo la sangre de pescador fluyendo por sus venas. Pero también le gusta su trabajo actual. Lo único que no le gusta es que parece que algunos de los habitantes del pueblo no se preocupan por mantenerlo limpio. Tiran la basura a la calle en vez de a la papelera. Explica apasionadamente, "Con frecuencia la gente sale del estanco tras comprar unos cigarros, les quita la envoltura de plástico y lo tira directamente al suelo a pesar de que yo esté delante con mi carro y las bolsas de basura. No logro entenderlo."

Hablamos sobre el problema de las colillas que hay desperdigadas por la playa. Se las comen los animales, niños juegan con ellas y no todas las colillas las pueden barrer personas como Paco. En un día de viento o lluvia acaban en los desagües que llevan al mar, donde a menudo, aves y peces las confunden con comida. Estudios demuestran que una sola colilla contamina hasta ocho litros de agua y no es necesario ser científico para comprender que hay un grave problema de contaminación.

A Paco tampoco le gusta el hecho de que algunas personas no respeten la hora designada para dejar la basura doméstica en las calles, que es entre las ocho de la tarde y once de la noche. A continuación la basura es recogida por el servicio municipal de limpieza. La basura que se deje en la calle fuera de ese horario no se recoge hasta el día siguiente y a veces perros y gatos callejeros intentan buscar en ellas algo comestible. Se apresura a decir que la mayoría de la gente sí que respeta las normas pero siempre hay alguien que parece que no le importa. Sueña con que La Herradura sea un pueblo muy limpio y que todos lo puedan disfrutar.

Es hora de que Paco vuelva al trabajo. Le pregunto si le puedo sacar una foto y acepta encantado. Rebusca en su mochila y encuentra un peine que se pasa por el cabello, como un joven James Dean. Caminamos hasta el carro de la basura, con su escoba, rastrillo y pala asomando de los cubos. Paco posa orgullosamente tras su carro con el mar reluciente al fondo.

Francisco Martín

El narrador que relata los relatos de los narradores
Ha salido el sol, me dirijo a la calle Real donde veo un pequeño cartel blanco de Peluquero que cuelga de la entrada, donde he quedado con Raimundo de Haro García, el barbero del pueblo. Es como adentrarte en el pasado en este pequeño espacio lleno de hombres. Las paredes están cubiertas por anticuados posters de eventos, calendarios y una mezcla de postales, fotos viejas y mapas. Dos sillones azules un poco desgastados de dos plazas y varias sillas negras de oficina reciben a aquel que entre en el local. Hay una sola silla de peluquería en esta antigua barbería donde Raimundo les corta el pelo a clientes jóvenes y mayores, la mayoría de ellos hombres. Todos le conocen y él conoce a todo el mundo. Habla con cariño de los extranjeros que han hecho de La Herradura su hogar, incluso algunos se han convertido en buenos amigos. A lo largo de su vida ha visto muchos cambios en La Herradura – el pueblo pescador con cultivos de almendros y olivos se transformó en un centro turístico costero con cultivos de frutas tropicales, entre otros aguacates, chirimoyas y nísperos. Ahora es un pueblo de servicios dedicados a los turistas y se ha creado una simbiosis perfecta entre ellos y la economía local. Pero en general, el ambiente y la atmósfera siguen siendo españolas.

Gran parte de los habitantes españoles del pueblo están emparentados de forma más o menos retirada con alguna de las cincuenta familias que vivieron aquí originalmente. Hasta hoy, muchos llevan el mismo apellido. Raimundo pertenece a una de esas familias. Casado y con cinco hijos, es un amable referente para su querido pueblo. Nació en La Herradura, como sus padres, sus abuelos y sus antepasados, que sobrevivían trabajando en la industria de la caña de azúcar, recogiendo cosechas por temporada y pescando. Su abuelo por parte paterna era un jornalero, pero el padre de Raimundo rompió la tradición convirtiéndose en el barbero local. Su abuelo por parte materna era comerciante, se ganaba la vida comprando y vendiendo ganado, como cabras, caballos y mulas. Su hija Gracia, la madre de Raimundo, era una de once hijos que llevaba un pequeño supermercado en el local que ahora ocupa la barbería. Era uno de los dos ultramarinos del pueblo, donde vendía todo tipo de productos desde sardinas y arenques a cualquier otro producto que la gente pudiera necesitar. Gracia era una mujer extraordinaria y extremadamente generosa. Cuando alguien enfermaba y necesitaba algo, incluido medicinas, se los regalaba sin dudarlo un segundo.

Si las paredes de la pequeña peluquería pudiesen hablar, contarían historias muy interesantes, pero de algún modo ya lo hacen, revestidos con una colección personal de memorias y obsequios. Siempre hay gente en el local, algunos esperando su turno, otros charlando. Si necesitas saber algo, Raimundo es tu hombre. Es muy agradable y siempre está preparado para compartir una sonrisa y una palabra amable. Una figura pintoresca con la costumbre de raparse su fino cabello una vez al año para luego dejarlo crecer de nuevo. Le gusta hablar y es un narrador nato, contando detalladamente las tristes, extravagantes e interesantes historias de los que vienen con frecuencia a la barbería a cortarse el pelo o a charlar. La barbería se encuentra en la calle Real. Casi todos los pueblos tienen una calle Real. El nombre viene de camino de la realeza lo que significa que era la vía por donde pasaba gente con caballo, vacas o cabras. Con los años, la calle ha cambiado mucho. En los años sesenta, muchos hogares aún tenían corrales delante de la casa, donde tenían gallinas o cerdos. También había varios bares pequeños en la calle como La Cabaña, Mesón Pedro y el Mesón Sombrero entre otros. Celebraban numerosas fiestas de fandango. El fandango es un estilo de cante típico de personas que labraban el campo, también llamado fandango cortijero. En esta zona de España también eran conocidos como verdiales. Es parecido al flamenco.

Podrías imaginarte un 'árbol genealógico' donde el 'flamenco' es el tronco del que salen muchas ramas. Hoy en día tan solo quedan dos casas con ese espacio que una vez fue un corral, ambos reconvertidos en patios a los que se puede acceder por calle Rambla del Espinar, paralela a calle Real. En los años cincuenta y sesenta, cuando en la calle Real todavía estaban las casas originales, la vida era bastante dura. Muchos hombres madrugaban para ayudar a los pescadores. Se les pagaba con la así llamada *musa,* que era un pequeño donativo. Después subían a las montañas para labrar el campo, en los olivares, almendrales e higuerales. En aquellos tiempos también hacían *pan de higo* y había un molino de aceite en las afueras de La Herradura... Algunos de los aldeanos trabajaban en la industria de la caña, lo que les llevaba a sitios como Motril, Torre del Mar y Vélez Málaga, donde las plantaciones de caña de azúcar eran muy grandes. En La Herradura también se cultivaba caña de azúcar, pero a menor escala. Esto fue en la zona de Peña Parda.

Todos se conocían, pero una de las personas más queridas del pueblo era Frasquito. El Centro de Salud de La Herradura lleva el nombre de este señor, cosa muy rara no siendo un medico profesional. Frasquito era el tío de Raimundo y era el dueño de la droguería de calle Real. Vendía pintura y otros productos, también fue el primer peluquero del pueblo. Esta profesión fue pasada a su hija Helena, que se convirtió en la primera peluquera. Hasta el día de hoy se pueden ver las estanterías donde guardaba sus productos en una parcela abandonada donde una vez estuvo su casa, entre la calle Ramblas del Espinar y calle Real. La pared está cubierta por un material de protección naranja pero sigue contando una historia del pasado. Frasquito es recordado como el 'médico del pueblo' ya que ponía inyecciones y ayudaba a la gente con su salud a pesar de no tener estudios de medicina. Raimundo habla de su tío con mucho respeto ya que muchos vecinos mayores le deben la vida a Frasquito. Raimundo aún era un niño cuando empezó a ayudar en la barbería de su padre, también en la calle Real más o menos enfrente de la peluquería actual. Recuerda que su padre le hacía sentarse sobre una caja de madera para leer el periódico en voz alta a los que eran analfabetos.

A Raimundo le encanta su trabajo – le gusta trabajar en general y no se ve a sí mismo sin hacer nada. Ha tenido algunos empleos fuera de La Herradura como Barcelona y Granada, pero La Herradura es su hogar. Habla con cariño de ella cuando recuerda su amor por los deportes, una gran parte de su vida cuando era joven. Ciclismo, atletismo, buceo, de todo. La vida era buena en los tiempos en los que se escuchaba buena música en los chiringuitos de la playa durante los años sesenta y setenta – música de Ray Charles, Led Zeppelin, Jimi Hendrix, Louis Armstrong, Lou Reed and Frank Zappa con el olor a hachís nunca demasiado lejos.

Los tiempos han cambiado, pero su trabajo como peluquero siempre le ha dado una sensación de libertad. Le gusta el hecho de haber conocido a tanta gente, tanto extranjeros como españoles, y espera seguir conociendo a muchos más. Siempre será una inspiración con su positivo punto de vista sobre la vida, una sonrisa y amables consejos.

Raimundo de Haro García

Pasión por la poesía

Paulino Álvarez González entra en la pequeña barbería y empieza a hablar de sí mismo. Paulino vive en La Herradura desde el treinta de agosto de 1998. Es originariamente del norte de España, de Vilardevós, Galicia. Solía trabajar para el servicio de correos antes de trasladarse a Andalucía por razones laborales, ya que le fue ofrecido un empleo en el instituto. Ahora considera el pueblo su hogar. Le gusta la luz y los colores, el mar en particular, y explica que contrasta totalmente con la zona donde se crió. Vilardevós se encuentra en una zona montañosa, muy verde pero grisácea durante el invierno. Cada verano visita a su familia, pero durante el resto del año es una cara conocida en las calles de La Herradura. Desde que llegó ha cambiado de empleo en varias ocasiones incluyendo la de carnicero y creando programas deportivos para la radio local, hasta la actualidad donde es empleado en el hotel Best Alcázar de Punta de la Mona.

Paulino tiene una pasión. Su pasión es la poesía. Él no la escribe pero le encanta leer poesía, pequeños relatos y literatura por general. Este amor viene de los intereses culturales de sus padres y el ambiente en el que creció, también de sus propias ansias por aprender. Los pequeños y grandes eventos de la vida moldean a la persona y Paulino tuvo tres acontecimientos importantes que dieron forma a su vida. Una fue una experiencia que a muchos les cuesta comprender. Sufrió un grave accidente de tráfico y tuvo una experiencia cercana a la muerte. Asegura que vio el túnel con su mágica luz y esto le cambió profundamente, desde entonces aprecia más la vida. La pérdida de sus padres también tuvo un gran impacto sobre él, al igual que venir a La Herradura.

Al haber pasado sus años mozos en un pueblo rural del norte, venir aquí fue como un camino que llevaba a una cultura diferente. Ofrecía multitud de oportunidades de hacer amigos de todas partes. Sentía que era la oportunidad para abrir una puerta a nuevos

conocimientos, ayudándole a cambiar su punto de vista sobre la vida y ofreciendo nuevas perspectivas. Paulino, aunque hoy en día siente que su tierra de origen tiene cierta magia, vivir en La Herradura le ha aportado la paz interior, una mente más abierta en cuanto a su punto de vista sobre la vida y más riquezas internas.
De cierta manera, las dos regiones distintas son complementarias. Hace años se puso en contacto con 'Amigos de La Herradura', una asociación de La Herradura que fue creada hace más de treinta años. Esta asociación favorece el descubrimiento del patrimonio cultural del pueblo y la recuperación de antiguas tradiciones populares. A lo largo de los años han conseguido con éxito que se vuelva a celebrar la noche de San Juan, el día de los inocentes y también han ayudado mucho con el día de las cruces y con la feria de San José*. El certamen de poesía anual también lo organiza esta asociación. Paulino es el fundador y coordinador del concurso. Cuando se creó el objetivo era dar a conocer a La Herradura como el lugar privilegiado que es y resaltar la historia de los paisajes naturales que rodean el pueblo. Hoy en día no hay temática, así que los participantes tienen la libertad de escribir lo que quieran. El certamen fue creado en el 2007 porque sentía que faltaba algo. Estaba el certamen Andrés Segovia para los guitarristas clásicos, pero sentía que la poesía y la música iban de la mano. La poesía es el alma de la libertad porque es un vehículo para expresar los sentimientos libres de las personas. Él mismo no escribe poesía, pero ha estado escribiendo sobre temas culturales para un periódico.
Cada año, en julio, se anuncia por varios medios el certamen de poesía, como la radio y la prensa. Hay dos opciones de inscripción. A una puede presentarse todo el mundo siempre y cuando lo haga en castellano y otra es para habitantes de La Herradura y Almuñécar. El objetivo del concurso no es solo un tributo a los campesinos o los que viven del mar, sino también es un tributo a la

Constitución Española que permite a la gente expresar sus libertades. Participan personas de toda Sudamérica de origen español. Las obras son evaluadas por un jurado, cada uno con altas cualidades literarias, como Andrés Cárdenas Muñoz, Reinaldo Jiménez, Tomás Hernández Molina, Álvaro Salvador Jofre y Marisa Julián. También organizan la lectura de poesía y la presentación de libros en el jardín de la ceramista local, Rosario González.

Para Paulino lo más importante es que la gente pueda desarrollarse con total libertad, sin límites y sin ser juzgados. Sus esperanzas para La Herradura son claras: exponer su interesante patrimonio cultural y favorecer lo más posible su desarrollo para el impredecible futuro.

Paulino Álvarez González

* véase capítulo 'un pueblo de festejos'

Después de la vida

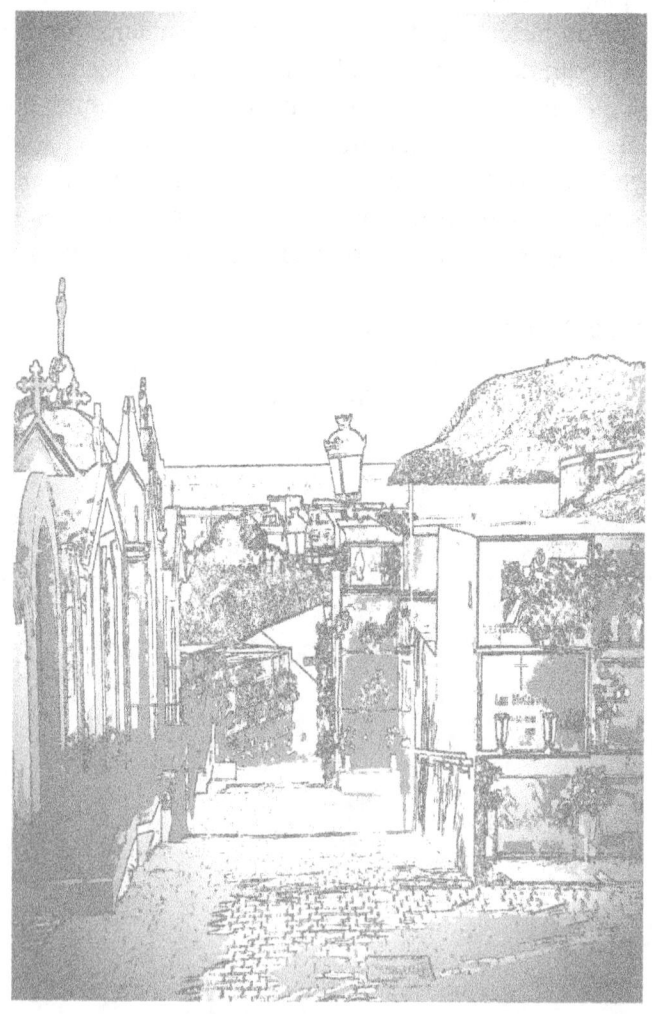

Un certamen internacional

La Herradura es conocida por muchos músicos como el pueblo del certamen internacional de Andrés Segovia. Cada año se reúnen talentosos guitarristas del mundo entero en el pueblo para mostrar su maestría en un concurso internacional. Actúan durante varios días demostrando sus habilidades frente a un jurado y un público amante de la guitarra clásica. Andrés Segovia nació en Linares, provincia de Jaén en 1893. Fue un guitarrista clásico español y es considerado uno de los mejores guitarristas de la historia. Numerosos antiguos alumnos suyos de guitarra clásica son en la actualidad artistas de renombre. Andrés Segovia era un artista expresivo con su increíble gama de tonos, la manera de frasear y estilizar su música, y su personalidad musical.

Siendo joven se fue a vivir con su tío Eduardo y su mujer. Le apuntaron a clases de violín, pero tuvo una experiencia negativa con un profesor muy estricto y lo dejó. Sin embargo era obvio que tenía un don para la música y pasado un tiempo su tío se mudó a Granada para que Andrés recibiera una buena educación. Fue introducido al flamenco pero le atraían más las obras de compositores clásicos. A pesar de que su familia quisiera que estudiase derecho, continuó sus estudios musicales. Con solo dieciséis años actuó por primera vez en Granada y un par de años más tarde fue a Madrid para su primer concierto profesional. Pronto se dio a conocer internacionalmente, tocando entre otros en París, Barcelona y Sudamérica. Fueron buenos tiempos para Segovia ya que la guitarra resurgió como instrumento de orquesta. Su arte y personalidad se acoplaron con nuevas tecnologías como la radio, la grabación y el avión, que ayudaron a que la guitarra volviera a ser popular.

Segovia se formó como un guitarrista de flamenco espectacular pero su dirección principal era la música clásica. Fue galardonado con varios premios y honores durante su carrera musical pero se distinguió sobre todo por dignificar la guitarra clásica como instrumento legítimo de orquesta. En reconocimiento de una vida de contribuciones a la música y al arte, el Rey Don Juan Carlos I le condecoró con el título de Marqués de Salobreña en1981.

Segovia sentía que la enseñanza era una parte vital de su misión de propagar la guitarra y dio clases magistrales a lo largo de su carrera. Influenció una generación de guitarristas clásicos con su técnica y sensibilidad musical. Simplemente con decir que habías sido estudiante de Segovia se podía ganar un respeto como guitarrista. Segovia confesaba no haber enseñado a tantos estudiantes como reclamaban serlo y llegó a decir: "Tengo 'alumnos' por todo el mundo que jamás he conocido". Cuando Segovia conoció al arquitecto y político granadino Francisco Prieto Moreno, amante de La Herradura, Prieto convenció al maestro guitarrista de que comprase una finca con preciosas vistas al mar. Andrés Segovia vino a La Herradura a los setenta y pocos años. Cada verano podías encontrarle en alguno de los chiringuitos de la playa, disfrutando de una cerveza. Era una figura fuera de lo común, siempre con la típica camisa centroamericana ancha y blanca que le colgaba sobre los pantalones, un sombrero de paja y su bastón. Siguió actuando hasta su vejez y durante los años setenta y ochenta pasó su semi jubilación en La Herradura. El pueblo no tardó en considerar a Segovia un vecino importante y en 1983 se le nombró 'hijo adoptivo del pueblo de La Herradura y Almuñécar' y el paseo recibió su nombre, Paseo Marítimo Andrés Segovia.

Se creó el certamen internacional de guitarra clásica en colaboración con el ayuntamiento de Almuñécar. El gran maestro aún vivía y autorizó el certamen. Sin embargo, impuso la condición de que el certamen demandara la calidad musical de los guitarristas premiados. El primer certamen tuvo lugar en 1985. El evento atrae a numerosos amantes de la guitarra hasta el día de hoy. Andrés Segovia murió de un infarto en Madrid a la edad de noventaicuatro años. Fue enterrado en la Casa Museo Linares en Andalucía. Ya no está entre nosotros, pero su nombre se mantendrá vivo en su legado, sus películas, sus grabaciones y en el Certamen Internacional Andrés Segovia de La Herradura.

Andrés Segovia - (1893 – 1997)

'El Ruso', una leyenda del flamenco

Trepo por los extendidos escalones empedrados, aferrándome a una barandilla en la cuesta de Fray Leopoldo que sale de calle Real, y tomo la tercera calle a la derecha que es la calle Morenas. Soy obsequiada con unas vistas preciosas del pueblo antiguo. Casas encaladas a ambos lados de estas vertiginosas calles, demasiado estrechas para ser usadas por coches, vestidas con cestas colgantes, llenas de colorido gracias a los geranios en la fachada. Continúo andando por calle Morenas hasta que desemboca en una especie de plaza, calle Las Maravillas, justo después de un pequeño supermercado. A la izquierda hay un centro comunal (el antiguo club de los pensionistas), ahora centro de ocio, donde la gente puede asistir a clases de yoga y otras actividades. Es el vecindario donde vivió Manuel Rodríguez Garciolo, más conocido como 'El Ruso'.

Voy de camino a entrevistar a su viuda, Elena, sobre la fascinante vida y el patrimonio musical de Manuel. Elena me invita a entrar al minúsculo hogar que está completamente lleno de recuerdos y fotografías. Parece un santuario. Hay dos mesas redondas repletas de jarrones, copas, fotos y estatuas. Cada hueco está cubierto por placas memoriales, platos, premios y fotos, muchas fotos, la mayoría de su marido, los hijos y los nietos. Elena es una mujer sonriente y animada que te hace sentir bienvenido de inmediato. A los setenta y ocho años sigue ayudando con cada misa en la iglesia del pueblo, está notablemente en forma. Nació en Almuñécar y su marido nació en La Herradura. El nombre cristiano de los abuelos de Manuel era Garciolo Ruíz. Eran mercantes, compraban todo tipo de cosas en Almuñécar para después venderlas en La Herradura. Al apellidarse Ruíz, la gente decía "Vienen los 'Ruices'". Con los años se modificó a los 'Rusos' y de ahí el apodo 'El Ruso'.

Elena y Manuel se mudaron a la casa de La Herradura en 1958 e incluso la Guardia Civil tocó a la puerta un par de

veces porque pensaban que venían de Rusia. Habla con cariño de su difunto marido. La familia de su madre provenía de Génova, Italia, los primeros en desembarcar en La Herradura. De ahí su segundo apellido Garciolo, que es un apellido italiano. A su padre, cabrero, le encantaba cantar y se le daba muy bien. Una pasión que heredó su hijo. Manuel siempre estaba cantando, solo, con amigos, en eventos caritativos para recolectar dinero para la iglesia, en las fiestas locales y en peñas, donde actuaban los cantaores de flamenco.
En una ocasión, le escuchó el famoso Juanito Valderrama y quiso llevarle a Granada para que iniciara una carrera como cantante. Esto significaba aprender de un gran maestro durante tres o cuatro meses sin ingresos, pero Elena estaba embarazada de su primer hijo y él no quería arriesgarse a prescindir de ingresos durante tanto tiempo, así que rechazó la oferta. Para ganarse la vida se dedicó a la construcción y trabajó mucho para Prieto Moreno cuando urbanizó la Punta de la Mona. Prieto y Manuel se hicieron buenos amigos.
Más adelante sufrió un accidente de tráfico que le impidió seguir trabajando en la construcción, así que se convirtió en el conserje del colegio. No le impidió que cantase. Manuel no sabía ni leer ni escribir, pero podía 'componer' su propia música. Utilizaba una pequeña grabadora casete para grabar sus canciones. Era un magnífico compositor de lírica flamenca.
Elena recuerda: "Un día había creado un precioso *fandango a la madre* que era una oda a su madre". La vida no era fácil para Elena y Manuel. Perdieron su primer hijo cuando tan solo tenía un año, luego a su segundo hijo con seis meses. Su tercer hijo sobrevivió pero luego tuvieron otro hijo que también murió a los seis meses. La más joven, su hija, logró sobrevivir. Perder a tres de sus cinco hijos era una pena que formaría parte del sentimiento que Manuel invertía en sus canciones y actuaciones. Era un hombre bueno, siempre ayudando a

los demás. Realizaba muchos trabajos de construcción para la iglesia de forma gratuita. No era el único. Muchos hombres del pueblo también lo hacían. Pero Manuel siempre fue generoso con todo el mundo. Si alguien le decía *oh qué bonito* sobre algo que poseía, se lo daba. Elena recuerda que un día, cuando su hijo todavía era pequeño, fue al banco y vio que faltaban 30.000 pesetas. Eso era mucho dinero en aquellos tiempos. Su esposo no le había dicho nada. Le había dado el dinero a un hombre que lo necesitaba para visitar a su hijo en la prisión de Granada. También le dio al hombre para la ocasión, su traje de boda ya que gastaban la misma talla de ropa. Elena solo se enteró de la razón porque faltaban tantas pesetas cuando años más tarde el hombre llamó a la puerta para devolver el dinero. Manuel realmente nunca recibió dinero por cantar, ni quiso dedicarse a ello profesionalmente, no obstante se hizo famoso. Recibió numerosos premios que llenan con orgullo el salón de su casa. Otros artistas conocidos como Camarón, Chiquetete, Enrique Morente y muchos más fueron amigos suyos. Era muy respetado por el mundo del flamenco gitano en Granada.

Cuando ya trabajaba en la escuela como conserje, un amigo suyo de Salobreña le sugirió que grabara un disco. En principio no quiso, pero le dijeron que era por el bien del ayuntamiento y la escuela local. Con la ayuda del ayuntamiento el álbum fue creado. Hasta hoy se sigue vendiendo esta grabación en cantidad de tiendas, ahora en formato CD y en venta en sitios como Granada y El Corte Inglés de Málaga. 'El Ruso' será recordado. Desafortunadamente murió demasiado joven, de cáncer de pulmón en 1997. Su entierro fue un tributo a un gran y humilde artista con personas de todas partes presentando sus respetos por última vez. Elena me enseña el álbum de su querido esposo. En el reverso puede leerse:

"*El flamenco antiguo del Ruso.*

Con este álbum hemos creado una colección de audios de

voz, la sensibilidad artística y conocimiento que Manuel 'El Ruso' tiene sobre el flamenco de otra era, para que los entusiastas de este tipo de música puedan apreciar y disfrutar de este núcleo de música folclórica, lejos de las productoras comerciales de la industria musical. Una recuperación de la música andaluza genuina: el flamenco".

Manuel Rodríguez Garciolo (1932 - 1998)

Un devoto artista de pueblo

Desde la plaza principal de La Herradura, la Plaza de la Independencia, a mano izquierda del escenario hay unas escaleras por las que puedes acceder a los callejones antiguos del pueblo. Luego se abre a una pequeña plaza con plantas y algunos árboles junto a un retrato de Pepe Gámez hecho en cerámica por Rosario González Torres, ceramista local. Un cristal protege la estatua y a sus pies hay cinco flores blancas de cerámica, también hechas por Rosario, en tributo a este artista tan querido. Esta zona es donde Pepe vivió durante gran parte de su vida. Nació en La Herradura durante la Guerra Civil y murió en febrero del 2013. Justo al pasar la estatua hay una callecita que te lleva a otra plaza la de San José. Ahí se encuentra una estatua de la Inmaculada, obra de Pepe Gámez, que sigue orgullosamente en pie en el centro de la plaza donde una vez hubo una vieja iglesia que se quedó pequeña para un pueblo en crecimiento y dejó lugar a la construcción de negocios y casas.

Pepe ha dejado su huella en La Herradura de muchas maneras. La mayoría de las familias mayores tienen alguno de sus cuadros vistiendo sus paredes. Era un hombre generoso y solía regalar su arte a parejas recién casadas. Era un hombre guapo, como una estrella de cine, y podría haber sido un rompecorazones en potencia, pero Pepe tenía una pasión. Y era religioso en su pasión. No quería hacerse cargo de la responsabilidad de una familia ya que eso hubiera significado renunciar a lo que más amaba... el arte.

En el año 1958 se fue a vivir a Madrid con el hermano de su padre para participar en talleres de escultura. Allí aprendió mucho pero se sentía como una carga para sus tíos que tenían cuatro hijos en una época en la que dinero escaseaba, así que Pepe volvió al pueblo. Era un auto didacta con un imparable deseo de ser pintor y escultor. Su perseverancia dio fruto ya que a lo largo de su vida recibió muchos encargos, entre ellos restauraciones en una iglesia en Vitoria en el País Vasco y la iglesia del Carmen en Motril. Durante los setenta y ochenta, Pepe vendió muchos cuadros a extranjeros que venían al pueblo de vacaciones o para vivir y muchos vecinos de La Herradura también compraron su arte tan preciado.

Entregado al arte dedicó su vida a pintar, esculpir y a la iglesia. La iglesia era importante para él aunque no era el típico devoto, pero tenía mucha fe. Su arte emocionó la iglesia de La Herradura de diversas maneras. Esculturas de Jesús y los apóstoles junto a él, el precioso fondo tras el altar, una moderna y abstracta representación de una luz blanca sobre una imagen difusa de un pueblo o ciudad. Era un verdadero artista con una exquisita paleta de colores, viviendo su vida con arte.

Cuando era joven tenía un estudio cerca de la iglesia y también una casa donde vivía. Durante sus últimos años de vida se lo podías encontrar cada mañana y tarde en el estudio de Rosario González, siempre tras un cuadro, con la radio emitiendo música clásica desde la esquina de la habitación. Era una persona muy sensible y era capaz de emocionarse escuchando un réquiem de Mozart. También era un hombre muy generoso y durante épocas difíciles la gente del pueblo prefería acudir a Pepe antes que al cura. Pepe les llevaba a la tienda y les compraba leche o pan. Era muy querido y siempre era capaz de hacer reír a otros con su fantástico sentido del humor y su habilidad para relatar historias. Era un hombre elegante y aunque se le eche mucho de menos, su presencia sigue notándose ya que vive en las estatuas y pinturas generosamente repartidas por el pueblo.

Pepe Gámez -   (1934 - 2013)

Cantar es mi historia

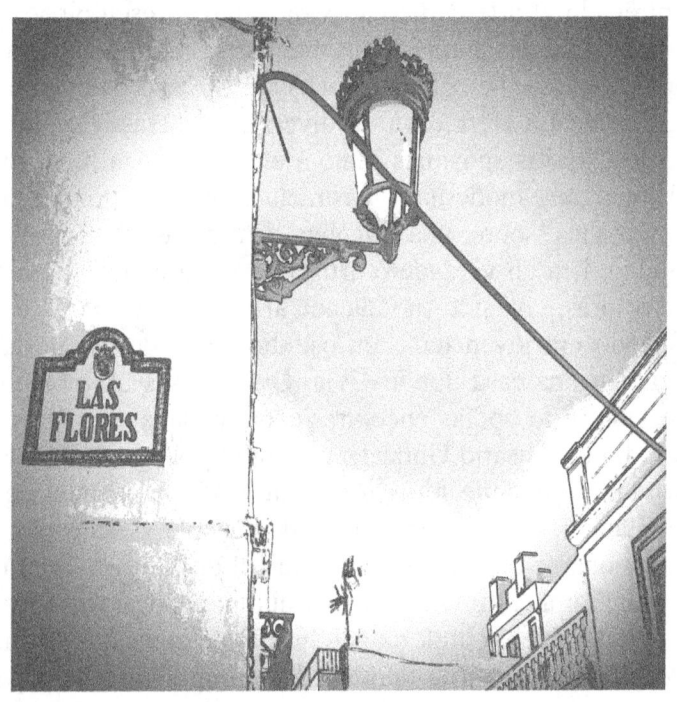

Una familia cantante

"Llevamos la canción en la sangre, en nuestros genes. Mi familia entera canta. En el pueblo nos conocen como *la familia del estanco*. Soy la hija de Helena de Haro y Ricardo Díaz Valero. La gente de aquí me conoce como Heleni. Prácticamente toda mi familia, abuelos y bisabuelos son de La Herradura. Como muchas familias herradureñas, mis antepasados provenían de Génova, Italia. Me crie con mis padres en la calle de las Flores, encima del estanco. La calle de las Flores es una pequeña calle que sale de calle Real, a aproximadamente veinte metros de El Salón, conocido por ser el primer bar de La Herradura. El estanco cerró y se trasladó y ahora el local se usa para reuniones sociales. Mi familia ya no vive en la casa de arriba, pero el balcón sigue manteniendo muchos recuerdos de cuando mi madre cantaba a la Virgen.

Siempre estábamos cantando. La gente podía oírnos, especialmente a mi madre al pasar por la calle o mientras compraban cigarrillos. A menudo cuando cantaba, mi padre tocaba la guitarra y cantaba en sintonía para acompañarla. Recuerdo que siendo una niña, los amigos de mis padres pasaban por la tienda y subían al piso para tocar casi todas las noches. No había televisión. Había música, violines, guitarras, bandurrias y canto, mucho canto. Incluso participaban algunos extranjeros. Esas tardes fueron, por así decirlo, las primeras sesiones de música improvisadas en La Herradura. 'El Ruso' que era un conocido cantaor de flamenco y parte de nuestra familia también acudía a estos eventos. Mi bisabuela tenía cinco hijos. En el pueblo la llamaban 'María la planchadora' porque se le daba muy bien planchar ropa. Era una familia muy humilde. Mucha gente del pueblo eran parientes más o menos cercanos. Por ejemplo, mi abuelo por parte materna es el tío de Raimundo, el barbero local. Mi abuelo era 'Frasquito' y era muy importante en el pueblo. Era muy artista pero en aquellos tiempos había que dedicarse al campo o a la pesca.

Durante la guerra, mi abuelo tuvo que alistarse en el ejército y trabajar en la enfermería. Ahí es donde desarrolló su pasión por ayudar a los demás y cuando regresó al pueblo, prácticamente se convirtió en el médico de La Herradura. Todo el mundo iba a verle si enfermaban. Hasta el médico de Motril que venía una vez al mes decía: 'Frasquito, puedes hacer esto, con toda la experiencia que tienes, eres muy capaz.' Mi abuelo nunca tuvo la oportunidad de estudiar medicina pero era apasionado y un lector entusiasta. Tenía dos hijos. Un niño, que era muy buen cantante pero desgraciadamente falleció a los nueve años, y mi madre. Mi madre era la mayor y se pasó la vida cantando. Una amiga íntima de mi abuela, conocida como La Marquesica, también de La Herradura, se fue a vivir a Sevilla cuando su hija Ana aún era pequeña. A Ana le encantaba bailar y fue a una academia de danza en Sevilla. Acabó siendo una actriz y bailaora famosa que ha participado en varias películas conocidas. Se llamaba Ana Esmeralda y tenía muchos amigos en el mundo del flamenco. Oyó a mi madre cantar con tan solo doce años y quería llevarla consigo para hacerla famosa, pero mi abuelo no lo permitió, ya que en esos tiempos no estaba bien visto que las mujeres se dedicasen al mundo del espectáculo. En lugar de eso trajo una mujer de Málaga para que enseñara peluquería a mi madre. Con tan solo doce años estaba al cargo de la primera peluquería de La Herradura. El suelo era de madera y siguió bailando y cantando.

Mucha gente de La Herradura tocaba el violín o cantaba y con la ayuda del maestro de música local crearon una especie de grupo teatral, del que mi madre formaba parte. Mis padres estaban muy enamorados pero el abuelo de mi padre quería que su hija se casara con alguien con tierras, con dinero. Mis padres también estaban emparentados. Mis bisabuelas eran hermanas; la madre de mi madre y la madre de mi padre eran primas, entonces mis padres se conocían bien desde pequeños. En aquel momento mi padre vivía en Galicia porque mi abuelo era militar, un capitán de la marina. Mi padre tuvo alguna novia antes de conocer a mi madre, pero el amor es algo misterioso y un día, mientras mi madre actuaba en el teatro mi padre estaba en el público y le dedicó una canción. El resto es historia. La música les unió. Mi madre tenía un talento particular para la copla, que no es flamenco sino un típico estilo de cante español, popular en Andalucía, pero que también se canta en Madrid. Aparte de la copla, mis padres cantaban muchos boleros, aunque nunca profesionalmente. Si actuaban en eventos locales nunca lo hacían por dinero.

Mi madre era una mujer muy creyente y cantaba muchas saetas dedicadas a momentos de sufrimiento. La saeta es una típica canción católica española que se originó hace cientos de años, probablemente de la recitación de salmos bajo la influencia de música litúrgica. Varían mucho en cuanto a forma y estilo, y son famosas por su poderosa tristeza durante Semana Santa. El cante tiene lugar durante las procesiones religiosas que se desplazan lentamente por las calles de los pueblos del sur de España, llevando a hombros figuras sagradas. Se suele cantar desde un balcón, dirigido a una escultura de Jesús, describiendo su agonía en la Vía Dolorosa, o quizás a una imagen de su madre María sufriendo por su muerte. Mi madre era conocida por ello y venía gente especialmente hasta nuestra casa para verla cantar desde el balcón. La saeta se asemeja al cante flamenco pero es muy difícil de cantar. Ella era bastante tímida y no le gustaba exponerse mientras cantaba una saeta; no era por ella, sino por respeto al sufrimiento. A la gente le gustaba mucho como cantaba y los costaleros siempre paraban bajo el balcón para escucharla.

Mi madre era una artista auténtica. Pintaba al óleo sin objetivo de vender. Ayudó a crear las esculturas de Jesucristo y la virgen María para la iglesia del pueblo. A ambos les hizo las pestañas de cabello de mi hermana y mío. Así que nuestro pelo adornaba estas bellas estatuas. Siempre les cantaba. Mi madre murió el veintiocho de marzo, en Viernes Santo, el día que murió Jesucristo. Murió exactamente a las tres en punto y mucha gente cree que Jesús también. Durante la vigilia de mi madre, la procesión pasó por debajo del balcón con la Virgen. Fue como si hubiera ido a verla. Mirábamos desde el balcón. Era conmovedor, todo el mundo lloraba. Fue muy emotivo y especial, por el día, la hora, por la Virgen. Mi madre había dedicado tanto en su vida a la Virgen; sus canciones, el cabello de sus hijas y ahora parecía que la Virgen venía a mostrar sus respetos. El funeral fue espectacular; una multitud vino a despedirla. Mis padres eran muy queridos en el pueblo. Siguen parándome en la calle para hablarme de ellos. Ambos enfermaron de cáncer el mismo año, pero mi madre murió dos años después de mi padre. Mi vida estaba destrozada. Solo tenía veinte años y era la más pequeña de la familia. Tengo un hermano y una hermana mayores.

El legado que nos dejaron nuestros padres fue un gran amor por la música. Todos cantamos, pero no se nos animó a ser profesionales. Los estudios eran lo primero, ya que pensaban que una carrera musical era demasiado dura para sobrevivir. Pero eso no nos hizo abandonar la música. Mi hermano estudiaba por las tardes para poder dedicarse a cantar. Empezó a trabajar en musicales como tenor y llegó a actuar en Alemania. Aparte, es un gran compositor, aunque terminó escogiendo otra carrera y convirtiéndose en maestro de religión en el colegio del pueblo. Mi hermana nunca cantó de forma profesional, solo en eventos locales. Todos tocamos instrumentos. Yo tocaba la bandurria, mi hermano el piano y la guitarra, mi hermana también la guitarra, al igual que mi sobrino. Mi sobrina es la única que no toca un instrumento, pero canta.

Yo fui a Granada a estudiar, pero siempre estaba

cantando. Un día, cuando mi madre aún vivía, le di una grabación de mí cantando a un amigo suyo que organizaba bodas. El se puso en contacto conmigo después de que muriera mi madre y me ofreció un trabajo cantando en bodas y otros eventos. Me salvó la vida ya que cantar es lo único a lo que realmente me quería dedicar. Canté de forma profesional durante siete u ocho años, pero la vida se metió de por medio y empecé a viajar, algo que me encanta, a descubrir nuevos horizontes. Aun así, la música nunca se aleja mucho de mí, está en mi familia. Mis sobrinos cantan. Mi sobrino de forma profesional. Vive en Valencia donde forma parte de un grupo llamado Wonder.

Ahora mismo trabajo en el estanco de mi familia, pero tengo planes de volver a cantar. Lo echo de menos. Siempre escucho música, cantando al compás de programas de televisión o la radio, pero quiero más. Sé que tengo potencial pero necesito mejorar, así que estoy yendo a clases vocales técnicas en Granada. Mi música favorita es el jazz y me gusta cantar el estilo de Halie Loren. Es fantástica e inspiradora, pero también me gusta cantar boleros y soul. Para el soul necesitas una banda que te acompañe, pero para el jazz y bolero no es necesario. Actualmente estoy trabajando con Carlos Martín, un guitarrista de jazz, para futuras actuaciones. Para mí, la música me tiene que conmover y transmitir algo. Me gusta que despierte emociones. Con la edad me doy cuenta de que es importante apreciar el arte. Música, danza, pero también la pintura, escultura y demás. Siempre hay una historia tras un cuadro o una pieza de música. Hay tiempo y esfuerzo detrás, años de práctica, estudio. Puedes apreciarlo cuando realmente lo observas o escuchas de corazón. También me gusta transmitir eso cuando canto. Me gusta que la gente escuche de verdad cuando actúo, para que la música forme parte de ellos. Permite que les toque, porque cuando la música toca, cuando emociona, es una experiencia preciosa. Al menos así es para mí. La música es, fue y será siempre mi nutrición. Necesito cantar. Está en mi sangre... en mis genes."

Helena Díaz de Haro

El director encantador del coro

Justo debajo de los Cármenes del Mar hay una pequeña cala, al que solo se puede acceder mediante un camino corto en el parque natural de Cerro Gordo. La cala y sus alrededores se llaman Calaiza. Pablo vive justo encima y a menudo sale a dar un inspirador paseo hasta la pequeña playa. Nos encontramos en su casa y juntos nos dirigimos por el camino a través de un área encantadora con vistas espectaculares. Encontramos un bonito lugar de sombra en la playa y ambos expresamos nuestro aprecio por el mar y el pueblo de La Herradura. Pablo es uno de los entrevistados más jóvenes en la participación de este itinerario narrativo, es decir, con tan solo 28 años. Lleva su grueso cabello negro en una cola y no puedo evitar mirar sus manos. Parecen aptas artísticamente para hacer el trabajo que hace. Su espalda recta y apariencia segura y tranquila completan el cuadro.

Le pregunto si nació en el pueblo y comienza a hablar.

"Soy de Almuñécar pero llevo tres años viviendo en La Herradura. Me interesaba encontrar un lugar tranquilo donde pudiera tocar mi gran piano sin molestar a los vecinos y lo encontré en los Cármenes del Mar. Es una casa grande y tuve suerte de poder permitirme alquilarlo. Es perfecto para mí. Me gusta el pueblo pero es difícil explicar su atracción. Tiene por supuesto, una belleza natural pero también lo tienen los pueblos vecinos como Almuñécar. Pero aun así, no es la razón. Hay algo más aquí. La mejor manera de describirlo es que tiene su propia energía con muy buenas vibraciones. Es algo que sientes en tu interior y creo que por eso es un sitio especial para tantos artistas. A mí me aporta la tranquilidad. El hecho de ser pequeño ayuda a que la gente conecte. Este pueblo tiene un fuerte sentido familiar, donde la gente se conoce y están pendientes unos de otros. A mí me hace sentir seguro, con menos agresividad que en pueblos más grandes."

¿Podrías decir que el pueblo te ha cambiado la vida?

"Sí, totalmente. Pude cumplir mi sueño aquí."

Todavía eres muy joven, ¿ya has realizado tu sueño? ¡Eso es impresionante!

"Vale, quizás debería decir que he cumplido mi primer deseo hasta el momento. Quería encontrar el lugar correcto y el tiempo para mi desarrollo mediante el estudio y la práctica. He logrado conseguirlo. Puedo vivir haciendo lo que más me gusta, mi pasión por la música, con la enseñanza, dando conciertos y ahora también siendo el director del coro del pueblo. Puedo hacer todo esto y estar cerca de mi familia en Almuñécar. La mayoría de músicos tienen que mudarse a una gran ciudad, en alguna parte del mundo, lejos de su familia. Pero mi familia es muy importante para mí.
Tuve una fuerte intuición sobre venir a La Herradura. Encontrar una casa donde puedo estudiar combinado con unas vistas fantásticas que me inspiran fue como una señal. Trabajo todos los días pero siento que vivo de vacaciones. Se podría decir que soy un ejemplo de convertirte en lo que siempre has soñado. Si tienes un sentimiento intenso, impulsado por una pasión que te llama tan fuertemente que necesitas hacerlo, pues tienes que seguir esa intuición."

Sabias palabras. ¿Cómo te involucraste en el coro?

"El coro fue una de estas coincidencias, pero yo no creo en las coincidencias. Todo ocurre por una razón. Cuando llegué a La Herradura me contactó Roberto Ruggiero, el anterior director de coro. Desgraciadamente falleció en el 2012. Me dijo que para mí, como pianista, sería perfecto convertirme en el nuevo maestro del coro. Me sentí un poco desconcertado porque nunca había hecho algo por el estilo, pero me dijo que estaba seguro de que podía hacerlo. Ahora llevo un tiempo dirigiendo el coro y ha sido un proceso de crecimiento y aprendizaje. Aparte de ser una experiencia agradable e interesante, también es muy complementario a mi entrenamiento personal y musical. Un bonito efecto secundario de todo este trabajo es que me ha ayudado a conocer gente del pueblo, que me han tomado como miembro de una gran familia. Me tratan muy bien y es maravilloso.

También es interesante musicalmente. Utilizo música que me gusta y luego intento adaptarlo al coro. Es un coro donde la gente va y viene así que es un reto conseguir la combinación justa de lo que me gusta a mí, lo que les gusta a ellos y con lo que puedan trabajar. Personalmente nunca he cantado de forma profesional y no es específicamente lo que he estudiado, pero durante los muchos años de mi educación musical he cantado en coros. En el coro de La Herradura tengo que cantarlo todo, desde soprano, alto, y tenor a bajo. Así que realmente canto mucho y es muy divertido. También damos conciertos con el coro y siempre participamos en las misas en la iglesia de San José. Cuando se fundó el coro tenía alrededor de 40 personas y daban más conciertos. Hoy en día hay unas 20 personas, pero espero que este número aumente. Aun así, no importa como lo mires, es un logro que un pueblo pequeño tenga un coro. Es curioso. En el sur de España no hay una larga tradición de coros como la hay en el norte. En el sur, el coro más tradicional es el rociero. Son coros que cantan durante una celebración especial llamada Las Cruces, donde los vecinos elaboran cruces que se exponen en la calle y luego son visitadas por los coros. Con sus himnos populares y con tradicional percusión folclórica y música de guitarras animan al público. También hay un coro rociero en La Herradura y algunas personas cantan en ambos coros. El coro que dirijo es clásico."

¿Dónde estudiaste?

"Primero estudié piano en Granada y luego en el Conservatorio de Madrid."

¿Siempre has tenido interés en la música?

"Hace poco estuve pensando en ello, y maravillosos recuerdos de mi infancia brotaron en mi cabeza. Recuerdo lo que sentía al mirar la luz reflejándose sobre el mar en una zona residencial de Miramar en Almuñécar donde nací. La luz era tan bonita y de alguna manera estaba conectada con la música clásica. Mi familia no tenía formación musical, pero tenía una colección de discos de música clásica. Mi padre los solía poner. Yo era muy pequeño, no tenía ni seis años, pero tengo recuerdos muy claros y sensaciones de aquellos momentos. Me atrevería a decir que era una sensación sublime. Esa música combinada con los mágicos reflejos de luz en el mar y los intensos colores de la buganvilla a donde fuera que mirases. Al escuchar música de Mozart cuando todavía eres un bebé o un niño pequeño, crees que es normal. Tuve mucha suerte de tener un vecino, Eduardo, que también solía escuchar música clásica cuando le visitaba. Con seis años nos mudamos al centro de Almuñécar y mi vida se pareció más a la de los demás niños. Pero la semilla estaba plantada y todo ello ha llevado a donde estoy ahora. En el colegio había clases de música que recibían todos los niños, pero yo fui uno de cada mil que continuó una carrera musical."

¿Apoyó tu familia tu decisión?

"Si claro, tengo unos padres geniales que siempre me han apoyado."

¿Cómo te describirías como artista?

"Soy pianista. Además de ser el director del coro local doy conciertos y también me estoy embarcando en una nueva aventura, componiendo. Aparte de eso, doy clases privadas de piano, tanto a adultos como a niños. Tengo un trabajo muy gratificante. Tengo suerte de poder ser músico a tiempo completo. Solía dar bastantes conciertos cuando era más joven, también en el extranjero, por ejemplo en Polonia, Bélgica, Alemania, e incluso Estados Unidos cuando aún era estudiante, pero he decidido frenarlo un poco, porque quiero encontrarme como artista y por ello me centro sobretodo en mi desarrollo musical en este momento. Cuando actúo suele ser en un recital pero también trabajo en grupo."

¿Tienes que estar de cierto humor para poder tocar?

"Cuando necesito captar cierta emoción como la tristeza o alegría en una pieza musical a veces pienso en momentos tristes o alegres de mi vida. Para sentirme triste puedo, por ejemplo, pensar que algún día puede que mi familia ya no esté ahí. No siempre es necesario hacerlo. Puedes tocar música preciosa sin la necesidad de adentrarte en estas emociones, pero cuando lo haces, puede ser muy explosivo y es mucho más mágico.
Nunca se hace aburrido. Aunque hayas tocado una pieza, por ejemplo Beethoven: Piano Sonata No.21 en C, Op.53, 'Waldstein' mil veces, sonará distinto cada vez. Depende de tu estado mental, quizás también de la condición física. y por supuesto la interpretación. Es precioso aportar sentimiento a una obra. Como pianista no siempre estás del mismo humor y tienes que trabajar para encontrar ese estado mental especial y ese lugar especial para poder transmitir las emociones adecuadas. Tocar el piano con un nivel alto es como una mezcla de poder volar y un masaje energético. Tocas con energía, con la densa percepción del proceso de ascenso y descenso, que te lleva de aquí para allá. A veces, es una sensación tan trascendental y lo

siento como la mejor experiencia que puedo tener en la vida. Es complicado de explicar a personas que nunca lo han experimentado. De hecho puede que haya personas me vean tocar y piensen que estoy muy triste pero no es el caso en absoluto."

¿Cuál es tu sueño para el futuro como artista?

"Mi sueño para el futuro es que mi interpretación de los clásicos de Mozart, Bach, y otros grandes a los que tanto admiro emerjan de manera que la gente pueda distinguir mi toque personal. Intento aprovechar la belleza de la música que comparto con otros. Cuando alguien realmente puede resonar con la música su estado del alma puede convertirse en armonía, paz o amor. Pero lo más importante para mí es que ahora mismo estoy viviendo mi sueño. Toco el piano a diario, estoy rodeado de gente agradable y puedo tocar la música que quiero."

¿Tienes algún deseo para La Herradura?

"Me gusta la energía que hay aquí pero estaría mejor si hubiera más gente joven en la misma onda. Echo eso de menos. Me doy cuenta de que quizás es más difícil encontrar a personas con esta sensibilidad. Me gustaría que tanto Almuñécar como La Herradura fueran lugares que atrajesen personalidades interesantes como atletas y artistas similares para nutrir el turismo cultural con más gente contribuyendo y reflejando la belleza natural de la zona. No es solo sol y playa. Es un área muy especial que podría convertirse en algo incluso más especial."

Volvemos andando hasta la casa de Pablo. Le doy las gracias y le digo que he disfrutado mucho de la entrevista. Nos despedimos y me dirijo a casa con la sonata de piano No.11 de Mozart acompañándome en mi cabeza.
Pablo Ruiz Segura

La Herradura, un pueblo de fusión

"Mi esposo Lino y yo compartimos el mismo punto de vista musical y profesionalmente acordamos donde queremos llegar" dice Lupe, una cantante y música cubana. Solo tenía seis años cuando empezó a estudiar piano clásico en el conservatorio. "Entré para estudiar piano pero también me gustaba cantar. Vengo de una familia muy artística, algunos tienen éxito tanto en Cuba como en el extranjero. Mi tío es un fotógrafo artístico, mi madre una cantante profesional que ha ganado premios nacionales, mi hermana es pintora y mi hermano músico. Cuando tenía once años también empecé a pintar. Aun así, a mi alrededor insistían a que yo estudiara piano y esto requería muchas horas de trabajo. Me resultaba duro porque era un espíritu libre y quería expresar mi creatividad libremente.

En algún momento fui capaz de convencer a algunos profesores de que me dejaran presentarme a los exámenes de arte plásticas y acabé graduándome en arte y música. Aunque había recibido una educación en arte y piano clásico, siempre estaba cantando. A los diecisiete años mi madre se puso enferma y tuve que sustituirla en una actuación durante un evento político en Cuba. Desde aquel momento supe... *Esto es lo que quiero hacer.* Le dije a mi madre que quería cantar profesionalmente y ese fue el comienzo de mi carrera como cantante."

Su nombre completo es Adaleydis Amador Posada pero profesionalmente es conocida por todos como Lupe Posada. Creció en Camaguey, una ciudad en el centro de Cuba, pero en el 2006 se trasladó a La Herradura con su familia.

Acordamos encontrarnos en el faro para la entrevista. Puedes acceder al faro por dos rutas distintas. Por el Camino de la Ermita o el Camino de la Torre. Hoy giro a la izquierda en la playa al paseo Andrés Segovia y conduzco por el paseo de la Playa. Sigo recto donde se bifurca el camino en una aguda curva hacia la izquierda y entra al Camino de la Torre. La carretera serpenteante me lleva por una ruta escénica con inesperadas y agradables vistas de casas, parcialmente escondidas de curiosos transeúntes, por numerosos árboles verdes. También me deleito con una vista espectacular del mar. Giro a la derecha en el cartel que dice La Aldea y pronto estoy al pie del faro.

Lupe y yo disfrutamos de las preciosas vistas del pueblo con su bahía a un lado y al otro Marina del Este y el mar.

¿Por qué La Herradura? Pregunto.

"Lino y yo vivíamos y trabajábamos en Italia cuando mi madre llegó a la Herradura en el 2005 para trabajar durante el verano. Le encantaba el pueblo y la zona, la playa y el clima. Nos habló de este sitio cuando volvió a Italia.

Parecía el lugar perfecto para nosotros y decidimos mudarnos a España. Lino vino primero para encontrar un sitio donde vivir y hacer algunos contactos, luego le seguí con nuestro primer hijo que había nacido en Italia.

Yo había ido a Italia con diecinueve años con un contrato como pianista en el área de Trento en el norte. Después de haber trabajado para esa compañía durante un año decidí empezar mi propio negocio familiar con mi madre, mi padrastro y otros dos músicos. Lo llamamos *Salsa Loco*.

Otros músicos se unieron al grupo y viajamos por toda Italia y parte de Europa, tocando principalmente música latina. Después de dos años decidí crear un grupo de espectáculos llamado *Le Cubanissime Son las que Son*, con bailarines y vestimenta cubana. Mi madre formaba parte de la compañía pero no del grupo de espectáculos. Ella es una artista tradicional de música cubana. Me dediqué al espectáculo y viajábamos durante los meses de verano presentando nuestro espectáculo en muchos festivales mundiales latinoamericanos, tanto en Italia como por toda América latina. Gracias a ello, adquirimos cierta fama. Incluso trabajamos con compañías de música como EMI Music. Estaba muy ocupada pero sentía que estaba perdiendo mi identidad, no era feliz. Sentía satisfacción por lo que había logrado pero no era realmente la música que prefería personalmente y que satisfacía mi alma.

Con el apoyo de mi hermano, que era mi guía musical por aquel entonces, decidí regresar a Cuba para buscar músicos para crear un nuevo grupo. También necesitaba encontrarme a mí misma de nuevo y volver a mis raíces. Fui a mi pueblo natal de Camaguey y empecé un proyecto de música fusión que incluía instrumentos poderosos como el *tres cubano* (una especie de guitarra de tres cuerdas dobles) y la trompeta y los *batas* que son tambores cubanos que se utilizan para la Rumba y el Guaguancó, que forman parte de nuestra cultura Afro Cubana. Durante este proyecto conocí a Lino. Era especial por su estilo de música y por el hecho de que él mismo había inventado y creado un instrumento increíble. Es la unión del *Requinto Ecuatoriano* con el tres cubano en un instrumento llamado el *Treaquinto*. Creamos el espectáculo completo en Cuba en colaboración con un importante estudio y lo estrenamos en Italia un año y medio después. Incluso hicimos un videoclip llamado *Lupe Mátale la Pena* que se puede ver en YouTube. También salimos en varios videos en YouTube con Le Cubanissime.

Mientras trabajábamos en este proyecto, Lino y yo nos hicimos pareja. Nació nuestro primer hijo y descubrí que uno de los trabajos más preciados en esta vida es el de ser madre. Ser una artista conocida no me corresponde. La gente solía pararme en las calles de mi ciudad, siempre había que interpretar el papel, y no era lo mío. Quería reconectar musicalmente, quería respirar de nuevo. Ahí es cuando decidimos venir a La Herradura.

Vinimos y nos quedamos, vivir aquí nos aportó una sensación de paz. La Herradura nos ha dado serenidad mental. El pueblo se ha convertido en nuestro hogar. Tiene algo místico. La Herradura también nos hizo posible experimentar musicalmente y descubrir lo que realmente queríamos. Amamos la música jazz. Me gusta cantar jazz pero a los dos nos gusta también la fusión y musicalmente se podría decir que mis raíces cubanas siempre salen a la luz. Ambos estamos influenciados por la música cubana, lo que es lógico ya que en Cuba no hay muchas otras influencias musicales. Fue en Cuba donde ambos crecimos y nos formamos musicalmente."

¿Podría decirse entonces que La Herradura ha cambiado tu vida?

"Sí, así es. Me ha dado la tranquilidad. Nuestro segundo hijo nació en La Herradura y aquí me siento protegida. Es un pueblo pequeño y todas las madres se conocen, eso crea una sensación de protección. Uno de nuestros hijos tiene autismo y tiene un gran talento musical pero necesita atención especial. Me siento muy segura en La Herradura. Todas las madres se encuentran en la cancela de la escuela y esto crea un ambiente de solidaridad. Si tu hijo sale corriendo siempre habrá alguna madre cerca que conoce a tu hijo y te dirá dónde está. Nuestro hijo mayor también ama la música y también tiene talento. Aprende muy deprisa. Cuando su padre toca la flauta, el piano o el ukelele, simplemente aprende de oído. Le viene con mucha facilidad.
En general, es también fantástico para los niños poder hablar y jugar con niños de otros países. Los hijos de todos los extranjeros que vienen al pueblo van a la misma clase para aprender el idioma pero lo que además reciben es una riqueza cultural. Esto crea un entorno provechoso y agradable. Mi hijo ahora dice que cuando sea adulto quiere viajar por el mundo porque ha recibido tanta información sobre otros países, que le ha despertado una sana curiosidad."

Volviendo a la parte musical de tu vida, ¿puedes contarme más sobre ello?

"La base de lo que hacemos es música jazz pero Lino tiene un concepto musical un tanto complicado y fascinante. Es muy exploratorio y le gusta mucho experimentar. Me encanta el jazz pero también me siento influenciada por Celia Cruz, la muy famosa cantante cubana, que llaman la reina de la salsa. Nuestras influencias musicales se mezclan bien y ahora actuamos como Timbalito Street. Nos permitimos la libertad de crear el mismo tema musical en distintos estilos y formas. Es difícil definirnos musicalmente pero la gente se identifica con lo que hacemos y ese es el objetivo. Eso es lo importante. Toco varios instrumentos incluyendo el piano, pero cuando toco con Lino mi papel principal suele ser cantar con percusión de apoyo.

También actúo sin Lino y todavía participo en espectáculos del grupo de mi madre. Mi madre, Consuelo Posada, regresó a Cuba. Viene a España con frecuencia pero sintió la necesidad de volver a cantar. Ahora, tiene sesenta y tantos años y está muy en forma, aparece mucho en la televisión y es mencionada en la prensa cubana. Es feliz. A veces trabaja aquí con su grupo y entonces me uno a ellos. También participo en el grupo musical de mi hermano, Luis de la Cruz, que sigue viviendo y actuando en Italia. Así que podría decirse que estoy involucrada en diferentes tipos de música, jazz con mi esposo Lino, latina con mi madre y rock latino con mi hermano, y eso me divierte mucho, lo paso bien.

Musicalmente Lino me transmite mucha seguridad y me apoya en mis otras aventuras musicales. La gente dice que hemos creado algo maravilloso y creo que es cierto. Nos comprendemos. Tanto musicalmente como personalmente siento que hemos creado la situación que realmente nos corresponde."

Así que, ¿de dónde sacas tu inspiración?

"Me gusta escuchar la radio y me puede inspirar cualquier tipo de música que escuche, tanto la buena como la mala. Me llama la atención y me pica la curiosidad. Esto puede ser, por ejemplo, en la radio o la música chillando de la ventanilla de un coche que pasa."

¿Actúas con frecuencia en La Herradura?
"Actuamos con Timbalito Street cada lunes en El Tinao, uno de los bares/restaurantes locales. De hecho, se podría decir que Timbalito Street 'nació' en El Tinao. El ambiente puede variar, a veces es fantástico con personas que realmente aprecian lo que hacemos y otras veces siento que nos ven como la música de fondo. Pero normalmente suele ser una situación agradable y podemos representar la música que nos gusta y experimentar con la nuestra. Es como un laboratorio."

¿Eres una artista a tiempo completo?

"Me considero artista a tiempo completo y no puedo imaginar mi vida sin música. Pero también soy madre. Canto mientras guiso y cuando canto los niños escuchan, es parte de mí. También compongo, pero no compongo para mí – solo cuando alguien me lo pide. Canto y hago música porque me gusta. No hay ningún mensaje profundo. Sé que no me gustó el lado de 'alcanzar la fama'. Esa no soy yo. Siempre estás actuando, llevando la ropa adecuada, tacones, ese tipo de cosas. Impide ser lo que realmente eres. Es cierto que ganábamos más dinero del que ganamos aquí, pero puedo ser yo misma y hacer lo que amo, ser madre y cantante/músico. Me siento satisfecha, más completa."

¿Cómo ves el futuro de La Herradura?

"La Herradura ya está abierta a una variedad de eventos culturales y musicales, sería bueno si atrajese a más artistas aún. Algunas personas temen que arruine la tranquilidad, pero no creo que ocurra. Los eventos culturales no arruinarían eso. El pueblo está protegido por el mar y las montañas y eso no se puede romper, es impenetrable. Sugiero que la gente no se preocupe, sino que vayan con la corriente y permitan que suceda y enseñen a futuras generaciones a mantener una mentalidad abierta para poder experimentar la maravillosa sensación de libertad que lo acompaña.

La Herradura es muy rica culturalmente, pero en mi opinión es importante unirnos en una colaboración artística, musical y cultural. Sería agradable si hubiera más intercambio entre varios músicos y artistas, escritores y otras personas creativas. Volviendo a mi pasión, la música... me encantaría ver más fusión musical. Hay por ejemplo, una música flamenca andaluza muy pura y a veces la gente teme mezclar por miedo a que cambie su cultura. Pero yo siento que le suma. No lo perderías pero quizás crearías algo muy especial. No debería haber miedo de tocar juntos. La música es un idioma y puede unir a las personas. ¡Vamos a hablar este mismo idioma! ¡Vamos a convertir La Herradura en un pueblo de 'fusión'!"

Lupe Posada -
www.facebook.com/lupeadaleydis.amadorposada

Una cofradía de literatura

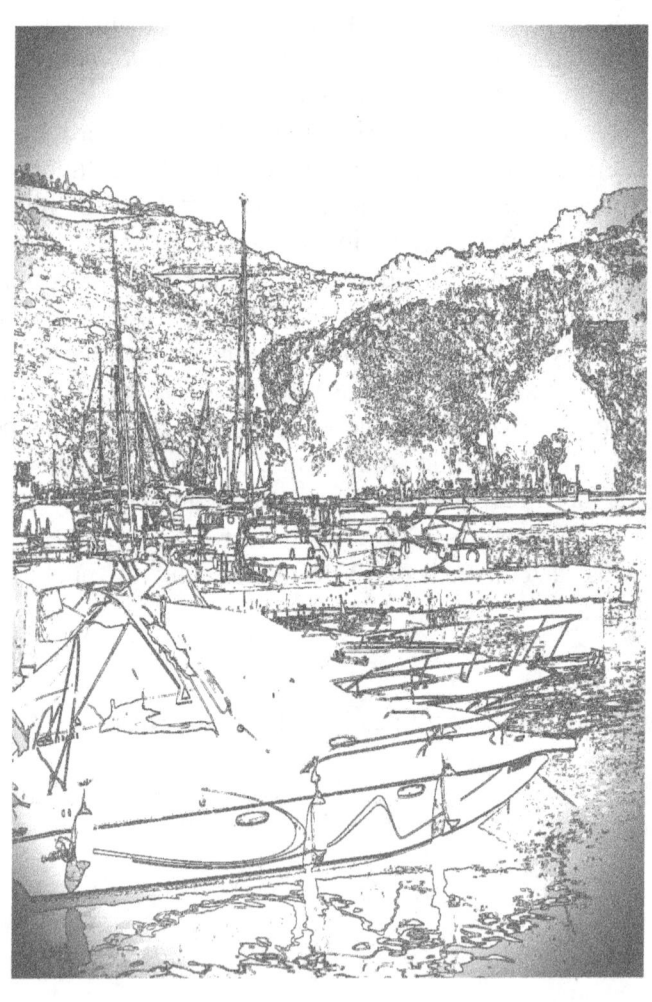

Un maestro poeta

"Lo hemos llamado *Cofradía Literaria de La Herradura.* No es una asociación sino un grupo de escritores con un amor común por este pueblo. Nos conocimos en el jardín del estudio de una ceramista local llamada Rosario González, que resulta ser mi cuñada, y decidimos formar el grupo. Nos reunimos con frecuencia para hablar de libros, literatura en general y de nuestro amor por La Herradura. Como cofradía hemos organizado varios eventos literarios tanto en el pueblo como en Almuñécar y Granada y esperamos seguir haciéndolo en el futuro. ¡Es inspirador formar parte de este grupo!

Mi amor por La Herradura es como el que tengo por el arte, difícil de explicar, no es tangible sino una emoción, una fuerte atracción. Es fácil amar los alrededores, las montañas, el mar, pero no todos los pueblos están bendecidos con la sorprendente intersección de las montañas y el mar, con la misma energía especial. En la poesía el tema de la energía es un punto mágico, casi terapéutico. Como poeta es posible encontrar palabras para agradecer y dar tributo a este maravilloso lugar de España. Durante muchos años he escrito poemas sobre Cerro Gordo y sobre la bahía como lugar importante, tanto enérgicamente como espiritualmente. Me encanta escribir sobre la naturaleza que aquí nos rodea. También creo que hay una atracción intuitiva con los lugares que las personas eligen para vivir.

Soy cortijero de nacimiento, vine al mundo en un grupo de cortijos de una parte del pueblo llamado El Cerval. Saliendo de La Herradura por la carretera general en dirección Málaga, justo antes de llegar a la rotonda grande que sube a la autovía, hay un estrecho y empinado camino que lleva a las montañas. Es la ruta favorita de muchos senderistas. En minutos te encuentras en otro mundo, rodeado de tranquilidad, con vistas deslumbrantes de la verdosa belleza del valle del río Jate.

Subiendo por el camino puedes ver preciosas casas,

grandes y pequeñas, ruinas de antiguos cortijos. Quizás te obsequien con una sonrisa de uno de los labradores trabajando su campo de chirimoyas, aguacates y nísperos. Al adentrarte en las montañas, unos siete kilómetros aproximadamente, llegas a la aldea de El Cerval. Mis padres siguen viviendo allí. Cuando era joven solía ayudar a mis padres con el campo y también trabajaba en bares del pueblo durante el verano, para pagarme los estudios en Granada. Estudié terapia del habla y del lenguaje. Viví fuera del pueblo durante un total de catorce años por razones de trabajo. Aparte de mi afición por la poesía también disfruto de mi trabajo como profesor. Mi mujer y yo vivimos una ocupada vida laboral en Murcia hasta que nació nuestra hija y nos consumió un fuerte deseo de volver a La Herradura donde ambos crecimos. Queríamos que nuestra hija Lucía se criara en un pueblo pequeño a orillas del mar y a la vez cerca de las montañas. Fuimos afortunados de que me dieran el traslado a Jete, a una distancia de conducción razonable desde nuestra casa, donde trabajo hasta el día de hoy en el colegio de primaria. Soy maestro por vocación, no por equivocación. Esto es importante para mí. Cada día me gusta más mi trabajo. Me siento afortunado por poder encontrar siempre una razón por la que aprender más sobre mí mismo y la vida a través de los niños. A esa edad son tan puros, todavía en contacto con su pureza natural y fuentes de energía.

Vivimos en el pueblo junto a la familia de mi mujer Teresa. Nuestra casa está rodeada por un exuberante patio, lleno de macetas y árboles. Es un pequeño y tranquilo paraíso y también nos gusta ir a nuestro campo en las afueras del pueblo. Hemos plantado un huerto y árboles frutales donde solemos ir para trabajar la tierra y disfrutar las vistas de la bahía de La Herradura y las montañas.

La naturaleza es el recurso primario de mi inspiración - alimenta mi poesía. Un poema de mi último libro se llama *Arte* y trata sobre la búsqueda de mi necesidad de escribir.

No sé si hay una respuesta clara, pero hay varios ingredientes. Uno de ellos es una parte primitiva de mí, una necesidad de expresarme. Escribo porque siento la necesidad de contar mi historia, compartirla, una forma de validación de mi vida. También busco mi esencia espiritual a través de la poesía. Los pilares de esta búsqueda son primitivos, racionales y espirituales, pero la verdad es que no es necesario encontrar una respuesta. En el poema *Arte* hay un verso que expone que el arte y la poesía son el resultado de la búsqueda de un lugar que nunca puede ser alcanzado y que solo algunos logran hacerlo, pero una vez que lo han hecho se dan cuenta de que nunca lo alcanzarán plenamente.

Una vez le pregunté al artista local Pepe Gámez por qué siempre pintaba el mismo cuadro. Me dijo que nunca había logrado completamente lo que buscaba y por esa razón debía continuar. Mis poemas a menudo tratan un momento de existencia que dejan preguntas o dudas sin terminar de aclararse. Cuando escribo hay una parte de mí que fluye, incontrolable, que es mi voz interior. Intento escribir lo más claramente posible ya que soy consciente de que a algunas personas les cuesta acceder a la poesía. Cada artista tiene su propio estilo y voz, no creo que tengas que seleccionar tu modo de expresión, simplemente viene a ti. No puedes elegir autenticidad- es un don.

La voz poética es importante ya que muestra individualidad. La naturaleza es tremendamente importante en la poesía. Hablo de la naturaleza y no siento la necesidad de utilizar otra cosa como mi musa en este momento, pero si en el futuro esto cambiara tampoco me importaría, siempre que el proceso sea natural. Cuando me siento a escribir no empiezo con un mensaje, el mensaje llega mientras escribo. Conecto con mis emociones y el poema trasciende a emociones como el amor, la unidad, la humanidad. Es importante para mí que todos vivamos en armonía con la naturaleza que nos rodea. Aquellos que aman la naturaleza la respetarán y ayudarán a conservarla. Me gusta escribir sobre la sensibilidad necesaria para entender el dolor y la alegría del mundo.

Pienso que no debemos obcecarnos con lo negativo cuando pasa algo potencialmente malo, por ejemplo, la construcción masiva ha destruido gran parte del paisaje, pero intento ver el lado positivo. Esta forma de pensar lo plasmo en mis libros infantiles para crear una conciencia crítica y evitar que se repitan. Escribo sobre el paisaje, sobre el amor por las montañas y el mar, escribo sobre la importancia de no contaminar, sino cuidarlo. Me gusta enseñar sensibilidad, a amar a otros, a la naturaleza, los animales y a vivir todos juntos en armonía. Escribo dos tipos de libros de poesía, uno para adultos y otro para niños. Los libros infantiles tienen ilustraciones. Normalmente los editores con los que trabajo suelen buscar un ilustrador para mi trabajo. Hasta ahora he publicado cinco libros de poesía para adultos y cinco para niños, dos de poesía y tres obras de teatro. Actualmente estoy trabajando en dos proyectos literarios infantiles y en un libro de poesía para adultos, llamado *La Alberca* - la última incorporación de mi experiencia en el campo, mi relación con la naturaleza y mi vivencia espiritual en ella.

Momentos especiales suelen inspirarme, pero depende de lo que esté escribiendo. Mi primer libro trataba sobre recuerdos de mi infancia. Me gusta incluir influencias del pasado, nuestros padres, la educación que hemos recibido, los sitios donde hemos vivido. No solo me interesa la descripción sino también transformar una observación en una emoción, tratando con algo más profundo, más misterioso, espiritual. La poesía trata de situarte en el límite del mundo real, de lo incomprensible e indescriptible. Trata de encontrar ese límite y profundizar en un espacio inefable. Las palabras solo pueden acercarnos al territorio innombrable, el límite que nos resulta tan difícil de cruzar. El poeta en mí es un hombre que refleja la imagen de ese límite sobre la superficie del agua. Si buscas, encontrarás que el reflejo es la verdad, como un espejo. Las palabras no pueden entrar al agua, los sonidos de la naturaleza permanecen en la superficie, una pincelada a un cuadro no puede entrar, ni tampoco lo puede hacer el sonido de la música. Pero la idea de Dios, la idea del alma, puede adentrarse con tus emociones. La Herradura es parte de esa inspiración.

Cuando dejé mi pueblo, con veinticuatro años, veía el paisaje con otros ojos. Aunque me crié en un ambiente agrícola, con unos padres que me enseñaron a trabajar y amar el campo, cuando regresé, después de años en Murcia, había cambiado. Era como si todo se hubiera manifestado y yo había completado el círculo. Había aprendido a ver el mundo desde otra perspectiva a través de los libros, conociendo gente interesante y mis estudios. Al volver veía mi pueblo con otros ojos, con ojos poéticos. Apreciaba el paisaje más que nunca y la poesía me ayudó a mirar con mi paleta de palabras para reflejar las emociones que este entorno me provocaba. Redescubrí la belleza de esta tierra a través de la mirada de mi hija. Mi vínculo con La Herradura nunca llegó a romperse, pero ahora disfruto a diario de su tranquilidad y alegría mientras paseo por la playa o trabajo en el campo. Este lugar es tan especial que espero que todos colaboremos para conservarlo, para que mi hija, cuando sea adulta, pueda disfrutar de este mismo paisaje poético."

Reinaldo Jiménez Morales - www.reinaldojiménez.com

Un escritor prolífico

En una gris y somnolienta tarde de abril, sigo los carteles al puerto de ocio Marina del Este para entrevistar a Salvador Compán, un escritor galardonado. Pasando el hotel Alcázar el camino baja entre modernas urbanizaciones de estilo español, para luego abrirse a una vista espectacular del mar y de las villas construidas al borde de un acantilado anaranjado. Dejo el coche en el parking, a mano derecha en primera línea de playa, y bajo unos escalones hasta el chiringuito de la playa de Los Berengueles. Paso unas rocas que emergen del mar y observo que está un poco picado dejando que se asome una capa rojiza brillante de coral naranja (Asteroid calicularis) cubriendo la roca justo bajo el nivel de mar. Un grupo de buzos desmontan su equipo, parecen muy felices y satisfechos. Reconozco al dueño de uno de los muchos centros de buceo de La Herradura. Hace demasiado frío para sentarse fuera, así que entro al chiringuito y me siento en una mesa frente a la ventana con vistas a la playa. La música está lo suficientemente alta como para disfrutar de ella y a la vez apropiadamente discreta como para poder conversar. Llego temprano a la cita, pido un café y agua con gas. Hay una gran estufa en el centro de la sala, desprendiendo un calor agradable y una atmósfera confortable.

Hay más clientes, a los que quizás se podrían describir como alternativos o artísticos, sin duda no son los típicos turistas de las costas españolas con su estilismo de colores brillantes, camiseta, pantalones cortos y chanclas sin importar la época del año. Observo a una pareja que está en una de las mesas. Parece que están hablando de algo serio, sus cabezas cerca la una de la otra pero no de forma apasionada. Él parece preocupado y le sujeta la mano. Veo miedo en los ojos de la mujer mientras niega con la cabeza, de algún modo indefensa, sin ganas de luchar. Tengo la impresión de que trata de convencerla. Ella parece frágil, vulnerable, casi difusa, como un poema triste. Estoy segura de que es española. En cambio, él parece del norte de Europa, podría ser un maestro o profesor con sus gafas resbalándole por la nariz. Imagino que es Scott Cover, uno de los personajes principales de *Palabras Insensatas que tú comprenderás*, una novela de Salvador Compán, que justo entra por la puerta. Es la primera vez que nos vemos, me presento.

Después de pedir algo de beber comienza a hablar: "Nací y me crie en tierras de olivos, en Úbeda, provincia de Jaén, que presume de riqueza en palacios e iglesias renacentistas y es Patrimonio de la Humanidad, pero actualmente vivo en Sevilla. Tenemos un apartamento en La Herradura, en Marina del Este. Mi mujer y yo lo compramos en el 2001. Nos gusta el hecho de que sea un pueblo solitario en invierno y en verano tenga un ambiente agradable, con mayoría de turistas españoles. Nos gusta tomarnos un aperitivo o comer en primera línea de playa y, si el tiempo lo permite, disfrutar de un baño en el mar. Venimos cada vez que podemos pero sin un ritmo fijo, lo que es posible ahora que estoy jubilado. Antes de jubilarme fui catedrático de instituto. Trabajé en varios pueblos y ciudades, entre ellos Laredo, Ibiza y Bruselas. En la última ciudad, para dar clases de bachiller a emigrantes e hijos de diplomáticos españoles, y desde 1983 a 2011 enseñé literatura española en Sevilla. Ahora soy novelista a tiempo completo, pero también hago otro tipo de trabajos escritos, como prólogos para libros y exhibiciones de arte, entrevistas literarias y artículos para varios periódicos. Mi literatura consiste principalmente en novelas. Lo que más me interesa cuando escribo es la psicología humana y particularmente el deseo, un tema recurrente en todos mis libros y, en mi opinión, una de las fuerzas motrices más importantes del ser humano.
No hay novela si no hay contradicción. La duda y el deseo sirven como motor del protagonista y de toda la acción. El deseo puede ser sexual, una ambición o cualquier otro

tipo de impulso que pueda empujar el carácter fuera de lo normal. Por ejemplo, el amor. El deseo de amor o la falta de ello son siempre temas centrales en mis novelas. Mi inspiración es la observación de la realidad donde a veces saltan chispazos que se convierten en materia literaria, casi en una obsesión. Se meten en mi cabeza y no los puedo soltar. Puede ser una metáfora o un fragmento de realidad. Lo importante es cómo uno trata esta metáfora. Como en una de mis novelas que se ambientan en Granada, el chispazo del que hablo me llegó a través de un mural que vi. Me obsesioné. El mural retrataba a Ángel Ganivet, un escritor importante del siglo diecinueve. Me pregunté ¿qué hay detrás de este pintor?, ¿cuál es su historia? Pequeñas cosas me inspiran tremendamente y pueden ir en cualquier dirección. Por ejemplo, una niña va cada día a la escuela con un jersey azul con botones de latón. De camino al colegio se encuentra con otro niño pero van en direcciones distintas. Una de mis novelas llamada *Tras la mirada*, ambientada en Córdoba, se inspiró en esta observación. Esta observación se convierte entonces en el núcleo de la novela, los niños en el motivo y de ahí sale una historia de ficción en toda regla.

Otro de mis relatos está basado en un hecho del que fui testigo en un bar de Sevilla. Un hombre de jersey rojo estaba sentado en la barra, borracho y llorando. Era el seis de enero, el día de Reyes, un festivo importante en España. Estaba solo. Le pregunté: "¿Qué te pasa? ¿Te puedo ayudar?" Aproximadamente una hora más tarde, lo volví a ver en la calle Sierpes, una de las principales calles de Sevilla. Me afectó ver como tantas personas hacían un esfuerzo por evitarlo, dando un rodeo al pasar. Estaba muy borracho y me pregunté cuál sería su historia. Siempre hay una historia tras otra. Ese momento originó *Cena de Reyes*, que cuenta un fragmento de vida de un hombre solitario.

En ocasiones la observación se convierte en fijación, un

mecanismo que se vuelve una búsqueda. Me gusta descubrir y revelar lo que se oculta bajo la superficie de la realidad. Eso es lo que hace la literatura. Lo que puedes apreciar como obvio y evidente no siempre es una realidad. Me encanta la búsqueda que lleva a la creación de algo que antes no existía. Me considero muy afortunado. Mi vida siempre ha sido fácil. Quería ser profesor de literatura y lo conseguí. Quería escribir y comunicarme y lo conseguí. En bachiller, cuando estudiaba para mis exámenes de matemáticas y ciencias me di cuenta de que una carrera científica no era lo que quería para mí. Durante mis años preuniversitarios descubrí una pasión por escribir poesía y la lectura en general, y quería una carrera en ese campo. Les conté a mis padres que quería cambiarme a Letras. Aunque intentaron disuadirme, me apoyaron cuando decidí dar el paso. Cambiar mis estudios a Letras era muy importante para mí. Pude tomar las decisiones que tomé y nunca tuve que hacer algo que no quisiera. Eso no quiere decir que no trabajé duro para llegar donde estoy ahora, pero tuve la suerte de hacer cosas que me satisfacían y hasta hoy lo sigo haciendo.

También tengo otra pasión. Es decir, pintar y dibujar, algo que recuerdo haber hecho desde muy pequeño. Pintar es como una afición para mí, pero el dibujo es parte de mi existencia. He creado diarios de viaje durante mis desplazamientos más largos y mi novela *Cuaderno de Viaje* fue elegida 'Finalista Premio Planeta'. Ahora suelo crear dibujos a bolígrafo que me gusta combinar con mi literatura. Esta mezcla de escribir mis experiencias y representarlas con imágenes es lo que hago en estos cuadernos de viajes, como un romántico viajero de antaño. No sé si algún día se llegarán a publicar; los hice porque me llenan de satisfacción personal. Aun así, el libro en el que trabajo actualmente es un buen ejemplo de la combinación de literatura y mis dibujos. Esta novela trata sobre un personaje que narra su vida en forma de novela gráfica. Será mi séptima novela. No hay nada que me ayude más a alcanzar un estado de olvido total que pintar o dibujar, una sensación muy agradable.

Escribir, por otra parte, es un proceso interno, de reflexión, de inspirarte en lo que te rodea y fusionarlo con tus ideas. La escritura creativa se comunica con la realidad. La metáfora es la protagonista en el proceso creativo combinando realidades individuales que se acabarán uniendo en un todo. Me gusta dibujar las imágenes que me rodean, y también captar imágenes de mi entorno para inspirarme en mi escritura. La Herradura no es una excepción. Conozco La Herradura desde que era un jovencito y disfrutaba de sus playas limpias durante las vacaciones. Mi novela *Palabras Insensatas que tú comprenderás* de hecho tiene lugar aquí en Marina del Este. Scott Cover es un personaje ficticio que viene a esta zona por la tranquilidad, para estar cerca de las estrellas, del sonido de las olas, las copas de los pinos cercanas a su terraza y los cantos de los pájaros. Vino para escribir. En la historia ayuda a una mujer víctima del maltrato.

Mi inspiración para este libro fue una historia real en los tiempos del modernismo español a principios del siglo veinte. En los años veinte hubo una mujer excepcional, María de la O Lejáraga García, también conocida como María Martínez Sierra. Era una escritora feminista, dramaturga, traductora y política, escribió tanto exitosas novelas como obras de teatro. Una famosa obra de teatro, llamada *Canción de Cuna* se convirtió en cine en Hollywood y en España. Fue un best-seller en aquella época. Era una escritora prolífica pero no firmaba sus obras. Su esposo sí lo hacía. Gregorio Martínez Sierra disfrutaba la fama de ser un productor teatral y un dramaturgo de éxito. En realidad era un caso de explotación artística tremenda ya que todas las obras de teatro, novelas y relatos estaban a su nombre, pero fueron escritos por su esposa María. De cierto modo mi novela trata de compensar esto, a través de una nueva María Lejárraga, una mujer parecida a ella; una mujer moderna, poeta y en este caso víctima de abuso psicológico y físico por parte de su marido. Ella es la autora, no su marido, pero ese secreto hace que le sea imposible dejarlo. Revelar este secreto podría arruinar a su marido. La situación es muy complicada pero el escritor americano Scott Cover va a intervenir. Toda la novela sucede aquí en La Herradura con un epílogo que tiene lugar en el Hotel Cartago que en realidad es el hotel Los Fenicios."

"El tema es algo cercano a mi corazón", dice Salvador. "No soy otra persona cuando escribo y creo fuertemente que nadie es más que nadie. Esto se refleja en todas mis novelas, en esta Scott lucha contra el abuso del personaje principal; Luisa Lasarte, por su dignidad y por recuperar su autonomía. La novela en definitiva trata sobre la igualdad, que para mí es el principio elemental de la justicia y la solidaridad."

Pulso el botón de mi tablet Samsung en que he grabado la historia de Salvador. Le agradezco su contribución antes de marcharse. Mientras recojo mis cosas vuelvo a mirar a la pareja de la mesa. Hay un pequeño brillo en los ojos de la mujer y una sonrisa de esperanza adorna su rostro. Se levantan y marchan a un futuro desconocido, quizás trazado en una novela española.

Salvador Compán - www.salvadorcompan.com

Levantando el ánimo

Nos encontramos en el Peñón de las Caballas, una gran roca en el mar en Marina del Este. Una sección del puerto fue construida sobre la roca y ello permite un agradable paseo entre la tierra firme y las embarcaciones de recreo que se mecen en el agua del mar.

A Andrés Cárdenas le gusta salir a pasear. Siempre lleva consigo una pequeña libreta para tomar nota de las sensaciones que le inspiran la contemplación de la bahía de la Herradura, sobre todo cuando se sienta en una roca parecida al Peñón de las Caballas.

Nació en Bailén (Jaén) y lleva viviendo en Granada 34 años. Viene a La Herradura con regularidad desde el año 1995, casi siempre en fines de semana. Durante 32 años trabajó en el periódico IDEAL y durante mucho tiempo ha sido el cronista veraniego de este periódico de la costa granadina. Solía venir aquí para escribir sus artículos e historias. Fue así como encontró La Herradura.

"Me gusta toda la costa granadina, pero en especial la bahía de La Herradura. Un día, cuando era un joven periodista, recalé aquí y me dije: *algún día tendré una vivienda en este sitio*. Ese día llegó cuando heredó un dinero de sus padres y se compró una casa en Cármenes del Mar, en Cerro Gordo. "Actualmente hay una polémica sobre esa zona donde no se debería haber construido porque es un terreno inestable. Algunas de las casas han sido seriamente afectadas por los corrimientos del terreno. Mi casa no ha sido afectada, pero la inquietud de todos los propietarios persiste. En fin, que he decidido tomármelo con cierta filosofía y aprovechar mis estancias en La Herradura mientras pueda", explica Andrés.

A Andrés Cárdenas le gusta el pueblo por su tranquilidad, que se ve algo afectada durante los meses veraniegos. Aun así dice que le encanta pasear por las inmediaciones de la playa. "Esa es una auténtica medicina para mi alma. Vivo en Granada y siempre que me siento un poco negativo me digo a mí mismo: *Voy a ir a La Herradura*. Aquí consigo encontrar esa paz que a veces mi alma necesita". Andrés conoce a mucha gente del pueblo y le gusta venir para hablar con sus amigos, visitar algunos bares o simplemente dar un buen paseo. La Herradura es su refugio seguro. "Es un lugar donde siempre puedo encontrar a alguien con quien hablar o tomarme unas cañas. De alguna forma todos somos náufragos de la vida y si como tales tenemos un lugar en donde asirnos durante las tormentas, podemos sentirnos afortunados. Para mí el tronco al que muchas veces me agarro y me permite seguir a flote es La Herradura".

"El pueblo también es especial para mí porque es aquí donde he encontrado un maravilloso grupo de escritores con inquietudes parecidas a las mías. Nos reunimos de vez en cuando en torno a una copa de vino y hablamos de todo. Un día hablando con Tomás Hernández, Álvaro Salvador y Salvador Compán, se nos ocurrió crear una cofradía literaria. La idea gustó y enseguida se unieron al grupo Reinaldo Jiménez, Pepa Merlo y Juanfran Cabrera. Nos reunimos con frecuencia para charlar y recitar poemas entre otras cosas. También solemos encontrarnos durante el certamen de poesía de La Herradura. La mayoría de nuestros miembros pertenecen al jurado. La idea de la hermandad literaria es intercambiar ideas y pareceres, y ganar en conocimiento. Organizamos eventos literarios y hacemos lecturas de poesía. También damos charlas sobre temas específicos y nos gusta prestar ayuda cuando alguien presenta un libro, por ejemplo."

En la actualidad, Andrés Cárdenas es responsable del Área de Comunicación del Colegio de Médicos de Granada. Lleva más de 30 años escribiendo columnas periodísticas, en las que se ocupa del lado humano de las personas. Tiene un estilo coloquial y directo y muchas veces utiliza el humor como vehículo para llegar mejor a los lectores. Andrés suele decir que el periodismo le alimenta el cuerpo y que la literatura le alimenta el alma. "Mi pasión es escribir novelas e historias de ficción, pero eso no da dinero. Puedes estar tres o cuatro años escribiendo una novela para que luego la lean mil personas, si tienes suerte. Así que esto de escribir novelas no es algo que haga por dinero, lo hago porque mientras escribo me siento bien. Además, no sé otra mejor forma de gastar mi tiempo libre".

¿Por qué escribes lo que escribes?, pregunto. "He escrito varios tipos de libros. Están las novelas históricas, ensayos, libros de viajes… Además, en varios libros están mis artículos periodísticos. Pero lo que más me gusta es escribir novelas de ficción: tomar una idea y transformarla mediante el lenguaje en algo que los lectores puedan disfrutar. Uno de mis pasatiempos favoritos es sentarme en una roca y mirar la bahía de La Herradura, mientras contemplo y tomo notas en mi cuaderno de todo lo que se me ocurre. Un día recuerdo que alguien me habló sobre el naufragio de la flota española en la bahía ocurrido en 1562. Estaba mirando hacia la Punta de la Mona y no podía creer que casi nadie hubiera oído hablar de ese desastre marítimo. Fue cuando decidí escribir la novela 'Luna de octubre' en la que narro ese trágico evento.

Traté de imaginarme como debió de haber sido porque hay poca investigación histórica en torno a ese suceso. Solo la profesora Mari Carmen Calero se ha ocupado de él. Tiene un libro documental muy completo en el que da todos los datos de ese naufragio. En esos datos me baso para escribir esa obra de ficción. En fin, que lo que pretendía con la novela es recordar a la gente, y sobre todo a los granadinos, lo que fue aquel suceso histórico. He hablado en muchos foros sobre el naufragio de La Herradura y me sorprende comprobar lo desconocido que es por la ciudadanía. Me sorprendía que un suceso de estas característica hubiera estado tan oculto, pero luego indagando pude saber que hasta el mismo Felipe II prohibió que se hablara del naufragio de La Herradura, sobre todo para evitar que los espías de los berberiscos que había en la corte se enterasen de que nos habíamos

quedado sin flota española para defender nuestras costas. Por eso ese manto de silencio creado en torno al suceso".
Andrés Cárdenas dice que la inspiración para escribir es la "vida misma". "Me inspiro para escribir en cosas que me cuenta la gente o que encuentro cuando observo mi entorno. Para un escritor lo más importante es saber mirar. A mí cualquier detalle me sirve de inspiración". También dice que le encanta usar el humor porque piensa que es importante levantar el ánimo de la gente con historias que pueden hacer reír. "Uso el humor como arma. Un ejemplo de ello es una novela llamada *La vidente ciega*, sobre una chica ciega que lee el futuro. Este libro está ambientado en Granada y parece ser que será traducido al inglés, ya que hay unos cuantos visitantes de habla inglesa que vienen a Granada, pero no muchos libros en inglés sobre la ciudad".
Le pregunto a Andrés si ha habido algún acontecimiento especial en su vida que le haya convertido en la persona que es hoy día y contesta: "Últimamente he tenido una experiencia que ha cambiado mi modo de ver la vida. Ha sido el nacimiento de mi nieto. Nunca pensé que un niño tan pequeño podría llenar un hueco en mi vida que ni siquiera sabía que existía. Cuando llegas a cierta edad es fácil volverse ligeramente pesimista sobre el futuro, pero cuando estoy con él siento que se ha reabierto en mí el deseo de vivir. A lo largo de mi vida han pasado muchas cosas, pero este niño me ha hecho darme cuenta de que no merece la pena vivir la vida en un estado mental de enfado".

-¿Qué planes tienes para el futuro?
"Actualmente estoy trabajando en una novela muy personal. Es parcialmente inventada pero es sobre cosas que pasaron en mi vida. Aun así, no es una autobiografía. Tomo de mi pasado cosas que creo que podrían resultar interesantes de leer y les imprimo un toque irónico, humorístico. La vida ya es lo suficientemente deprimente de por sí. Cuando la gente abre un periódico o ve las

noticias en televisión pueden sentirse fácilmente abrumados por la corrupción, asesinatos, terrorismo y más sucesos deprimentes. Yo creo que a los lectores se les ofrecen muy pocas oportunidades para reír. Es por ello que me gusta introducir un poco de humor en lo que escribo. Mi vida, hasta el momento, no ha sido particularmente interesante, pero cuando la engraso con un tono de humor, las historias de mi niñez en los años cincuenta y sesenta pueden resultar una agradable lectura a otros. Es bonito poder poner una sonrisa en la cara de la gente".

"Algunas personas son como una habitación cerrada y me gustaría abrir la ventana de esa habitación para hacerles sentir mejor a través de mis palabras. En una palabra, me encanta difundir optimismo".

"Siento ese optimismo también por La Herradura porque puede convertirse en un punto de referencia cultural importante. Tiene una fuerte identidad ecológica y es un núcleo donde hoy se difunde el arte, la música y la literatura. Es un sitio ideal para sentir la belleza de la vida".

Andrés Cárdenas -
https://www.facebook.com/andres.cardenasmunoz.1

El poeta frente al mar

"En el verano de 1974 vine por primera vez a La Herradura, apenas unas horas que pasé entre el antiguo camping y los chiringuitos de la playa.

De aquella breve visita queda un poema que apareció en un libro primerizo *Esfinge* del que, pasado el tiempo, lo único que se salva es el cariñoso prólogo que escribió mi amigo, y con los años mi maestro, César Simón.

Bien lejos estaba yo de saber que cuarenta años más tarde, en 2004, aquí estarían mi casa y mis amigos. Vivía entonces en Valencia y la idea de volver al sur era uno de esos anhelos que viven, imposibles, en nosotros.

En Valencia pasé dieciocho años. Los primeros como alumno y luego como profesor en la Facultad de Filología. Los últimos seis años en el Instituto Mariano Benlliure. De los dos centros conservo leales amigos. Sería largo mencionarlos a todos. Compañeros de la Facultad, del Instituto, alumnos, algunos ya jubilados como yo, con los que todavía sigo en contacto.

A Valencia llegué de una manera inesperada y azarosa. Una mañana de verano, un amigo de Alcalá la Real, donde nací, me propuso que lo acompañara a Valencia en cuya Universidad él iba a matricularse. Fue un viaje en autostop y lleno de incidentes que nos llevó tres o cuatro días.

Valencia me pareció una ciudad moderna con algunas librerías espléndidas ahora desaparecidas, y dos o tres garitos de copas y música en directo y proyecciones casi clandestinas de películas que no pasaban por las salas comerciales. Allí me quedé hasta que cumplí los cuarenta años. Viví en esa ciudad el fervor social y cultural de los últimos años sesenta, la transición política y su reivindicación de libertad, y muchas lecturas compartidas. Disfruté de la amistad de Juan Gil Albert, el poeta de la Generación del 27 al que tanto admiraba Jaime Gil de Biedma. Fue Gil Albert quien me prestó el primer libro que leí de André Gide, *Diarios* al que he vuelto estos días.

Gil Albert presentó en la librería Gramma de Valencia un poema largo que titulé *La manera en que muerdes tus labios cuando esperas*. Fue la última vez que nos vimos. Nunca supimos que aquel abrazo junto al pórtico de la catedral iba a ser la despedida definitiva.

En la época de Valencia procuraba venir a Granada una o dos veces al año. Solía hacer estos viajes con algunos amigos y pasar unas horas en la Alhambra y casi me convertí en guía oficioso para ellos. Ahora, tan cerca, voy mucho menos. De la visita de uno de esos viajes salió ese poema, *La manera en que muerdes tus labios cuando esperas*.

En 1986 llegué al Instituto Antigua Sexi de Almuñécar. Pasé los mejores años de mi vida profesional en aquellas aulas. Recuerdo, siempre con gratitud, la acogida por parte de mis compañeros, los muchos amigos que allí hice y, sobre todo, a mis alumnos que eran lo mejor del día.

Cuando llegué a Almuñécar busqué casa en La Herradura. No hubo suerte. Casi veinte años después, en 2004, encontré lugar donde vivir aquí. Y empecé a escribir de nuevo después de muchos años.

Almudena, mi mujer, leyó un día el poema de la Alhambra y me dijo que debería escribir porque ese poema tenía algunos aciertos y un tono intenso. Durante los años de Almuñécar fui lo que me gusta ser, un lector disperso. Fruto de esas lecturas y de la sugerencia de Almudena fue el primer libro en mi reencuentro con la poesía, *El viaje de Elpénor*. Descubrí a ese personaje en los *Cantos* de Ezra Pound, que está entre los poetas que más admiro. Elpénor se le aparece a Odiseo a la entrada del Hades y le reprocha que lo haya abandonado sin darle sepultura en la isla de Circe donde había muerto. Esa aparición me pareció la metáfora de un regreso, del deber de la amistad. *El viaje de Elpénor* es, como digo, un libro de lecturas y poemas de amor.

Me sorprendió, cuando vine a vivir a La Herradura lo poco que conocía de la historia de un lugar tan cercano.

Había leído uno o dos libros sobre su pasado, pero no con el orden ni el interés con que lo hice años después. Supe, por ejemplo, que en estas playas tan serenas casi siempre tuvo lugar el repentino naufragio de la Armada de Felipe II en el que en unas pocas horas murieron más de cinco mil personas. Tuve noticias de esa catástrofe por el libro de la profesora Carmen Calero. Supe por esa obra de la existencia del soldado Fernando Moyano y del extenso poema donde cuenta el naufragio del que fue uno de los pocos supervivientes. Como resultado de mi interés por ese suceso escribí *"Un viento inesperado"*. Se publicó con el apoyo de mi amigo Juan José Ruiz Joya, de Javier Sánchez Contreras, director de la Biblioteca Municipal y de Almudena que, literalmente, lo hizo.

Sobre el mismo suceso escribió Andrés Cárdenas su excelente *"Luna de Octubre"* y el dibujante Juanfran Cabrera un magnífico relato gráfico.

Del asombro de la luz en estas playas, el mar, tan nuevo cada día, el tiempo que transcurre con su calma de pueblo, escribí *"Peñón de las caballas"*. Recojo en él pasajes sobre los primitivos enterramientos que estudió doña Joaquina Eguaras, la entrañable doña Joaquina de las clases de árabe en la Cuesta del Chapí en Granada; hablo de los bañistas anacrónicos de finales de otoño; del hombre que sentado en una silla de ruedas miraba el vuelo de los pájaros detrás de los cristales del escaparate; de los viejos que hablan de las incidencias del día, sentados en los bancos del paseo junto a la playa; del Peñón de las Caballas que vive frente a mí; del oro de los dátiles y de los bares donde bebo y hablo con los amigos.

En una casa en los altos rocosos de "Las Gaviotas" escribí *"Última línea"*, tan cerca de las nubes mientras leía libros de soldados y batallas.

Y así, cuarenta años después de mi primera visita a La Herradura, volví para quedarme".

Tomás Hernández Molina

Durante la entrevista Tomás me explica que vive en Marina del Este. La mayor parte del año es una zona tranquila y es muy probable que des un paseo sin encontrarte con nadie. Pero en verano y los fines de semanas se llena de gente y los peces esperan entre las barcas de recreos a que los visitantes les tiren pedazos de pan. Las terrazas de las cafeterías o restaurantes directamente en frente del puerto se colman de turistas y Herradureños, obsequiados con unas bonitas vistas de los barcos que atracan en el puerto a lo largo del año. Barcos que cuentan una historia sin desvelar demasiado, transformado fácilmente en cuentos, canciones y obras de arte tras las mentes de los artistas.

Una pareja literaria

De todos los sitios históricos e interesantes que forman parte de La Herradura, no podemos olvidarnos de Los Castillejos. Los Castillejos están situados en las montañas y no es fácil llegar. Pueden encontrase evidencias de ocupación humana entre las rocas. Cuando cayó el Imperio Romano hubo un tiempo de alteración y las áreas costeras del Mediterráneo, vulnerables y desprotegidas, eran susceptibles a la piratería. En el año 1520, Jate (nombre histórico de La Herradura) sufrió un ataque pirata y los habitantes fueron esclavizados. Los que pudieron, huyeron a las montañas. Se crearon asentamientos en la zona que ahora se conoce como Los Castillejos. Son dos picos no muy altos, uno al lado de otro. Es una zona rocosa y aún se pueden ver restos de una cisterna y de antiguos muros entre los huecos de las rocas. Ahora es un lugar de tranquilidad y contemplación donde solo se oye la música de la naturaleza.

Los Castillejos habría sido un lugar interesante para un encuentro, pero las entrevistas nunca se llevaron a cabo. En lugar de ello, tengo varias hojas con respuestas en un cuestionario enviado por email. Las citas se cancelaron debido a circunstancias imprevistas, pero tanto Pepa Merlo como Álvaro Salvador merecen ser mencionados en este libro sobre artistas, escritores, músicos y otros personajes interesantes de La Herradura. Ambos son miembros de la Cofradía literaria de La Herradura.

Álvaro Salvador Jofre, más conocido como Álvaro Salvador, nació en Granada, donde aún sigue viviendo. Lleva veinticinco años viniendo a La Herradura, atraído por la tranquilidad, la calidad de vida y las temperaturas agradables. Siente que la proximidad de ciudades como Málaga y Granada es una gran ventaja.

Desde que lleva viniendo a La Herradura la mayor parte

de sus obras las ha escrito aquí. Generalmente poesía, pero también varias obras de teatro y dos novelas. Recibe inspiración de muchas cosas y le interesan temas como el amor, el erotismo, el paso del tiempo y problemas sociales. El entorno de La Herradura le parece muy inspirador.

Álvaro es escritor profesional y doctorado en filología románica. Trabaja como catedrático de literatura hispanoamericana y española en la universidad de Granada. Además, a lo largo de su carrera ha dado cursos, seminarios y conferencias en diversas universidades por todo el mundo.

Como escritor, Álvaro Salvador ha cultivado todos los géneros como el ensayo, la novela y el teatro, aunque es más conocido por su trabajo como poeta que se resume en dos libros antológicos: *Suena una música*, 1973-2008 (2008) y *PoPoemas* (1969-1975) (2014)
También es un colaborador habitual de varios periódicos y revistas de crítica literaria como *Cuadernos Hispanoamericanos, Ínsula, Litoral y Hora de poesía*, entre otros.

Algunos de sus poemas han sido traducidos a varios idiomas, principalmente al inglés. Álvaro ha publicado recientemente su último libro *Fumando con mis muertos (2015)*, que trata sobre el paso del tiempo, el perder de seres queridos y sobre acontecimientos importantes del pasado. Trata de huir del tono elegíaco mientras se interroga sobre el presente.

Su poesía está en línea de un nuevo concepto nacido en España a finales del siglo XX, llamado poesía de la experiencia. Escribir le proporciona una gran satisfacción. Significa expresar sus sentimientos en un poema y que sus lectores, se puedan sentir identificados. Aun así, la enseñanza, y el estar en contacto con gente joven es algo que también le da gran placer y le previene del envejecimiento espiritual.

Álvaro se siente enriquecido por la acumulación de todas las experiencias vividas que le han convertido en la persona que es ahora. Se siente agradecido y afortunado por haber conocido a una gran variedad de personas, entre ellos amigos maravillosos. Se refiere a personas con los que ha compartido su vida en distintas etapas. En general, cree que la escritura debe contener cierta ética, alguna más explícita que otra. En su trabajo personal pretende transmitir valores útiles que puedan ayudar a las personas a vivir una vida mejor.

Cree firmemente que La Herradura le seguirá inspirando cuando su esposa, Pepa Merlo, y él vienen de visita. Ambos sienten que La Herradura es un lugar especial, aunque han sido testigos de algunos cambios lamentables durante los años del boom económico. Esperan y confían que el pueblo conserve su carácter específico. Los dos sienten que lo que ha sido para muchos un pueblo encantador debe seguir manteniendo su personalidad.

Pepa Merlo lleva viniendo a La Herradura desde los años noventa y añora aquellos días previos al desarrollo urbano cuando el pueblo, en su opinión, era idílico, encantador y sobre todo, muy tranquilo. Un lugar ideal para venir a relajarse y desconectar. Recuerda especialmente su ambiente acogedor, el mar abrazado por La Punta de la Mona y Cerro Gordo. Ahora siente que la tranquilidad resulta difícil de encontrar, sobre todo durante el verano. Aún así, reconoce que La Herradura sigue siendo un sitio ideal para escapar del interior y contemplar la costa.

Pepa Merlo, graduada en filología española, se crió en Granada, pero es originaria de un pueblo llamado Pinos del Valle, en el Valle de Lecrín. Pepa ha publicado varios libros, entre los cuales se encuentran *Todos los cuentos, el cuento*, Diputación de Cádiz (2008). Colección Espuela de Plata de la Editorial Renacimiento *El haza de las viudas* (2009), (con prólogo de Almudena Grandes y portada de Juan Vida) y *Peces en la Tierra, Antología de mujeres poetas de la Generación del 27* (2010), en colaboración con el Centro Generación del 27 de Málaga.

Con la antología *Peces en la Tierra*, Pepa Merlo ha recuperado la voz perdida y la producción poética de escritoras de la generación del 27. Durante una entrevista con Europa Press, Pepa señaló que la intención de la publicación era 'revindicar las poetas del 27'. Durante los tiempos de la república y también desde el comienzo del siglo XX hasta el año 1936, algunas mujeres publicaron libros y se movían en círculos artísticos hasta que llegó su exclusión. Durante la Dictadura el lugar de la mujer era el hogar, y su papel cuidar de la familia.

Sobre su vida como escritora, Pepa explica: "Un escritor es siempre un escritor. De una manera o de otra. Aparte, las opiniones personales, puntos de vista y visiones sobre cómo abordar la vida son como la visión de un fotógrafo a través de su objetivo. Los detalles del paisaje, de la luz, de un transeúnte, por ejemplo, pueden despertar una idea para una posible historia.

Aún así, es duro ganarse la vida escribiendo en estos tiempos de dificultades económicas. Incluso en los casos en los que un escritor puede mantenerse únicamente de la literatura, tiene que dar conferencias, presentaciones de libros y talleres o clases para poder cubrir los gastos del día a día. Lo importante es, en caso de tener que buscarte un empleo a parte para poder sobrevivir, que encuentres un trabajo relacionado con tu pasión, en mi caso la literatura".

Volviendo a su carrera como escritora, Pepa opina que la vida de un escritor es un periodo de formación continua. En sus obras habla sobre la vida. No pretende mandar un mensaje a través de su trabajo, pero sí hacer pensar y reflexionar.

La escritura no es su único canal de creatividad. Le fascina la fotografía. "Me encanta ver el mundo a través del objetivo de mi cámara, ver los detalles que el ojo no descubre en la primera mirada. Con un zoom puedes adentrarte en un mundo lleno de sorpresas." También es una apasionada del cine, y evoca la magia del cine de verano de La Herradura y tiene la esperanza de que esas noches nunca se pierdan.

Se podría decir que Pepa Merlo y su pareja Álvaro Salvador comparten una pasión por la cultura en general, el arte, la literatura, el cine, la música. Incluyendo los sonidos de la música de la naturaleza, que aún puedes encontrar, por fortuna, en muchos lugares en el pueblo de La Herradura.

Álvaro Salvador - www.alvarosalvador.com

Pepa Merlo - www.pepamerlo.com

Imágenes que cuentan una historia

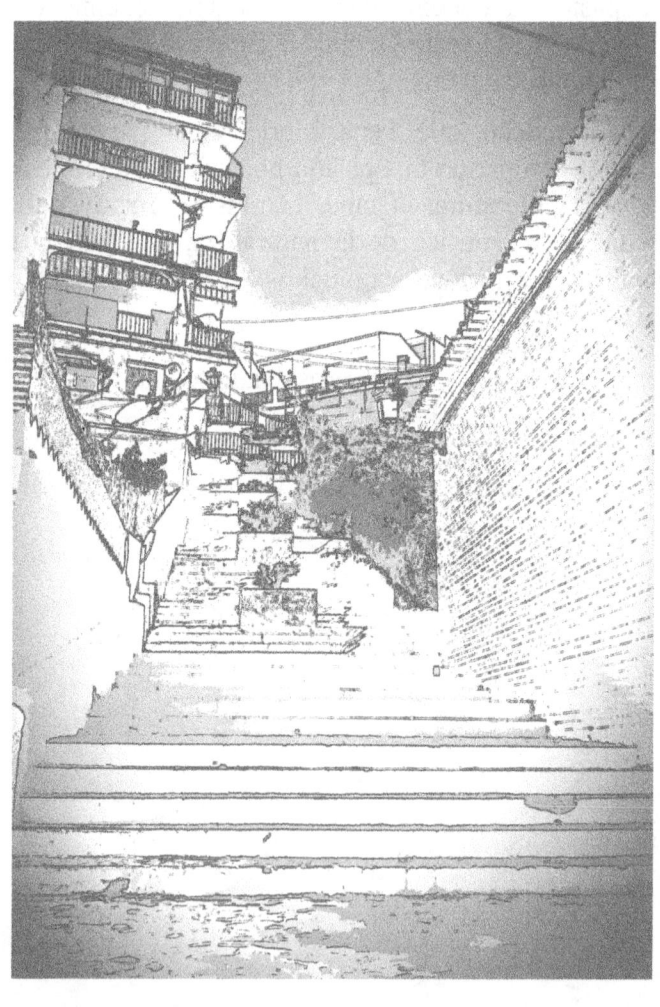

Inspirado por el silencio

Justo a la entrada de La Herradura hay una frondosa rotonda con césped, árboles y plantas tropicales. Es uno de los sitios preferidos de los loros salvajes de La Herradura para cantar sus canciones al atardecer, cerca de la pequeña urbanización Cañada Real, más o menos en frente de la gasolinera y junto a un pequeño vivero. Esta zona residencial está pintada de un cálido amarillo, es el segundo color favorito de esta zona de encalados pueblos blancos.

Es un paseo corto hasta la playa y durante el día suelo ir hasta el paseo para que me dé un poco el aire, empaparme de las vistas del mar y andar tranquilamente. No podría vivir sin el mar; me crié con, junto y en él. Está en mi sangre ya que mis abuelos eran pescadores. Suelo sacar la canoa para disfrutar de un poco de tiempo para mí. Me encanta estar en el mar, sintiendo su tranquilidad, algo que realmente necesito. Flotando en el mar puedo pasarme horas mirando las rocas, emergiendo con fuerza y elegancia del agua. Es un espectáculo cautivador cuando las olas salpican contra estas impresionantes esculturas naturales y tiene un efecto hipnotizador en mí, como mirar el fuego. El sonido que crean me reconforta.

Una cosa que me encanta es navegar desde La Herradura hasta la playa de Cantarriján, que también pertenece al municipio. Es un punto maravilloso que se compone de dos playas de arena cercadas por rocas a ambos lados, hay también dos chiringuitos. Cantarriján es conocido entre los naturalistas como una playa nudista, pero muchos van simplemente para disfrutar de las impresionantes vistas del mar mientras se toman una bebida o algo delicioso para comer. A esta preciosa playa también se puede acceder por tierra. Hay una gran señal de salida en la carretera antigua de La Herradura a Nerja, con espectaculares vistas de las montañas y el mar, y puedes seguir la señal hasta la playa. La carretera se envuelve en elegantes curvas a través del paisaje de verdes árboles y salvajes matorrales que crecen desde la parte baja de Cerro Gordo hasta Cantarriján. Cerro Gordo es conocido por sus famosas cabras montesas o íbices *(Capra pyrenaica)*, que viven aquí.

Nací en La Herradura donde mis padres regentaban un hostal. Como cualquier otro muchacho pasaba mis vacaciones y tiempo libre trabajando en bares y en el hostal de mi familia. Era un modo de ganar dinero que luego financiaría mis estudios como autor de cómic e ilustrador. Soy el más joven de cuatro hermanos, que significaba más libertad que mis hermanos, incluyendo la libertad a la hora de elegir mi carrera. Nadie más en mi familia tenía aspiraciones artísticas así que no fue un camino lógico para mi familia. Aun así me apoyaron. Hay dos grandes pasiones en mi vida, el mar y dibujar. En lo que a supervivencia se refiere, soy un poco masoquista, optando por el camino duro con poco dinero, la vida de artista no es exactamente la manera más fácil de crear una existencia cómoda. Ha habido momentos que he tenido trabajos a tiempo completo para ganar más dinero, pero no eran para mí. Lo más que he durado en un empleo 'normal' fue un año, pero no era feliz. Me enseñó que tenía que seguir mi propio camino, mi pasión. Era el único modo de que me sintiera interiormente satisfecho.

Viví fuera de La Herradura durante los años que estudié en la Facultad de Bellas Artes de la Universidad de Granada, una de las ciudades más bonitas de la zona, rebosando historia, magia, un ambiente oriental y energía artística, pero al acabar mis estudios volví a vivir aquí. Tenía que vivir cerca del mar. Durante mi vida como estudiante solía imaginar que el zumbido constante de los coches al pasar por las calles era el sonido de las olas. La verdad es que tampoco me gustan los pueblos grandes o ciudades, prefiero vivir en un pueblo pequeño.

La Herradura es un pueblo especial. Es muy cosmopolita. Me encanta el hecho de que pueda conocer aquí a personas de diferentes nacionalidades y aprender sobre sus culturas. Te ayuda a ver las cosas de forma distinta sin tener que ir a una biblioteca para informarte sobre lo que hay ahí fuera. Realmente ha ampliado mis conocimientos y eso es genial. Soy autónomo desde hace mucho tiempo y he trabajado para diversas editoriales y clientes privados. Ganarse la vida como autor de cómic es un reto, por ello también trabajo como diseñador gráfico e ilustrador.

Supongo que se podría decir que el evento que tuvo un mayor impacto en mi vida como artista de cómic fue cuando solo tenía dieciocho años y tuve la oportunidad de conocer a autores profesionales como Luis Alberto Maldonado, quien fue mi profesor. Antes de que existiera el internet, era autor de cómic y fue a Barcelona para trabajar para una editorial. Una editorial japonesa salió al occidente (Europa y los Estados Unidos) en búsqueda de autores de cómic que aportaran algo nuevo, y Luis fue uno de los elegidos. Trabajó en Japón durante años para clientes importantes y me hizo su asistente. Trabajé principalmente dibujando los fondos y eso me enseñó mucho. Fue una experiencia impresionante. Después, tuve el privilegio de trabajar para un editorial de Barcelona durante muchos años, para una revista de cómics llamada *El Víbora*. Esta revista se publicó durante 25 años en España y era muy conocida.

Ahora también trabajo para otras revistas de cómics, pero aparte de eso trabajo en mis propios libros, he publicado varios hasta ahora. Me encanta mi trabajo. Me inspiro en historias reales y hechos históricos. La información acumulada en mi mente da su fruto durante las oscuras horas de la noche, cuando florece mi creatividad. Cuando ya no se escuchan pasos, no se oye a los vecinos contándose las mismas viejas historias en la calle, no hay motos zumbando al pasar ni las voces de niños divirtiéndose, sonidos transportados por el viento. Lo único que puedes oír de noche es el susurro de las olas en las playas de piedras alzándose hasta las casas más altas del pueblo. En el silencio de la noche mi nivel de concentración aumenta y las imágenes en mi mente cobran vida en papel en blanco.

El cómic es un método de comunicación. Muchas personas piensan en superhéroes cuando piensan en cómics, pero ese no es mi interés. Supongo que el modo más adecuado para definir mi trabajo es la 'novela gráfica'. No me gustan mucho los superhéroes, prefiero contar historias inspiradas en la vida real. No tengo una temática concreta, solo uso una historia que encuentre interesante y crea que pueda gustar a la gente. Un cómic puede ser un modo muy accesible para hablar de historia. Es una forma genial para llegar a personas que quizás normalmente no cogerían un libro. Me encanta cuando alguien que no lea mucho disfruta leyendo mis cómics. Eso me da una satisfacción tremenda. Evidentemente, leyendo cómics, los niños pueden aprender de historia. Las vívidas imágenes de los cómics pueden dar vida a hechos históricos. Un ejemplo de ello es el libro que creé sobre el naufragio que tuvo lugar en La Herradura en 1562. Se llama *Naufragio en La Herradura*. Creé este libro en 2012 en colaboración con el ayuntamiento en conmemoración del 450 aniversario de este acontecimiento increíblemente triste. Todas las ganancias de este libro son destinadas a la Cruz Roja.

Mis imágenes ya cuentan una historia, pero también me gusta escribir, así que es fantástico poder combinarlos. Siempre puedo encontrar un interesante informe real, o algo que me guste y pueda convertir en una historia visual. Actualmente estoy trabajando en una serie de cinco libros, *Los Caballeros de la Orden de Toledo*, junto a Javierre, el guionista (quien escribe la historia). En Diciembre de 2015 nos dieron el premio del Expocómic a la Mejor Obra Nacional de 2015 por esta serie. El estar nominados me parecía increíble, pero después de llevárnoslo...ha sido de locura. Javierre se puso en contacto conmigo ya hace varios años y me propuso dibujar una historia que estaba escribiendo y yo acepté. Mientras el escribía y perfilaba el guión, yo diseñaba los personajes y buscaba un estile acorde con la historia. La serie está basada en la amistad entre Federico García Lorca, Luis Buñuel y Salvador Dalí. Las historias se desarrollan en Madrid. No son 100% biográficas, pero dan más bien una idea de cómo estos inspiradores artistas vivían sus vidas durante los años veinte. Esta es mi pasión y me siento muy agradecido de poder hacer lo que me gusta en mi precioso pueblo de La Herradura, que ha mantenido su encanto, su tranquilidad, y su magia durante muchos años. Sinceramente espero que siga siendo así y que su silencio me siga inspirando.

Juanfran Cabrera https://juanfrancabrera.wordpress.com/

Una gran pérdida cambió nuestras vidas

"Una pérdida indescriptible nos obligó a tomar la decisión de venderlo todo, hacer las maletas y marcharnos. Nuestro sueño, la última oportunidad de tener un hijo propio se derrumbó cuando perdimos nuestro bebé durante el embarazo, después de años de intentos fallidos de FIV. Estábamos devastados y desconsolados con un profundo agujero en el alma. Nuestro sueño se había convertido en una pesadilla, pero de algún modo necesitábamos encontrar la fuerza para seguir adelante, llevando nuestro bebé en el corazón.

Un amigo nos habló de La Herradura. Sonaba interesante y decidimos venir hasta aquí. No fue una decisión tomada a la ligera. Teníamos que tener en cuenta al hijo de la hermana de mi mujer – un niño al que habíamos criado como si fuera nuestro durante siete años y que tenía que venir con nosotros. También debíamos considerar nuestras responsabilidades 'parentales' hacia dos niños de una madre soltera del barrio. Soy su figura paternal.

Lo que facilitó la decisión fue que mis ingresos primarios eran como ilustrador de libros infantiles, lo que me permite desplazarme. A lo largo de treinta años he sido capaz de ganarme un sobrenombre, trabajando para varias editoriales y diversas personas de mi país, Nueva Zelanda, dónde muchos niños están familiarizados con mi nombre. Mis pinturas se venden principalmente en Nueva Zelanda y es fácil enviar mis obras a la galería que me representa.

Dimos el salto y no tardamos mucho en enamorarnos de La Herradura. Era un sentimiento, una conexión instantánea. Había pasado toda mi vida junto al mar en mi país y me gusta mucho, pero este pueblo ofrece más. Nos encanta la gente de aquí. Aparte de ser una mezcla de locales, artistas, escritores, músicos y artesanos de guitarra de todas las nacionalidades, para nosotros también es muy importante que el pueblo siga manteniendo ese toque español que tanto apreciamos.

Sinceramente puedo decir que La Herradura ha cambiado

mi manera de ver la vida. Pasar un periodo significativo de tiempo en otra cultura te da una idea completamente distinta a como quieres pasar tu vida. Ahora sé que para mí es importante vivir en una comunidad civilizada y eso me lo ha enseñado este pueblo. La Herradura tiene ciertos valores y ofrece una cálida vida social. Difiere mucho de mi experiencia en Nueva Zelanda, que es un lugar más severo y aún notablemente una colonia con una predominante mentalidad pionera, áspera y dura. Nos encanta la atmósfera cosmopolita de La Herradura y encajo muy bien aquí. Para mi mujer e hijo igual, ambos con nacionalidad tongana. Solo es un niño, pero ya dice que es medio tongano y medio español.

La primera vez que vinimos solo nos quedamos tres meses. Fue tan profundo el impacto que tuvo sobre nosotros, sintiendo La Herradura como nuestro hogar, que nos prometimos volver durante periodos más largos. Volvimos en abril del 2014, habiendo disfrutado hasta entonces de un maravilloso verano e invierno. Nuestro hijo decidió no volver esta vez y se quedó con su madre biológica. Aunque le echamos mucho de menos, Skype nos mantiene unidos.

Pudimos alquilar una casa de pueblo interesante y poco convencional, que parece tener cambios de humor. A veces da la sensación de ser una cueva, un tanto melancólica, pero luego pasa a ser un sitio súper amplio, cálido y acogedor. Va de lujo con mi personalidad y me inspira para mi trabajo. La casa se encuentra en un típico barrio español con un par de tiendas locales, accedes a ellas por unas vertiginosas escaleras 'asesinas', junto a la plaza de la iglesia. Empinadas calles defectuosamente asfaltadas guían hasta nuestra puerta. A donde quiera que andes, desde donde nos encontramos serás deleitado con el típico ambiente andaluz de casas encaladas a lo largo de estrechas y serpenteantes calles con coloridas macetas de geranios al viento. Los sonidos del pueblo flotan en el aire, una moto cercana acelerando, las campanadas de la iglesia a una distancia agradable y la tertulia de los vecinos compartiendo sus aventuras. Para nosotros es perfecto y podemos mejorar nuestro nivel del idioma conversando con nuestra encantadora vecina española, la viuda de 'El Ruso', una famosa cantaora de flamenco.

El mar es muy relevante para mí. Necesito vivir cerca del mar. Me gustar nadar tanto en verano como en las estaciones más frías. Es como estar conectado internamente con uno mismo y he llegado a verlo como mi hogar espiritual. Ocasionalmente me siento como una ola saliendo del océano para luego regresar a él de nuevo en un ciclo rítmico. Simplemente, sentarme junto al mar o dar un paseo por la playa, observar sus colores, su movimiento, notar su olor, oír el sonido de las piedrecitas mecidas con suavidad por las olas tiene un efecto calmante y reconfortante sobre mí.

He pasado toda mi vida junto al mar. Nací en Nueva Zelanda, en Thames en la Isla Norte. Mi vida ha sido una acumulación de obstáculos, tentaciones y supervivencia. La pérdida progresiva en todos los aspectos ha sido el elemento más determinante en mi vida pero también me convirtió en quien soy. Si siempre tienes éxito quizás te conformes con algo cómodo pero que no necesariamente te haga feliz. Si te privan de comodidad tienes que encontrar algo interesante en lo que parecerían circunstancias menos favorables.

Ir al reino de Tonga y casarme con mi mujer fueron hechos muy importantes en mi transformación personal. Tonga se aleja de la cultura europea tanto como lo puedas imaginar. Es una isla con una cultura floreciente donde la comunidad está completamente integrada en la vida familiar. Al final del día todos se ayudan y alimentan el uno al otro. Mi padre, un médico de familia europeo, era como tantas otras personas que conocí en Nueva Zelanda. Había el trabajo y aparte la familia, pero los demás no estaban incluidos. La puerta no estaba abierta a nadie. Loisi, mi mujer, que es de Tonga, está llena de humanidad. Todo el mundo puede quedarse con nosotros y es bienvenido. Esto es un significante cambio de perspectiva para mí. Me ha obligado a reconsiderar qué doy por sentado como persona – respecto a estar más relajado con el hecho de no tener mucho y lo que significa cuidar de otros. He aprendido a convertir la tristeza y pérdida en algo creativo en lugar de dejar que me supere. He aprendido a dejar de lado la idea de control y continuar con mi viaje, navegando, en vez de tratar de forzar mi voluntad sobre lo que me rodea. Ahora considero que me encuentro en un sendero espiritual. Camino, pinto y guiso. Medito y leo. Leo, casi exclusivamente, libros de teología de varios tipos. Me encuentro inmerso en este camino todo el tiempo. Hago todo con atención – leer, andar, cocinar. Bendigo la comida con un 'namaste'* antes de prepararla. Me encanta cocinar y lo considero un ejercicio espiritual para alimentar a mi familia. Suelo adaptar mi cocina al lugar donde me encuentro, usando ingredientes locales.

La vida es un camino de aprendizaje y estoy aprendiendo a ver lo sagrado en todo y hacerlo parte de mi vida espiritual. A menudo la gente piensa que tener un acercamiento espiritual a la vida significa hacer menos de todo, pero yo siento que afecta a todo- cuando cocino, cuando nado o cuando pinto. Se podría decir que tengo un acercamiento creativo a la espiritualidad. La creatividad me viene de forma natural. Siempre he realizado trabajos creativos. Me permite tener libertad y ser irresponsable de alguna forma. Puedes crear la vida que deseas. Mis amigos tienen sus bienes, sus casas y sus coches pero con frecuencia me dicen '¡Qué bien vives!'. No solo es lo que disfruto haciendo, sino que me ha permitido crear una nueva e interesante vida. Lo que sea que esté haciendo, pensando, leyendo o rezando, todo parece llevar a ideas orientadas a historietas que luego puedo pintar. Mis pinturas narrativas vinieron después de mis libros infantiles y son bastante ilustrativas. Aun así, no me gusta explicar mis obras y prefiero dejar que la gente lea su propia historia en mis imágenes.

Tiendo a expresar mis ideas en conceptos. Comienza con una idea conceptual, más que con una idea expresiva. La pintura crece mientras contemplas la idea. Tengo una razón por la que realizar mi trabajo pero no pretendo que tenga un mensaje específico. Sin embargo, creo que la inclusividad es importante, así que supongo que si hay un mensaje en lo que hago, es que hay un lugar para todos. Especialmente en mis libros infantiles, me gusta mostrar el lado divertido y gracioso de las cosas, pero intento incluir diferentes tipos de personas en las historias, por ejemplo, personas gays. De esta manera intento retratar la diversidad de la vida, que está bien ser diferente. Quiero que los niños sepan que la escuela puede ser cruel. También tengo un problema con la religión moralista, ya que tiene una estrecha visión sobre quién encaja y quién no.

Es importante para mí tener en mente a los niños. Todos 'mis niños' pertenecen a minorías étnicas y soy muy consciente de las sutiles formas de discriminación a las que los tres niños que criamos se tienen que enfrentar. En Nueva Zelanda cuidamos a una niña que es medio tongana medio africana, un niño que es medio tongano medio europeo, y luego mi hijo que es tongano pero quiere ser medio español. Les echamos de menos y de momento nos suplican que volvamos a casa. Antonio, al que llamo mi hijo, quiere volver a vivir con nosotros. Esta petición nos ha hecho tomar la decisión de regresar a Nueva Zelanda tres meses antes de lo previsto, pero tenemos todas las intenciones de volver a La Herradura, esperemos que con los tres niños.

Tengo un deseo para La Herradura. Deseo que permanezca como está, tan español como sea posible, pero que su comunidad artística y creativa aumente y prospere. Que no se convierta en una revoltosa guarida inglesa sino que la cultura española guie con su baile flamenco, su cante y música. Nos entristece decir adiós pero no es una despedida. Pronto estaremos de vuelta en este maravilloso lugar... nuestro hogar."

Fraser Williamson www.redshark.co.nz

* namaste: Es la forma de saludo en la India, y es una manera de honrar y de mostrar respeto y/o agradecimiento. Literalmente significa: mi alma saluda tu alma

Siguiendo mi dicha

"Me gusta sentarme aquí en mi escritorio después de subir la cuesta a casa a paso ligero. Varias veces por semana bajo desde nuestro pequeño apartamento en Cotobro, pasando la 'Flor de Hierro' de Feliciano Hernández, que era amigo de Prieto Moreno – una escultura de hierro con la forma abstracta de una flor tropical abriéndose para absorber la luz del sol. Bajo caminando hasta el pueblo por el Camino Real, que se convierte en la Calle Real. Tiene mucho encanto observar el ajetreo del pueblo despertándose. Las persianas suben con un repiqueteo de madera, los jóvenes en motos pasan zumbando de camino al instituto y las madres en sus coches llevando a sus hijos a las distintas escuelas de la zona. Observo a una mujer limpiar la acera delante de su puerta, primero barriendo el polvo de la calle y luego fregándolo con agua con un olor fuerte a jabón de flores. La calle presenta una mezcla de arquitectura de antes y de hoy, y la de hoy a veces me parece fuera de lugar. Prefiero las casas antiguas, algunas de ellas mostrando su inevitable deterioro de 'envejecer' de un modo encantador y artístico. Puedo ojear aquí y allá en las estrechas calles que dan a Calle Real, con sus escalones irregulares que conducen a casas del pueblo a los que solo se pueden llegar a pie.

Mientras camino cuesta abajo contemplo mi vida. Es un paseo muy meditador y me gusta recordarme a mí misma que piense de manera positiva y sea agradecida por las cosas maravillosas que me rodean, las cosas que están sucediendo y que se cruzan en mi camino. Siempre es agradable estar en el pueblo, quedar con amigos, inspirarte con las olas, el sonido del viento entre las palmeras y el sol ascendiendo en el cielo, calentando mi piel en un día de invierno bastante frío. Es mi dicha.

Aun así, es agradable estar de vuelta en casa. Me siento físicamente cansada de andar por la rampa, pero satisfecha y contenta. Me preparo un té inglés en una taza decorada con un sinnúmero de corazones con una buena dosis de leche y miel para luego sentarme en mi escritorio. Contemplo las maravillosas vistas desde la ventana de nuestro salón, mi escritorio esta justo en frente. Cada día me deleito con las vistas de Marina del Este, con el espectáculo de la naturaleza siempre cambiante. Mañanas tempranas y noches tempranas, los colores hipnotizadores de las sutiles nubes dejadas por el amanecer o la puesta de sol me llenan el corazón de calidez. Me siento afortunada por poder trabajar en un lugar tan bello. Lo que tengo detrás fue un interesante camino para llegar hasta aquí.

Nací en Londres y soy la mayor de seis hijos. Tengo cuatro hermanas y un hermano, todos especiales para mí. Los quiero con locura. Crecimos en Westgate-on-Sea, un pueblo de Kent, donde se mudaron mis padres siendo yo una niña. Mi pareja, Graham y yo volvemos cada año para visitar a nuestras familias, normalmente para Navidades y en verano, nos encanta. Antes de venir a España, Graham y yo vivíamos en Cornualles, que es un lugar fantástico para artistas y músicos como nosotros. Nos encantaba y si algún día decidimos volver a Inglaterra, nos gustaría poder vivir allí otra vez.

En su momento, se acercaba el trigésimo cumpleaños de Graham y quería regalarle algo especial. Era músico a tiempo completo y quería mejorar su guitarra de un nivel de estudiante a un nivel de concierto. Recordaba que una vez me había comentado que le encantaría fabricar su propia guitarra. Le pregunté si quería esa experiencia como regalo de cumpleaños. Se le llenaron los ojos de lágrimas. Pensé *Sí, podemos hacerlo* y empecé a buscar información por internet. Yo trabajaba para un teatro musical infantil de una organización benéfica que se localizaba en una antigua capilla. Recuerdo estar sentada en mi escritorio, hacía un frío que pelaba, con un gorro tejido a mano puesto y mantenía las manos calientes con unos guantes de lana de colores. Encontré varios talleres de construcción de guitarras en Inglaterra, pero luego vi la foto de La Herradura con la información del curso de Stephen Hill de un mes de duración en el Instituto Europeo de Fabricación de Guitarras. En el momento era comparable con comprar una nueva. Vendimos todo lo que teníamos, compramos una pequeña furgoneta, la convertimos en una autocaravana y partimos hacia el sur de España. Era septiembre del 2011.

No hace falta decir que nos encanta La Herradura. Tanto que decidimos quedarnos por un futuro previsible. Estamos alquilando un minúsculo, pero bonito, piso de una habitación justo en las afueras del pueblo. Aunque a Graham le sigue gustando ser músico se ha convertido en guitarrero y lo está disfrutando mucho. La vida no siempre es fácil y a veces tenemos que raspar un poco para poder pagar el alquiler, pero parece que nos apañamos. No necesitamos mucho. Somos felices. Llevamos juntos más de diez años y estamos muy enamorados y agradecidos de poder vivir en un lugar tan maravilloso, con amigos increíbles, pudiendo hacer lo que más amamos. Siguiendo nuestra dicha.

Mi dicha es pintar, ilustrar y escribir. En el Reino Unido trabajaba en una compañía de cultura y educación, centrándose en la creatividad en el sistema educativo inglés. Lo más importante que aprendí ahí fue que todo el mundo es creativo y que para expresar al completo nuestra creatividad innata, nuestro bienestar es de suprema importancia. Un riesgo laboral de trabajar en un sector creativo y cultural es que te preguntas continuamente, *¿Cómo estoy expresando mi creatividad?* Después de varios años fui inspirada a seguir completamente mi camino creativo. Al principio fue solamente por mí misma, pero con el tiempo me di cuenta de que tenía que ver con el bienestar y gradualmente ha evolucionado a un deseo de facilitar que otros descubran su creatividad interna. Este es el tema del libro que estoy escribiendo. Ahora me considero una artista a tiempo completo, una ilustradora y escritora. Aparte de crear la mayoría de mis ilustraciones y de trabajar por engargo para clientes, estoy desarrollando mi propio estilo, encontrando mi propia marca o voz. Así es como aparecen los 'Doodle smudges'. Los 'Doodle smudges' se han convertido en mi estilo ilustrativo y les gustan tanto a niños como a adultos. El 'doodle smudging' es un término que se me ocurrió para describir un proceso de acceder a la creatividad cuando no te sientes inspirado. Tiras aleatoriamente unos cuantos colores en una hoja e intentas ver imágenes en las manchas de pintura o tinta, sobre las que luego 'garabateas'. Es una manera de liberar la mente antes de una actividad creativa. Estoy desarrollando una app de garabateo de manchas para iPad para que otras personas también puedan hacerlo. Estoy trabajando en esta colaboración con la estratégica cuentacuentos y amiga Elizabeth Adams. Está creada por el amor a la creatividad y para eliminar el terror del papel en blanco. También me encanta pintar y tuve exposiciones en Cornwall, Francia, Kent y he participado en muchas exhibiciones en España. Aunque de momento estoy más centrada en mi libro y en los encargos. Me gustaría pensar que en los próximos años puedo construir unas nuevas obras para una exposición. Me gusta lo que hago. Me gusta poder aportar belleza, belleza visual al mundo. Eso siempre ha sido importante para mí. Recuerdo que uno de mis profesores de arte me dijo que embellecía las cosas más de lo que eran en las clases de dibujo de modelo al vivo. Era una observación importante, todavía lo hago – la verdad es que siempre veo la belleza. También me encanta el color y me gusta aportar mucho color a mi trabajo. Lo que hago me hace feliz y puedo pasar muchos de mis días sonriendo a los personajes que vienen de mi imaginación. Se convierten en mis amigos.

Le doy un último sorbo a mi té y miro por la ventana, el sol brilla sobre el puerto en un maravilloso cielo azul y veo su reflejo en el mar y en los mástiles de los barcos de vela a lo lejos. Me siento feliz y bendecida de que tuviésemos el valor de seguir nuestros corazones, seguir nuestra dicha. Ese es mi mensaje a todos. ¡Atrévete a escuchar a tu corazón para que puedas descubrir tu dicha y seguirlo también!"

Lauren Sebastian - www.laurensebastian.com

Sonidos de la música

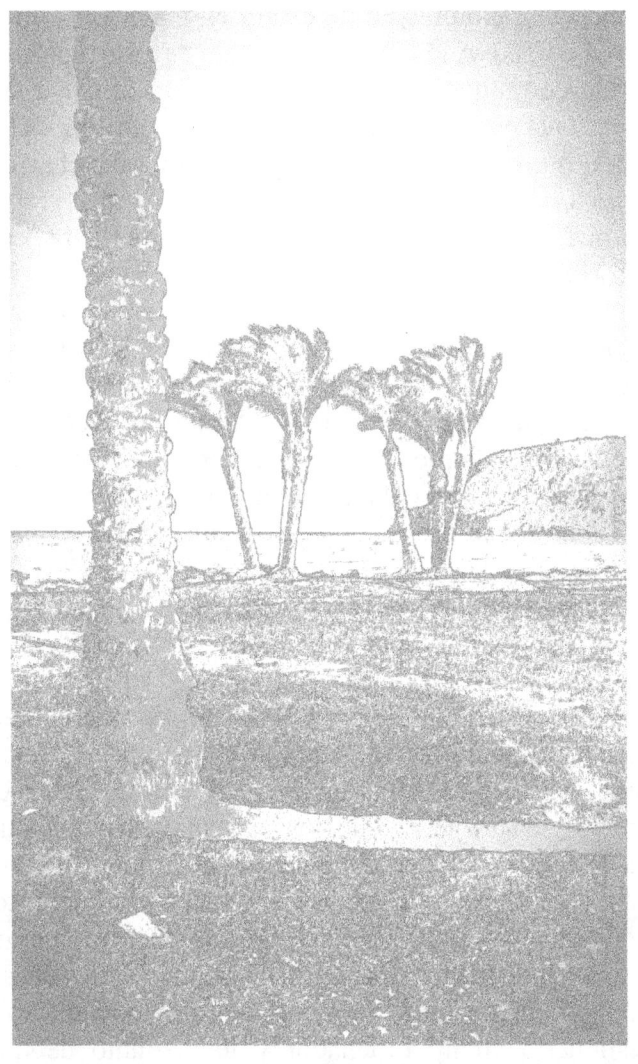

Cuando Alemania se encuentra con Cuba

Absorbo el reconfortante sonido de un saxofón cerca de la orilla. El sol está a punto de ponerse y miro al pequeño montículo de césped en medio de la playa de La Herradura con dos conjuntos de palmeras a cada lado. Charly Endres está apoyado contra uno de los árboles, tocando el saxofón. La atmósfera es mágica e idílica al mismo tiempo. A lo lejos una bailaora de flamenco con un vestido con toques azul claro camina por la playa, cerca de las suaves olas, contemplando. Es joven, bella y misteriosa, una 'gitana' solitaria. Didier Marechal canta *Siento Suspiro del Moro en mi Corazón.*

Entonces me percato del descapotable rojo brillante con el exterior de madera, conduciendo hacia la Punta de la Mona. Charly sigue tocando su saxofón pero esta vez está sentado en el asiento trasero del coche. Un cuadro de estilo naif de una mujer a punto de besar una chirimoya cubre mi pantalla. Me relajo y disfruto de la canción de *La Chirimoya* compuesta por Charly, ahora llenando mi salón a través de un enlace de YouTube.

Se supone que la chirimoya es una fruta nativa de Sudamérica, que luego fue transportada a muchas zonas incluida Andalucía, en el sur de España. Hasta Mark Twain mencionó la fruta, refiriéndose a ella como 'la fruta más deliciosa conocida por el hombre.' Tiene una textura cremosa y es muy dulce. En las zonas de interior de La Herradura, incluso cerca de la playa, justo por encima del puente del río Jate hacia la parte de Cerro Gordo, puedes observar los esfuerzos de los agricultores que cultivan esta fruta popular que claramente ha inspirado a Charly Endres, un saxofonista alemán muy talentoso que justo en ese momento llama al timbre. Abro la puerta y me gusta su energía inmediatamente. Nos sentamos después de haber preparado una taza de té; abro el documento del cuestionario en mi ordenador y le pregunto de dónde viene y qué significa la música para él.

Charly explica: "Nací en Aachen, Alemania, cerca de la

frontera que limita con el sur de Holanda. La música captó mi atención por primera vez cuando escuché música Dixie en la radio. Debía tener unos diez años e inmediatamente me enamoré del clarinete. Desde entonces, la música ha sido una parte constante y dominante en mi vida. Llevaba muchos años tocando la flauta pero siempre soñé con un clarinete. Mis padres me compraron uno a los catorce años. Estaba encantado y rápidamente conseguí manejar los varios tipos de música que me gustaban. Con la misma edad me uní a una banda escolar. Fue mi primer grupo musical. Para cuando cumplí los veinte me convertí en un miembro de una banda de estudiantes; una buena banda de baile que me permitía pagarme los estudios con lo que ganaba. Tocábamos de todo, tanto música dance como el chachachá o el vals de Viena, y música disco. Podíamos tocarlo todo y nos divertíamos mucho haciéndolo.

Estudié música, deportes y pedagogía y me hice maestro de un instituto de educación clásica, pero realmente se podría decir que fue la música en particular, lo que dio color a mi vida de forma muy positiva. Me es imposible imaginar mi vida sin ello; sería como si faltase una parte de mí. Tocando el clarinete, me pareció lógico dar el paso a tocar el saxofón. Durante mis estudios musicales también aprendí música clásica que es por lo que toco también la flauta. Simplemente me gusta hacer música. También he compuesto algunas piezas, pero no me considero un compositor ávido. Aunque estoy abierto a cualquier tipo de música, incluyendo la clásica, mi mayor pasión es el jazz. Fui muy influenciado musicalmente por John Coltrane y después de verle en directo en un concierto en Bélgica, se convirtió en mi música favorita. Desde ese momento empecé a tocar Bebop jazz y me uní a un cuarteto de jazz llamado *Cremer-Endres-Quartett*, una banda alemana-americana. Aún éramos estudiantes y participamos en varios festivales. Incluso ganamos el festival Bilzen Jazz en Bélgica que nos permitió ir de gira

por Bélgica y Luxemburgo.
Bélgica ha sido nuestro país residente desde hace mucho tiempo y aún estoy muy involucrado en la música. En Bélgica conocí a una joven y profesional banda que me deja unirme a ellos en sus conciertos cada cierto tiempo. Actúan bajo dos nombres distintos, dependiendo del cantante principal, ya que hay dos. Una banda se llama *Didier Marechal Band* y la otra *Aquis Combo Aachen*. Dan conciertos en Bélgica, Holanda y Alemania. Aunque he de decir que estoy echando raíces en España también."
Le pregunto cómo acabó en La Herradura y escucho su historia. Una de sus hijas estudiaba español en Granada y Charly y su mujer vinieron a visitarla. Después de pasar tiempo con ella decidieron explorar los alrededores y se embarcaron en un viaje en moto por Andalucía. De Granada bajaron hacia la costa atreves de las montañas por el camino antiguo, *Suspiro del Moro, conocido como la carratera de la cabra montés, hasta llegar a Almuñécar. Les gustó mucho la atmósfera pero continuaron su viaje y acabaron en Otivar en las Alpujarras, donde compraron una casita que renovaron hace diez años. Un día, al acordarse de Almuñécar bajaron para visitar la zona y se toparon con La Herradura. Esto fue hace cinco años. Fue el día que Charly conoció a Lino Díaz, un talentoso pianista y compositor cubano que vive en La Herradura. Se hicieron amigos y Lino le introdujo al panorama musical local que es abundante considerando el modesto tamaño del pueblo. Cada lunes Lino toca su música en un mesón llamado El Tinao. Es uno de los lugares en La Herradura dónde músicos se juntan y actúan. Estos son músicos de Granada y otras partes de España, pero también hay muchas otras nacionalidades, incluyendo la holandesa, inglesa y francesa. Charly con frecuencia participa con Lino y su mujer Lupe, una cantante, en sus actuaciones.
Aparte de su pasión por el jazz, Charly desde entonces ha aprendido a apreciar y amar el flamenco. Conoció a Pablo

Escudero, un cantaor de flamenco y guitarrista local y esto llevó a que Charly fuera invitado a participar en algunos conciertos de flamenco. El mayor concierto fue en el parque del Majuelo en Almuñécar, en el 2013 – un concierto con diez grandes músicos andaluces de Córdoba, Málaga y Jaén, y para la ocasión Charly. "Fue una experiencia fantástica," dice y continúa: "Se podría decir que la música es un pegamento social. Une a la gente, tanto a músicos como al público y a los españoles les encanta la música. He conocido a muchas personas que valen la pena en La Herradura. Compartir música, sobre todo improvisando, es algo que me encanta. Crear algo nuevo con un buen músico afín a ti sin haber planeado nada es algo mágico y con Lino esto sucede de forma natural. Solo necesita un tema para que creemos una eufonía musical. En la improvisación de jazz utilizas un título básico o tema. Hay muchos libros con títulos de jazz y cada título tiene una armonía. Entonces, la improvisación está basada en la armonía del título. Presentamos musicalmente el tema al público y comienza la improvisación: cada músico hace lo suyo. Yo me centro en la armonía y al final de la pieza volvemos al tema para terminar."

Jubilado desde hace cuatro años, padre orgulloso de dos hijas y abuelo de tres nietos, Charly va y viene de Bélgica y Alemania, para tocar con su grupo y para cuidar de su tía de 97 años, y luego de vuelta a La Herradura donde su mujer y él han alquilado una casa los tres últimos años. Adora la zona, que le permite sumergirse en dos de sus pasiones, la música y el deporte – esquiar y hacer parapente en las montañas. También le encantan los españoles de La Herradura, que percibe como muy acogedores y simpáticos, y también menciona los muchos extranjeros amables que ha conocido aquí. Se siente afortunado y agradecido de haber vivido una buena vida sin grandes traumas o acontecimientos horribles y siempre ve el lado positivo de las cosas. Ya no siente la necesidad de tener fama y disfruta de la tranquila atmósfera en Andalucía. Sus años de ser reconocido por las calles han quedado atrás y lo prefiere así. Es feliz en este pequeño pueblo de la Costa Tropical. Charly escribió la canción *Chirimoya* e hizo un vídeo por amor a La Herradura y la región, con su grupo *Didier Marechal Band*. Explica que fue un poco por diversión y no tiene mucho que ver con su estilo musical habitual.

Actualmente Charly tiene que volver a Alemania cada tres semanas para cuidar de su tía. Lo hace con mucho amor y siente que es bonito hacerlo. Pero Charly tiene un sueño. Su mujer y él esperan poder vivir aquí de forma permanente en un futuro próximo y les gustaría hacer algo enseñando pedagogía y experiencias de su vida musical. Un día espera poder dar clases gratuitas de música a niños sin recursos de La Herradura ya que considera que hay tantos niños cuyos padres no pueden permitirse pagar estas clases. "Sería genial si la municipalidad pudiera invertir en instrumentos y un espacio para que estos chicos puedan tocar, incluso crear una orquesta."

La entrevista llega a su fin y siento que nos hemos hecho amigos mientras caminamos por la calle Acera del Pilar después de la entrevista. Llegamos al paseo y nos despedimos mientras el sol se pone entre los dos conjuntos de palmeras sobre el montículo de césped verde en medio de la playa. Escucho una agradable melodía en mi cabeza... *siento Suspiro del Moro en mi Corazón.*

Charly Endres

*El Suspiro del Moro se refiere a un paso de montaña en Sierra Nevada. Según la leyenda, el último rey moro de Granada, Boabdil (Mohamed Abu Abdalahyah) tras ser expulsado de Granada por los Reyes Católicos en 1492, al cruzar el paso, miró atrás y con un gran suspiro expresó su añoranza por sus palacios granadinos, en particular la Alhambra, y empezó a llorar. Su propia madre, Ayesha, llena de rabia, condenó sus lágrimas diciendo: "Llora como una mujer lo que no has sabido defender como un hombre".

No quería morir con remordimientos

Miro a la gente disfrutando de algo para beber o comer en uno de los chiringuitos de la playa, un mar picado de fondo, vestido con la luz del sol. Una fuerte brisa me acaricia la cara mientras camino por el paseo hacia mi entrevista con Tony Turner. Vive cerca de la playa y del castillo de La Herradura y es un personaje notable del pueblo. Es un hombre grande y transmite buena energía y tranquilidad. Ojos azules y felices brillan en su cara amistosa. Una coleta gris, manos y muñecas llenas de pulseras y anillos de plata le destacan entre la multitud.

Nos sentamos en una de las cafeterías del paseo a resguardo del viento pero calentados por el sol, y pedimos un café. Le hablo sobre mi libro de La Herradura; cómo se centra en las personas 'artísticas' que viven o tienen una segunda casa en el pueblo y cómo espero que cree conciencia de la calidad especial de este pueblo.

Explico que es parte de una visión para tratar de poner La Herradura en el mapa como pueblo artístico y animar visitas de personas que respetarían su cultura, su integración, el mar y el entorno natural y sus habitantes. Tony está de acuerdo. Es agradable hablar con él, fácil. Le pregunto dónde nació ya que sé que no fue en La Herradura.

"Nací en Hull, Yorkshire en el Reino Unido. Estaba casado con dos hijos que habían volado ya del nido, uno viviendo en Scarborough y otro en Dubai. Mi mujer y yo nos habíamos distanciado, llevando vidas separadas. Ella se fue sola de vacaciones y yo hice lo que más me gusta, juntarme con otros músicos para tocar. Era pensionista y antes de venir a España viví durante muchos años en Scarborough. El panorama musical ahí era fantástico. Hice grandes amistades a través de ese panorama. Solía organizar eventos de micro abierto para jóvenes y esos niños a menudo venían con sus padres. Todos ellos me están muy agradecidos hasta hoy en día y cuando vuelvo al Reino Unido, recibo una cálida bienvenida por su parte.

Este lado musical de mi vida era muy interesante y gratificante – junto con los otros músicos organizábamos muchos conciertos benéficos. Los músicos tocaban gratis y el dinero recaudado iba a buenas causas. Una vez participé en un evento parecido, llamado Starfish, con Stephen Hill en La Herradura. Me gustan este tipo de cosas.'

Así que ¿cómo acabaste en La Herradura?

'Sucedió algo que tuvo un gran impacto sobre mí. Enfermó un buen amigo mío. Se me llenan los ojos de lágrimas nada más de pensar en ello. Él siempre dijo que quería ser escritor y cogió la jubilación anticipada, pero poco después le diagnosticaron leucemia y murió en seis meses. Estaba desolado por haber perdido a mi buen amigo, lloré muchísimo ese día. Era un hombre grande como yo, pero la cruel enfermedad le redujo a nada. El momento que vi el ataúd relativamente pequeño bajar para el entierro me di cuenta de que tenía que seguir mi deseo de toda la vida de ir y vivir en un lugar soleado. Tuve una sensación abrumadora de que no quería morir con remordimientos y sabía que tenía que seguir ese fuerte impulso en mi interior y recoger mis cosas e irme. Mi mujer era diferente a mí y nunca compartió ese sueño. Tristemente fue el final de nuestro matrimonio, que fue muy duro para todos, pero era algo que simplemente no podía ignorar.

Decidí llevarme mi furgoneta que había convertido en auto caravana y conducir hasta Fuerteventura para visitar a mi hermano que vivía allí. Había estado en este sitio un par de veces y me encantaba. Había reservado un ferry desde la península a Fuerteventura, pero cuando probé la furgoneta en carretera tuve algunos problemas eléctricos. Me preocupaba que esto pudiera pasar de nuevo mientras estuviera viajando por Francia y decidí buscar otro sitio al que dirigirme en el sur de España. Miré en Google escuelas de idiomas y windsurf cerca del mar y apareció La Herradura. Así que fue lo que me trajo aquí.

Aparqué mi furgoneta al lado de un local de windsurf en la playa dirigido por Rob Kolenbrander y su mujer Katti. Nos hicimos buenos amigos y les ayudaba en su escuela solo porque me gustaba y tenía experiencia trabajando como instructor en la escuela de windsurf de mi hermano en el Reino Unido. Dormía en la furgoneta en la playa, pero cuando hacía demasiado calor en verano para poder dormir allí y finalmente alquilé una casa. Soy muy afortunado porque tengo dos pensiones así que puedo permitirme pagar alquiler y tener un buen nivel de vida aquí y eso lo aprecio mucho.

Ahora llevo viviendo aquí más de seis años y me encanta mi vida. Sí que me siento un poco culpable por no hablar el español muy bien; idealmente me gustaría poder mantener una buena conversación con personas españolas. No creo que ellos deban adaptarse a nosotros y aprender otros idiomas."

¿Podrías decirme por qué es especial para ti La Herradura?

"He de decir que me gusta el hecho de que hay muchas nacionalidades mezclándose aquí, pero admito que me gustaría ver más integración, especialmente por parte de los británicos. No me puedo quejar de los españoles – son geniales, extremadamente acogedores y parecen ser muy positivos con respecto a todas estas nacionalidades diferentes que llegan a su pueblo para comenzar una nueva vida. Había traído conmigo unos instrumentos y conocí a otro músico llamado Charlie Jackson. Empezamos a tocar en el bar Oasis cada viernes y sábado. Tocábamos gratis, yo tocaba la guitarra y cantaba y cualquiera podía unirse, como una jam session. Lo principal era la música. La gente que normalmente solía tocar en casa empezó a tocar en público. Solo estar con gente maravillosa tocando música era puro placer. Era como estar en el paraíso, sobre el agua durante el día y tocando música por la noche."

¿Cómo es tu día a día?

"Supongo que la razón principal para venir aquí fue que quería vivir al sol y he cumplido mi sueño de vivir a cien metros del mar. Siempre me ha gustado el tallado en madera así que aquí estoy, bronceándome y creando una escultura de madera al sol en mi terraza. Cuando estoy cansado puedo ir al mar para hacer windsurfing o para salir con mi kayak, llevándome a mis dos perros a los que les encanta el agua. Sencillamente es una forma de vida increíble y libre. Es una vida sin estrés y solo me muevo con gente así. No me gusta formar parte de una hermandad británica. La gente acostumbra a cotillear demasiado los unos sobres los otros y la historia real queda manchada ya que a la gente le gusta hacer la historia más interesante. Al llegar seguro que fui uno de sus temas, viviendo en una furgoneta en la playa como un hippy, probablemente pensaban que era sucio con mi pelo largo. Ridículo, la verdad, probablemente era más limpio que ellos, nadando en el mar todos los días, duchándome en la playa, pero nunca me molestaron. Curiosamente tengo más amigos cercanos aquí y ahora que los que tenía en el Reino Unido, que es bastante increíble en seis años. Estos son amigos muy cercanos y siento que los puedo llamar cuando necesito ayuda o hablar con alguien. Tanto mujeres como hombres."

¿Por qué haces lo que haces, puedes explicar eso?

"Antes era maestro. Llevaba un colegio residencial en Surrey con una pequeña granja en la escuela. Los niños venían de Londres cada semana, acompañados por dos maestros, aprendiendo sobre la naturaleza cercana, los animales y la vida en una granja. Mi mujer, una artista, ilustradora y maestra, se quedó embarazada y nos mudamos a Yorkshire. Había sido jugador de cricket y quería que mi hijo jugara en el equipo de cricket de Yorkshire. Aunque solo puedes unirte al equipo de cricket de Yorkshire si naciste ahí. Mi mujer se fue a vivir con mi hermana a Yorkshire para dar a luz a nuestro hijo y compramos una finca en Lincolnshire.

Cuando nos marchamos de Surrey yo estaba al cargo del centro de observación y recepción de los servicios sociales *Scawby Grove* con observación residencial para niños bajo custodia. Este centro proporcionaba servicios de evaluación para ver si había habido algún tipo de abuso y si los niños podían volver a casa o tenían que quedarse en acogida. Era una evaluación multidisciplinaria de un mes. Yo había sido formado como maestro de plástica, habiendo estudiado cerámica y escultura y como maestro de educación física. Así que mi labor era evaluar a estos niños como maestro.

Una gran influencia sobre mi vida fue el nacimiento de mi hija cuando tenía cuarenta años. Nació con el síndrome de Down y de Turner y murió con solo nueve meses. Esto cambió mi vida en muchos aspectos ya que decidí que quería trabajar con niños con necesidades especiales. Sentía que eso era lo que debía hacer con mi vida."

¿Cuándo apareció la música en tu vida?

"La música siempre ha tenido un papel importante en mi vida y desde luego también era el caso trabajando con niños de exigencias especiales, dificultades de aprendizaje moderados o severos y específicamente niños con todo tipo de discapacidades, físicas o mentales. La música siempre consigue una respuesta – era algo esencial para mi trabajo. Cuando pedí la jubilación anticipada me especialicé en enseñanza suplente en escuelas con niños con dificultades severas de aprendizaje y también escuelas con niños perturbados y niños delincuentes. Usaba la música como instrumento de comportamiento."

¿Qué te gusta de tu vida actual?

"Antes solía hacer *lovespoons** para familiares y amigos. Tallar una cuchara es un placer egoísta porque sé que las personas que las reciben las aman. Es el tipo de placer que sientes cuando le compras algo a alguien y sabes que le va a gustar. El placer de regalar es fantástico. También me gusta llevar a gente al mar con mi kayak, especialmente personas que no hayan estado nunca sobre el agua. Sé que les encantará, ya que simplemente a cien metros de la orilla hay tranquilidad y puedes hablar, hay mucha serenidad. Me encanta iniciar a gente en el mar. El mar siempre ha sido importante para mi familia. Uno de mis hijos es doble campeón británico de windsurf y mi otro hijo lleva una escuela y tienda de surf. Cuando visité a mi hijo, que tiene dos niños pequeños, en Scarborough el año pasado, pude ser testigo de que les está transmitiendo su pasión por el mar a sus hijos. Le vi remando hacia las olas con su hijo de dos años y medio sentado en la espalda y a la vuelta le puso en la parte delantera de su tabla. Era mágico. Mi otro hijo está esperando gemelos y tengo ganas de ser el abuelo de estos niños. Uno de mis deseos es mantenerme en forma para poder hacer deportes de agua con ellos. Hay una interesante similitud entre los deportes de agua y la música. Ambos pueden ser disfrutados por personas con discapacidades o por personas mayores con dolores físicos. Eso me gusta."

¿Ha cambiado La Herradura tu vida?

"Me ha dado la libertad de hacer lo que quiero. Eso es maravilloso. Vivo mi vida día a día, sin planearlo. Mi vida depende del tiempo. Sigo la corriente. También he escrito más desde que vivo aquí. Escribo poesía en rima y luego le pongo música. Así que es una poesía o parte de prosa que casi siempre rimará. Cuando actúo en público hago tanto versiones de otros artistas como mi propia música. Antes tenía una banda irlandesa en Inglaterra, así que tocaba mucha música de armónica, guitarra, banjo y mandolina. Esa influencia sigue reflejándose en mis conciertos. Toco un cóctel musical, una mezcla de blues, pop, música irlandesa y escrita por mí. Me gusta que otras personas se unan ya que actuar con otros músicos me proporciona muchísima alegría.

Amo La Herradura por haberme dado la oportunidad de vivir mi vida de la manera que lo hago. La crisis ha afectado al pueblo y eso es triste. Sería bueno si el turismo cultural pudiera ser lo normal aquí pero espero que no atraiga al turismo de viajes organizados. Sencillamente no creo que sea ese tipo de lugar y espero que siga sin serlo."

Estoy de acuerdo, le digo antes de comunicarle que me tengo que marchar. Tony me comenta que ha disfrutado de la conversación y el sentimiento es mutuo. Fue muy agradable. Levantar el velo de un hombre intrigante que hasta ahora solo había alcanzado ver a distancia con su extravagante presencia al abrirse paso por el pueblo. Pagamos los cafés y nos decimos adiós, de la forma española. Dos besos y una cálida sonrisa. Mi paseo es incluso más alegre que antes... el viento llevándose mis pensamientos.

Tony Turner

*lovespoon: 'cuchara de amor' es una cuchara de madera decorativa tallada que tradicionalmente se presentó como un regalo de intención romántica

Carpintería musical

"Nos sentamos en la playa y rodeo con el brazo a mi preciosa Lauren, siempre apoya la cabeza en mi hombro. Contemplamos el mar, tan calmado hoy. Como un espejo, reflejando una bandada de gaviotas surcando el cielo en busca de comida. Parece haber un banco de peces y los pájaros se están dando un festín. Hablamos de cómo acabamos en La Herradura. Miro a Lauren y le expreso mi gratitud. En cierto modo es gracias a ella que estamos en este pueblo, porque ella sugirió la idea de ir a la Costa Tropical a construir una guitarra, cuando dijo, '¡Cariño, he encontrado el Instituto Europeo de Guitarreros de Stephen Hill! Podrías ir durante un mes para construir una guitarra y yo podría dedicarme a mis ocupaciones / creaciones artísticas mientras tanto.'

Ninguna persuasión fue requerida. Vendimos todo lo que pudimos y bajamos en nuestra autocaravana renovada, que hemos bautizado 'Bruno', cruzando Francia hasta llegar a Tarifa en agosto del 2011. El plan era viajar durante seis meses, pasando un mes en La Herradura para que pudiera fabricar mi guitarra y llegamos en septiembre de ese mismo año. El viaje se terminó en La Herradura ya que me enamoré de la construcción de guitarras y Stephen me ofreció continuar trabajando en su taller. Lauren se alegraba por quedarse y perseguir su carrera artística aquí, algo que podía hacer desde cualquier lugar. Un mes se convirtió en años.

La gente a veces me confunde por español ya que mi piel es color oliva y mi pelo negro azabache, pero realmente nací en Margate, un centro turístico en la costa de Kent en el Reino Unido. Es interesante cómo la vida a veces te permite echar un vistazo previo a tu futuro sin por lo tanto desvelarlo. O quizás se podría decir que varias semillas fueron sembradas sin saberlo. Por ejemplo, cuando mi padre era joven trabajó durante un tiempo en una fábrica de construcción de guitarras en la ciudad inglesa Erith para la empresa Vox. Trabajaba en la línea de producción, pero de cierta manera estaba involucrado en el proceso de creación de guitarras. Más adelante, mi padre y mi hermano trabajaban como carpinteros y tenían su propia empresa de construcción. Trabajaba para ellos de vez en cuando, sobre todo haciendo trabajo preparatorio y la parte decorativa. Lo interesante es que había un fabricante de guitarras eléctricas enfrente del parque industrial de mi padre en Ramsgate. Solía visitarle, ya que me fascinaba la idea de construir guitarras y le hacía muchas preguntas. Aun así, nunca se me ocurrió que algún día también fabricaría guitarras y aún menos, guitarras españolas. Por aquel tiempo me gustaba mucho el heavy metal, el rock y el blues.Además, mi madre se mudó a España, a Barcelona y luego a Cádiz, Lauren y yo la visitábamos. Me introdujo al flamenco y me di cuenta de que era una impresionante forma de tocar la guitarra que me atraía mucho y quise aprender. Tomé clases durante tres meses en Cádiz que me proporcionaron una base. No quería convertirme en un guitarrista de flamenco, sino que quería que formara parte de mi técnica. Me apasiona toda la música, también me gusta la guitarra clásica, pero con el flamenco, la manera de usar la mano derecha ayuda a un guitarrista a expresarse y ser uno con la guitarra. Para mí es un estilo perfecto de tocar y supongo que se podría decir que hizo acercarme más a la guitarra y la composición. En cierto sentido, hay un lado adictivo en mi naturaleza. Cuando encuentro algo que realmente me encanta hacer, siento la necesidad de expresarme y para que esto ocurra, estoy convencido de que es preciso volverme muy bueno en ello. No para demostrar nada sino simplemente ser tan bueno como puedas. Así, ya no tengo que pensar conscientemente sobre los aspectos técnicos y puedo simplemente disfrutar haciéndolo. En lo que a tocar la guitarra se refiere, me permite tener un equilibrio perfecto con mi composición que es conducido por la expresión.

Me encanta la composición expresiva. No sé exactamente por qué tomo el relevo de la fabricación de guitarras. Simplemente era algo que tenía que hacer. Apareció y sentí la necesidad de llevarlo hasta el final, aunque nunca termina, tampoco la música. Antes de dejar el Reino Unido era músico a tiempo completo, ahora soy un guitarrero por mérito propio, aunque no quiero perder el contacto con mi músico interior. Pienso que debo dar todo lo que tengo y todo mi amor a la realización de lo que siento correcto en ese momento. También aceptar los cambios y hacer algo nuevo cuando nos inspire; esa libertad para poder cambiar cuando sucede algo y simplemente seguir mi corazón. Así funciona para mí.

Se podría decir que La Herradura me ha cambiado la vida. Nunca planeé ser guitarrero y nunca planeamos vivir en España, solo venir, construir una guitarra y continuar. Ahora veo el ser guitarrero como mi camino profesional y eso es definitivamente un cambio tremendo. Me he dado cuenta de que esto también le pasa a otra gente. Vienen a pasar un fin de semana y se quedan para toda la vida. La Herradura también cambió mis pensamientos sobre la vida, nos ayudó a mirarnos de una forma más profunda y nos hizo pensar en lo que realmente queríamos en la vida. Es difícil de explicar, ha sido como un proceso de curación, pensar en lo que realmente importa y lo realmente valioso de la vida. Hay una energía especial aquí, una sensación, que no se puede explicar con palabras. Aparte de eso es un lugar muy tranquilo y acogedor, la gente es amable y no parece haber mucho estrés por aquí.

La música sigue siendo el núcleo de mis pensamientos. Cuando era músico a tiempo completo tocaba seis horas al día. Ahora intento practicar con la guitarra al menos media hora cada día. Para mí es importante encontrar un equilibrio. Al principio fue duro, tenía que trabajar largas horas para crear una guitarra ya que cada una requería setenta por ciento más de mi tiempo que ahora, porque estaba aprendiendo. Quedaba poco tiempo para la música. Actualmente, estoy recuperando el equilibrio y empiezo a tener un poco de tiempo para tocar mi guitarra. Todavía compongo canciones y Lauren ha empezado a cantar. Nos encanta cantar juntos y nos gusta grabar en nuestro tiempo libre. Hay bares en La Herradura que ofrecen música en directo semanalmente y a menudo esto se hace en una especie de sesión de micro abierto donde podemos unirnos y representar algunas de nuestras canciones. Esta es parte de la magia de este lugar. Hay muchos músicos y artistas aquí y mucha gente que disfruta escuchando música también. Hay apoyo real hacia las personas que cantan frente a otros, influenciada de forma genuina por la pasión y el amor. A pesar de lo pequeño que es el lugar y lo amable que es la comunidad hay un riesgo de pasar demasiado tiempo conociendo gente y tomando café o una bebida. Es muy agradable, pero si no tienes cuidado puedes pasarte el día haciendo solo eso, todos los días.

Intento ser disciplinado en mi vida laboral e ir al taller de Stephen Hill cada mañana. Stephen es un hombre realmente fuera de lo común y se ha convertido en un buen amigo. Todavía aprendo de él y es extremadamente generoso con sus conocimientos. Nos llevamos muy bien, es una bendición poder aprender de alguien tan experimentado y habilidoso que no tiene ningún miedo o resentimiento de poder estar enseñando a la 'competencia'. Se ha convertido en una parte importante de mi vida.

Es hora de volver al taller. Nos sacudimos la arena de la ropa y caminamos en dirección de la estatua – una escultura de Miguel Moreno, dedicada a aquellos que murieron durante el naufragio de 1562. La estatua se encuentra justo enfrente de la calle Acera del Pilar, la calle principal de La Herradura. Hay una placa conmemorativa y la estatua está colocada en medio de unas rocas.

Detrás de la estatua se encuentra un pequeño espacio redondo con varios bancos para que la gente se siente y se relaje. Para mí, la estatua representa elocuentemente el dolor y la desesperación que debió sentirse en la zona cuando tuvo lugar el terrible acontecimiento.

Lauren y yo nos despedimos. Ella se dirige a encontrarse con una amiga y yo camino por la calle Acera del Pilar. Cuando llego al café más antiguo del pueblo, El Salón, giro a la derecha e inmediatamente a la izquierda. Entro al taller, donde Stephen acaba de volver de su descanso. Me envuelvo en el olor de la madera y de barniz y camino hasta mi mesa de trabajo. Siempre es un poco abrumador cuando empiezo a construir una guitarra nueva al ver todas piezas de madera que se emplean. Es un trabajo enorme. Puedo componer una canción en diez minutos o quizás un día, pero con una guitarra lleva de unos cien a ciento cincuenta horas para que el sueño inicial se convierta en el objeto final. Es un sentimiento precioso cuando por fin le pones las cuerdas y tocas el instrumento, especialmente al haber sido un largo viaje de principio a fin. El sentimiento de recompensa es inmenso, todas esas horas trabajando con la madera en general, los olores, el sabor y la alegría de hacer algo bien y saber que lo has hecho lo mejor que puedes, sabiendo que es de una calidad muy alta. Una guitarra tiene que ser perfecta... lo más cercano posible a la perfección. Todo esto es altamente gratificante.

Alguien me preguntó una vez si hay un mensaje en lo que hago. Sí, lo hay, el mensaje es amor. Simplemente intenta amar lo que haces. Además, intenta amar lo que hacen los demás. Exprésate y mantén la pasión por lo que haces. Ten amor por tus creaciones, no importa si es una guitarra, un cuadro, una canción o un plato de comida, cualquier cosa, ya que se reflejará en el sabor de lo que hagas, transmitiendo así la pasión. Yo me doy cuenta de que eso es exactamente lo que estoy haciendo ahora... es genial. Despejo la superficie de trabajo y cojo un puente que terminé esta mañana, está listo para poner en la guitarra. Simplemente me encanta lo que hago. Soy feliz."

Graham Emes - www.emesguitars.com

De Nueva York a la bahía

En Wikipedia pone: 'James Sobers (nacido el 13 de mayo, 1974), a.k.a. BluRum13 es un rapero americano y productor bajo el seudónimo de Killa Platypus. Originalmente de Nueva York, ha pasado la mayoría de sus años de formación en Washington D.C.'

Con una impresionante lista de momentos destacados en su carrera, contribuciones y colaboraciones, entre otros, por ejemplo cito: 'BluRum13 empezó un concierto en colaboración con el aclamado baterista de jazz español Mark Ayza, y fundó el grupo de dub-hop/electro step de *Indigenous Invaders* (Invasores Indígenas), con DJ Toner (Granada). Indigenous Invaders apareció en directo en el primer festival de música de YouTube, el "YouFest" en Madrid el 28 de septiembre del 2012.'

Estoy intrigada y tengo ganas de conocer al hombre que hay detrás de toda esta información. Nos sentamos en una mesa en El Realengo, uno de los chiringuitos de la playa y al parecer el lugar preferido de los parapentistas para descender por el largo tramo de playa tras su espectacular despliegue en el aire.

Vemos un grupo de hombres y mujeres metiéndose a presión en sus neoprenos. La Herradura es conocida por ofrecer algunas de las mejores inmersiones de arrecifes en Europa, donde hay abundantes opciones entre las que elegir desde las tranquilas y resguardadas caletas de Marina del Este a la arena blanca de la playa nudista de Cantarriján. La Costa Tropical tiene un número de bahías protegidas que permiten bucear durante todo el año. Al pie de las montañas de Sierra Nevada, esta costa rocosa ofrece un patrimonio rico en maravillas de la naturaleza y acoge una abundancia de coloridas especies marinas.

Escuelas de buceo de toda la región acuden al pueblo con sus grupos, pero La Herradura tiene exquisitos centros de buceo para servir a entusiastas del mismo, ofreciendo inmersiones inolvidables tanto a principiantes como a buzos avanzados. Los buzos cargan los cinturones de plomos, sus botellas de aire, aletas y demás equipo en el barco de goma. Los vemos que van al mar ahora y pedimos una bebida. James cuenta su historia.

"Mi nombre es James R. Sobers II, pero soy conocido artísticamente como BluRum13. Nací en Long Island en Nueva York y soy el orgulloso padre de dos hijos. Vivimos en La Herradura más o menos permanentemente pero vamos a Canadá con frecuencia, que es el último lugar donde vivimos antes de venir a España como familia. Mi mujer es de Montreal en Canadá.

Durante un periodo de mi carrera cuando ya tenía bastante éxito, iba de gira extensiva con un grupo llamado One Self y esta experiencia de gira me introdujo a la costa sur de Europa. De vuelta a casa lo hablé con mi mujer Elisabeth y juré que volvería. Primero llegamos a Londres y conocimos a una mujer en una fiesta que iba a comprar un inmueble en la zona de Almuñécar- La Herradura. Llevábamos ocho años viviendo en Canadá, ambos habíamos pasado gran parte de nuestra juventud en pueblos pequeños y buscábamos algo parecido. Cogimos su número de teléfono y la llamamos un par de años más tarde cuando tuvimos nuestro primer hijo y tuvimos la oportunidad de pasar cuatro meses en esta zona. Fue uno de los pocos lugares que descubrimos donde podíamos llevar a nuestro hijo a un bar. Pensamos que era un paso adelante para distanciarse de la sociedad de control y también el hecho de que podíamos ver el mar e ir a la playa todos los días eran cosas que, en nuestra opinión, no serían fáciles de encontrar en otras partes.

Ahora, después de haber vivido aquí unos años, nos encanta que la gente realmente se conozca en el barrio, que es, aparte de cualquier otra cosa, una ventaja si quieres aprender el idioma.

El pueblo es especial para nosotros, una de las razones es que aquí podemos ser nosotros mismos. En el mundo del Hip-hop todo es espectáculo y cuando vives en una ciudad, al salir de casa, te conviertes en un artista. No importa como de pequeño o grande seas, como celebridad se espera que actúes como rapero todo el tiempo. El escenario del rap también ha cambiado con expectativas que pueden ser bastante autodestructivas, cuando antes el Hip-hop era una voz para los que no la tenían y tenían la habilidad para crear una comunidad para ellos.

Esta expectación del espectáculo es bastante graciosa. Si quiero ir a una discoteca no puedo ir solo, tengo que ir con un número mínimo de tres amigos para crear la impresión de que atraigo a gente. Entonces, en algún momento de la noche, se llama a más personas para ensalzar la ilusión. El encargado del bar mantendrá esa ilusión invitándonos a copas... Nunca llego a bailar o cantar, es un espectáculo. Hubo un tiempo donde el hip hop tenía muy poco que ver con tu aspecto. Se basaba en transmitir tu perspectiva de forma poética creando emociones y explicando los pensamientos del momento. Realmente era una habilidad. Pero entonces empezaron a mostrarse con menos habilidad y de un modo más llamativo del que era necesario. Si solo uso un mono negro como rapero, no hay mercancía. Ahora se supone que los raperos tienen que llevar tres cadenas de oro y unos cuantos dientes dorados, es cómico. Si no salgo con un montón de bling-bling en mis manos y gorra con una pegatina, lo que odio por cierto, mi valor es menor a los ojos del público. Pero aquí, en La Herradura a la gente no le importa, sea lo popular que sea y eso me gusta.

El viaje que he hecho para llegar a donde me encuentro ahora quizás no es lo que se espera de un rapero. Mi madre trabajaba para el ayuntamiento y mi padre era un miembro de los Boinas Verdes. Mi padre me enseñó que es mejor estar paranoide que tener miedo, pero hay que aprender a diferenciarlos.' Añadió, 'Todo tu cuerpo, incluyendo tus emociones están ahí por una razón. Si escuchas lo que te dice una emoción, siempre tomarás la decisión correcta y entonces no tendré que enseñarte nada más.' También me dijo que necesitaba averiguar mis responsabilidades por mí mismo.

Crecí en Maryland a unas veinticinco millas de Washington DC, en un área bastante rural en aquel momento, rodeado por campos de cultivo. En ese tiempo aún había mucha actividad del Ku Klux Klan. Recuerdo vívidamente como nos llamaban *negratas* e incluso cuando me dispararon con tan solo siete años. Había muchas amenazas raciales. Sentí de forma intuitiva la misma atmósfera cuando me ofrecieron un trabajo, que parecía tan bueno que sentía como si fuera una trampa, muchos años después. Estuve trabajando como consejero juvenil y en un periodo relativamente corto había ascendido a director consejero juvenil. Al mismo tiempo iba y venía de Canadá para dar conciertos. Entonces me ofrecieron el puesto de director regional. Tenía veintitrés años y hubiera estado al cargo de doce campamentos con setecientas personas, a pesar de que no tenía muchas habilidades directivas. Aun así, el hecho de que algunas figuras de autoridad me hicieran saber que dudaban de mí por el hecho de llevar rastas en ese momento, me hacía suspicaz. A mí me recordó a los viejos tiempos, hice caso a mi instinto y lo rechacé. Dejé mi trabajo y me fui a Canadá para trabajar con un grupo, que ese año tocó en el tour del torneo de golf de Samuel Jackson. Para mí fue un gran éxito, también financiera-mente, así que volví a los EEUU y decidí convertirme en músico profesional.

Cuando era más joven me inspiraba la música jazz. Mi padre tenía una gran colección de discos y también fue un DJ de radio en algún punto de su vida. También recuerdo que siempre había mucha música en nuestra casa. Mi padre la ponía, sobre todo de grandes artistas como el legendario saxofonista de jazz ganador de un Grammy Charlie Parker, que junto con Dizzy Gillespie, inventaron el estilo musical llamado *bop* o *bebop*.

Solía acompañar a mi padre cuando iba por la ciudad, puesto que tenía un trabajo que le permitía conducir su propio vehículo. Me sentaba en la parte de atrás del coche

con su tapizado rojo. Recuerdo la música sonando por la radio, y desde mi asiento que miraba hacia delante, recuerdo poder mirar hacia arriba por la ventana. Como niño recuerdo ver muchos colores. Mi imaginación era muy vívida y recuerdo ver a un hombre de un color morado que luego se fundió con el azul de cielo mientras los árboles reflejaban su magia en el interior del coche. Esta experiencia probablemente detonó algo en mi ADN y ahora me doy cuenta de que mi visión de colores y recuerdos de cuando era un niño son muy similares a los que tuve en un viaje de setas.
Mi padre también tocaba el clarinete. En aquellos tiempos la música era imperativa para afroamericanos. Simplemente sabías cantar y cómo moverte. Estaba entrelazado con nuestras iglesias donde hacían la música góspel. Había un momento en la ceremonia en que se cantaban himnos. De niño yo pensaba que Dios era solo eso, lo demás no era importante. Solo querías bailar y que te dieran una galleta, algo que suelen repartir. Existe una comparación interesante entre lo que hago ahora y aquellos tiempos. Cuando sujeto el micrófono el público inclina la cabeza. Es algo típico de los clásicos fans del hip hop; levantan las manos e inclinan la cabeza. Es como rezar.
El hip hop se hizo más y más presente en el panorama musical a mediados de los ochenta y yo me involucré inicialmente escribiendo cosas por aquí y por allá, pero a principios de los noventa estaba creando demos e involucrado en colaboraciones locales. Tengo un hermano diez años mayor que yo y él traía a casa esa temprana música hip hop. Ahora tengo renombre en ese campo de música y se refieren a mí como un artista al que le gusta la diversidad. Esta diversidad y mi voz son mi fuerza.
Intento meterme en un espacio donde puedo componer y sentirme inspirado. Me puede inspirar casi cualquier cosa, cosas de la vida misma. Recuerdo estar en un estudio para una sesión con otros músicos. Era un estudio muy

inexpresivo, sin imágenes, solo un sofá negro y una pequeña luz verde en la esquina. Éramos cuatro escribiendo una canción. Mi amigo preguntó, '¿Alguien tiene un tema?' y yo sugerí el estudio oscuro. Simplemente escribí una canción sobre el estudio. Las palabras y la música se convierten en un ballet. Implica equilibrio y control, pero realmente se trata de coger una experiencia y convertirlo en 'arte'.

Desde la perspectiva de un escritor intento expresarme de forma distinta en cada canción. Me han llamado cantante pero no me clasificaría a mí mismo como tal. Aunque, el rap es una canción. No podrás entender mi música si no estás inspirado para escucharla y si no estás cómodo contigo mismo cuando la escuchas... no la sentirás.

Compongo tanto solo como con otra gente, pero sobretodo centro mi atención en las letras. Como rapero tengo preferencias por letras basadas en el fortalecimiento.

También trabajo para clientes. Cuando alguien me contrata suele tratarse de un rap, cuando trabajo en mis propias creaciones estoy un poco más involucrado en la creación musical. Mi banda actual se llama *Blurum13 Experience*. Trabajamos como un trío, un DJ, un batería y un bajista y actuamos en un formato bastante hip hop. Intercalamos el hip hop con las canciones que yo mismo y otras personas hemos escrito.

Mi mayor público se encuentra en Nueva York, California e Inglaterra pero también he actuado en Francia, Alemania, España, Rusia y otros países del este y la verdad es que fui el primer rapero en actuar en Serbia. Actuar frente a un público es mágico. Para mí la música es algo que te llena de energía - es el lenguaje de la energía. Empiezas a tocar y alguien a tu lado que escucha la melodía empieza a cantar, y otra persona empieza a bailar. Es inmediatamente una experiencia de congregación que puede llegar a emocionarme.

No hay nada como una multitud de personas, el público,

convertirse en una sola entidad. Mirar a 10.000 personas es diferente a cualquier otra cosa. Se supone que su atención es tuya pero son personas hasta que les recuerdas que son un organismo, llamado el público, realmente existe una mente multitudinaria. Siempre hay un aspecto de improvisación en mi espectáculo y antes solía hacer lo que se llama un *heavy freestyle (estilo libre)*. Algunos amigos escribirían una palabra que yo les daba. Nadie más vería esta palabra. Entonces llega un momento durante la actuación donde empiezo a hacer *freestyle* e improviso cosas. Por ejemplo, puedo describir al público durante el rap y luego les pediré palabras, si es un público 'rápido' puedo pedirles una palabra durante el rap, en el caso de que sea un público 'lento' paro el rap y les pido palabras. Inevitablemente, en más del cincuenta por ciento de las veces, la palabra que sale del público es la misma palabra que les planté. La razón para esto, en mi opinión, es que cuando tienes toda su atención están tan involucrados que se vuelven interactivos... cuando alguien dice 'yeah' todo el público dice 'yeah'. Es fascinante; se convierte en una voz, un público. También estoy agradecido por poder alcanzar una audiencia tan grande. Esto es en parte por lo que lo hago.

Durante un periodo de unos cinco años he dejado de hacer intensas giras porque nació mi primer hijo. No quería perderme nada de esos primeros años de su vida, así que trabajé desde casa y me centré en hacer música. Aparte de crear música también soy un 'bróker de rap'. Es decir, junto a gente para que creen cosas. Tengo más de treinta producciones publicadas y he participado en muchos proyectos. Aun así, uno de mis próximos proyectos es una colaboración pop. Es un grupo que lleva creándose más de nueve años. Quería llevar a un grupo que es indudablemente talentoso hasta el punto de que son buenos en cualquier música que hagan. Esto es muy difícil de conseguir. Tuve que hablar con los músicos mientras eran pequeños y prepararlos. Todavía tenemos al mismo núcleo de personas que cuando empezamos. La industria de la música por completo es muy particular, hay círculos de éxito y las personas de esos círculos tienen más influencia que otros y es un reto intentar entrar.

Ser un buen artista no es necesario, Amy Winehouse es el ejemplo perfecto. Cuando era popular nadie sabía que tenía una adicción a las drogas, pero cuando no era popular era la forma en que la retrataban. De ningún modo soy tan famoso pero son desafíos a los que nos enfrentamos. Nuestro grupo se llama *True Ingredients* (Ingredientes Reales) y es un maravilloso grupo de mentes. Hay dos ingenieros medioambientales, un prodigio musical y una señorita que ha cantado con Gladys Knight como corista... el talento es fenomenal y lo más importante, todos reconocemos las trampas de la industria.

A través de la ciencia, con la ayuda de un laboratorio, descubrimos una manera de ayudar sónicamente a que las personas se escuchen a sí mismas. No lo inventamos pero encontramos algunas teorías y ayudamos a ponerlo en práctica. ¡Lo que pensamos sobre habilidades musicales ha sido alterado! Puedes hacer esto a través de resonancia armónica. Si encuentras un A puro verás el símbolo sismógrafo. Volvimos a esos sonidos originales y esto ha llevado mucho tiempo porque había que esperar que la tecnología avanzase ya que cuando se nos ocurrió la idea, todavía no había iPads ni tablets. La mente humana funciona con la repetición. Si repites algo seis veces, aunque la persona quiera recordarlo o no, lo más probable es que se le quede. Promover música pop parece algo ligero y suave pero no lo es.

Exactamente opuesto a lo anterior es mi grupo *Indigenous Invaders*. Se emplea la misma tecnología para hacer la música, pero lo que es diferente es que es música orgánica encontrándose con música electrónica. El tono es agresivo, no la música en sí, pero el sonido lo es gracias a la enorme reverberación armónica. Indigenous Invaders tiene base en España. Tenemos un web máster español, un productor y un bloguero español. Tenemos una persona que monitoriza todas las actividades online y las dirige.

¿Tengo alguna otra pasión? La verdad es que me gusta dibujar, me encanta una pluma y tinta. En el mundo del hip hop hay mucho grafiti – realmente los deberíamos llamar realismo y cubismos de lata de spray. A una edad temprana aprendes sobre la perspectiva y paletas de colores a través de la cultura del hip hop. Me gusta montar situaciones graciosas para poner a prueba a la gente. Así que podría decirse que las 'cosas graciosas' son mi hobby."

Han pasado dos horas. Vemos un grupo de buzos volviendo a la orilla, bajando los equipos del barco de goma, parecen satisfechos. Le pregunto a James si La Herradura ha cambiado su vida y explica que no, porque su vida ya estaba cambiando y La Herradura forma parte de ese cambio. "¿Y sabes qué?... Ahora hablo mucho más español, lo que definitivamente ha cambiado mi vida" añade. Tengo una última pregunta para James *¿Tienes un deseo específico para el pueblo?* y lo tiene: "Deseo que crezca, porque no quiero que nada se quede igual, pero espero que crezca sin perderse. Porque no necesita ser nada más que La Herradura."

James Sobers - blurum13.com. trueingredients.com indigenousinvaders.com

Música en imágenes visuales

En La Herradura hay algo para cada uno. Como muchos pueblos costeros hay cantidad de bares y restaurantes que sirven a los vecinos y a los extranjeros que huyen de los fríos y húmedos inviernos del norte de Europa, al igual que los numerosos turistas españoles durante los meses de verano. Una de sus mejores costumbres, como en el resto de la provincia de Granada, es que te sirven una tapa gratuita con cada bebida, tan bueno como es, no es lo que hace tan especial a La Herradura. Es la impresionante abundancia de eventos culturales que se llevan a cabo los doce meses del año en muchos bares y restaurantes, el centro cívico, el castillo y la Plaza de la Independencia, también conocida como Plaza Nueva – todos ofreciendo espacios para obras de arte u organizando eventos musicales, mercadillos artesanales, clases de baile, yoga o teatro y cine. Hay para todos los gustos.

Obsequiarte con un café, un buen almuerzo o una tapa en uno de los muchos bares o restaurantes es un placer, pero pon atención a los pósters que encontramos en los tablones de anuncios o pizarras fuera de los establecimientos y podrás sorprenderte por la selección que se ofrece en un tono de bienvenida mientras te tomas una bebida.

Hoy, lunes, voy a encontrarme con Lino Díaz, un pianista cubano de jazz y clásico que toca en El Tinao, un mesón en Calle del Koala 5, una bocacalle del paseo. Aquí es donde Lino toca música en directo, como cada lunes, junto a su mujer Lupe. Nos sentamos fuera en la zona exterior del restaurante, en frente de la entrada del bar y escucho su historia.

'Soy de la provincia de Camaguey y vivo en La Herradura con mi esposa Lupe y nuestros dos hijos. Lo que me gusta de este lugar es que es la Meca de los artistas. Nosotros vinimos aquí por accidente. La madre de mi esposa y su padrastro vinieron a La Herradura por trabajo temporal y se enamoraron del lugar, con su gente amable y porque el clima era comparable al que estamos acostumbrados en Cuba.

Estábamos en una etapa de nuestras vidas en la que buscábamos tranquilidad. Cuando te encuentras en un proceso creativo necesitas estar en un lugar que te proporcione tranquilidad física y mental. Las maravillosas vistas, el mar y el agradable ambiente hacen que esta creatividad se multiplique. Aunque vivíamos en una bonita parte de Italia cerca del lago Di Garda, nos gustó lo que escuchamos sobre La Herradura y nunca miramos atrás.

La Herradura me ha dado muchísimo. De cierta manera me he hecho adulto aquí. Nuestro primer hijo tenía un año cuando llegamos, el segundo nació en el pueblo. Siempre he tenido un punto de vista positivo hacia la vida pero no siempre ha sido fácil y he tenido que aceptar otros trabajos para poder sobrevivir. He trabajado como camarero para hacerme cargo de mi joven familia, como muchos otros artistas y actores que han tenido empleos aparte. Hubo muchos obstáculos en nuestro camino, pero estos obstáculos te hacen crecer. He cambiado mucho desde que vinimos aquí, no tanto como artista sino como persona y de una manera muy positiva. Ahora me encuentro en una situación en la que me puedo dedicar a la música a tiempo completo y eso me hace muy feliz y estoy agradecido por ello.

Si tuviera que describir mi música es generalmente jazz, pero también trabajo produciendo lo que me gustaría describir como nuevo jazz. También canto, pero no soy cantante. Mi mujer Lupe es cantante profesional. Yo compongo música y escribo líricas para canciones de género. También soy cantante. Como compositor, compongo principalmente música jazz y estoy produciendo mi propio álbum que es donde reside mi corazón. El jazz es mi pasión y la música es esencial para mí.

Recuerdo que siendo niño me gustaban los músicos de

jazz. Me encantaba escuchar Oscar Peterson, Louis Armstrong, Miles Davies, John Coltrane y por supuesto he sido inspirado por estos grandes maestros. Por raro que parezca, tocar jazz es un nuevo fenómeno en mi carrera musical y comencé a dedicarme a esto en serio tan solo en el 2009.

La música siempre ha formado parte de mi vida. Empecé a tocar la guitarra con seis años y a los nueve fui al conservatorio de música donde me formé como músico clásico. Después de graduarme trabajé con un popular artista cubano durante tres años en Cuba. En Italia solíamos tocar música latina y música cubana más específica. No fue hasta que vinimos a La Herradura cuando lo que realmente me llamaba salió a la superficie. Aunque me he formado como músico clásico y posteriormente me convertí en artista de música latina, empecé a tocar más y más jazz. Lo tenía claro: *Este es quien soy como artista; esto es lo que seré. Un músico de jazz.* Ha sido, por supuesto, un proceso y en ocasiones era duro. Estaba buscando algo positivo, tuve que sacrificar mi salud, sufría artísticamente pero lo que quedó al final fue una satisfacción indescriptible. El jazz es sin duda mi camino.

¿Y mi inspiración? Viene a mí en imágenes. Se llama sinestesia. Puedo describirlo como una relación muy íntima. En la música clásica repites algo que ya existe para darle algo personal, tienes que encontrar la forma, a veces forzándote a darle tu toque personal. Incluso cuando no me siento bien sé cómo meterme en ese lugar y siempre lo hago a través de imágenes. Me concentro en lo que necesito hacer, me concentro en cómo hacerlo y cómo me gustaría hacerlo, entonces veo imágenes en mi cabeza y me pongo a trabajar. Estas imágenes son imágenes musicales, no imágenes físicas. Visualizo la música, no la escucho. Puedo ver al músico con su instrumento y puedo ver lo que ejecuta. Esta información es transformada en música en mi cerebro.

He de decir que al vivir en La Herradura siento que la música podría ser más valorada. Siento que muchas personas creen que no tienes que estudiar para ser músico, que lo puedes aprender en la calle y de ahí tocar a cambio de unas cervezas o un plato de comida. Cuando eres músico profesional tienes que invertir una vida de energía y talento, tu niñez y adolescencia, pero no acaba ahí. Tienes que estudiar y practicar a diario para no perder tus capacidades, la mecánica de tus manos. Si no estudias lo suficiente cada día notas la diferencia.

Cuando ofreces tu arte muchas veces no es valorado correctamente. Por ejemplo, un fontanero te dice que te va a costar quince euros la hora. Nadie le pregunta por qué ni pregunta sobre sus estudios. Simplemente aceptan su tarifa. Cuando eres músico, a mucha gente no le importa los estudios que has recibido o en qué te has especializado. Simplemente presumen que puedes actuar un par de horas a cambio de unas cervezas y algo para picar. Pero nadie parece darse cuenta de que ha sido y sigue siendo una inversión de una vida, tu vida entera.

Para mí, ser músico es tener una carrera que nunca acabará, es un modo de vida, es una necesidad, es espiritual. El día que no toco música o no la escucho es un día perdido. Solo músicos o artistas pueden comprender esto, porque se sienten comprometidos con su don. Primero tienes que tener un don y luego tienes que hacer algo con él, invertir en ello. Tu vida gira entorno a él y esto nunca termina, siempre puede mejorar o cambiar, pero nunca termina. Oí a alguien decir que un cuadro nunca está acabado, sino se abandona. Es más o menos lo que sucede con la música.

¿Si tengo un mensaje? Mi mensaje es uno muy sencillo. Quiero inspirar. Me gusta que otras personas sepan que no importa cuál sea tu camino, no importa lo que tengas que atravesar en tu camino. Si tienes fe y confianza en ti mismo y te centras en el resultado, como una luz al final de un túnel, puedes conseguirlo. Si no has llegado todavía, estarás en buen camino. Pase lo que pase, encontrarás tu propósito. Lo entenderás cuando lo encuentres y lo sientas en tu interior. Es como una droga. Dependes de él y no puedes vivir sin ello. El día que no escribes, no cantas, no pintas ni haces música, es el día que pierdes tu vida.

Ahora mismo estoy trabajando en un álbum con temas originales que he creado yo mismo. Posiblemente esté terminado para cuando alguien lea este libro. Es mi primera producción de música jazz. He compuesto y producido tres discos antes, pero eran sobretodo canciones infantiles y las produje en Cuba junto a mi madre. Este es mi primera producción de jazz y será del estilo más tradicional posible. Es un trío que consiste en piano, contrabajo y drums. Los temas en sí no son muy complicados. Siento que mi primer álbum de jazz necesita ser lo más sensible posible al oído. Esto luego abrirá una puerta y pasito a pasito, llegaré donde quiero ir. Pero primero tengo que abrir esta puerta, siempre teniendo en mente que estoy dando mi propia perspectiva interna. Tiene que dejar un aroma al oyente. Si a él o ella le gusta el aroma, puedo darle más.

Esto es una obertura de quien pretendo ser. Lo que me gustan mucho son las composiciones de orquesta. Así que ese es mi objetivo. Empezar con un trío, drums, contrabajo y piano, el jazz tradicional, y aumentar a una banda un poco más grande, por ejemplo con siete músicos. Aun así, mi último objetivo son producciones orquestales, así que estoy pensando en una gran banda con jazz sinfónico.

Trabajo solo en este álbum, pero me gusta colaborar con otros artistas. Cuando Charly Endres está en La Herradura siempre tocamos juntos con mi esposa Lupe, normalmente en El Tinao. Regresa con frecuencia a Alemania y Bélgica, pero cuando está aquí nos encanta actuar juntos. Es una complicidad musical. Es uno de esos tipos de armonías donde solo os tenéis que mirar el uno al

otro para saber qué tocaremos y cómo lo haremos. Fue así desde el primer momento en que tocamos juntos. Sucedió al momento, en una energía especial. Así que cuando Charly está aquí, simplemente sentimos la necesidad de tocar juntos, tenemos que hacerlo, siempre lo hacemos.
¿Qué me gusta de mi profesión? Me gustan las horas que invierto, el hecho de que puedo trabajar durante doce horas seguidas hasta que me siento exhausto, pero de forma positiva, lo que me resulta tremendamente satisfactorio. Lo que más me gusta es que puedo hacer lo que quiera y dedicarle todo el tiempo que desee a mi amor por la música. Me gusta no tener que dedicarme a ninguna otra cosa. Siempre parece como si no tuviera suficiente tiempo. Puedo apañarme con cuatro horas de sueño y está bien. Sencillamente tengo que crear, crear y crear, pero también necesito tiempo para estudiar. Soy obsesivo y compulsivo en cuanto al estudio. Tengo que estudiar. Así que cuando me tomo un descanso en la creación de música, porque también me canso y también necesito tomar descansos, cojo uno de mis instrumentos y estudio. Muy importante para mí es el piano, pero lo es aún más el *treaquinto*, que inventé hace más de diez años y se basó en un instrumento de origen cubano llamado T*res*, que es una fusión entre un laúd y la guitarra española. En principio tiene seis cuerdas, como la guitarra, pero en pares, como el laúd. Mi instrumento tiene ocho cuerdas en vez de seis. Como el *tres* tiene seis cuerdas dobles, pero en adición tiene dos cuerdas individuales. Tiene en su sonido un leve toque renacentista pero sigue manteniendo el sabor de la guitarra.
Solo puedo decir que me siento agradecido por donde me encuentro ahora, un artista a tiempo completo y el padre de mis hijos. Mi familia es importante para mí. Estoy agradecido por haber venido a este pueblo a pesar de que he sido golpeado con fuerza un par de veces. Los primeros siete años fueron duros, pero siento que estos obstáculos me han convertido en la persona que soy

ahora. Cuanto más difícil sea el camino, mayor es la rapidez con la que puedes apuntar a mejorar cosas y convertirte en la persona que pretendes ser.

¿Y La Herradura? Espero que La Herradura siga siendo tal como es, pero necesita valorar más lo que tiene. Me gustaría ver los numerosos establecimientos apreciando y apoyando la riqueza de cultura, música y arte que se crea en la privacidad de los hogares de los artistas y encontrar maneras de resaltarlo. La Herradura necesita respetar y tomarse en serio a sus increíbles artistas y celebrarlos.

La Herradura tiene mucho potencial. Siento que tiene el potencial de atraer a innumerables nuevos turistas apreciativos, convirtiéndose en un punto de referencia cultural en Europa".

Lino Díaz - www.reverbnation.com/TimbalitoStreet

A través de una lente

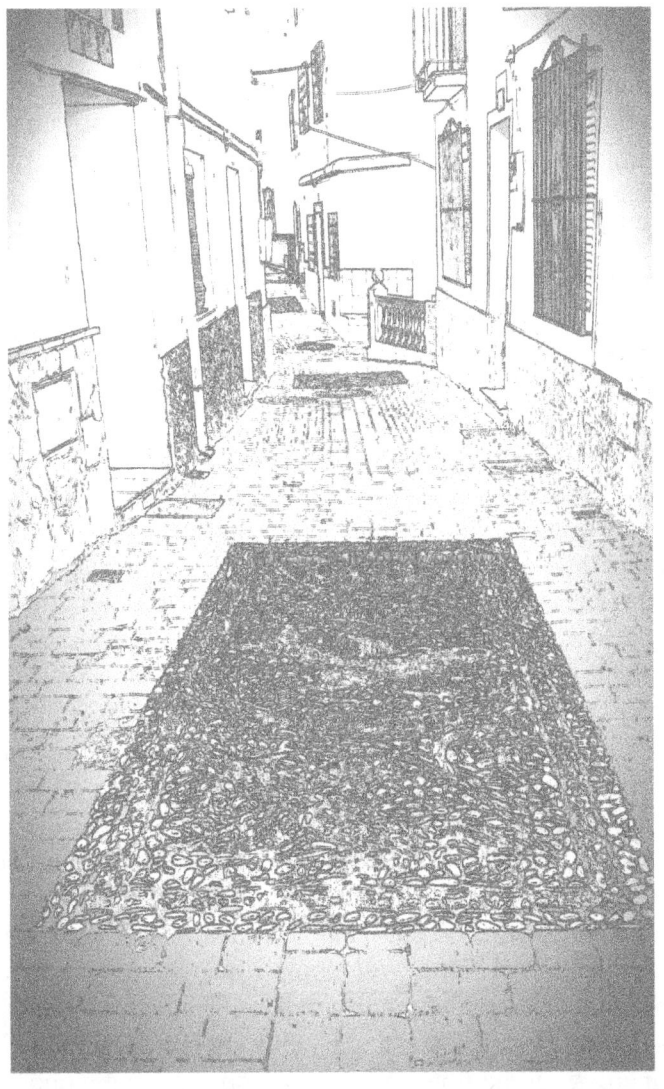

El largo camino hacia el sur
Camino de vuelta a casa y paro durante un momento sobre el puente del río Jate. Hacia el mar observo la desembocadura del río, donde se encuentra con el mar. Está seco la mayor parte del año. A veces hay un chorro de agua en el centro, delatado por algunas hierbas y plantas balanceándose con la brisa del mar. Pero en invierno, durante las ocasionales lluvias torrenciales, cambia rápidamente a un cauce máximo, arrastrando ramas y todo tipo de restos de artículos de hogar. El río dio su nombre a la bahía y sus orillas en la mitad del s.XVI, cuando era conocido como Jate y unos tres mil quinientos años antes de Cristo, donde los neolíticos fundían metales, construían sus chozas y enterraban a sus fallecidos en las orillas y en tierra de Peña Parda. Algunas organizaciones arqueológicas lamentan que esta zona de importancia histórica no haya sido excavada de forma sistemática por culpa del crecimiento rápido y extenso de la economía en los ochenta y la posterior urbanización de la zona. Se dice que Peña Parda fue el primer lugar de la zona en tener asentamiento humano. Hoy en día aún puedes ver huertos prácticamente en la playa, que es bastante singular. Me pregunto cuántos artefactos interesantes seguirán enterrados bajo las casas; quizás incluso la nuestra propia. Vivo en un punto maravilloso de la zona de Peña Parda en La Herradura junto a mi pareja Chloe y nuestro hijo Pancho.

Nací en Edimburgo, Escocia, pero solo soy medio escocés ya que mi padre era irlandés, y mi madre escocesa. De niño pensaba que no era bueno en nada así que me esforcé más que otros niños y el tiempo que hiciera falta para poder tener éxito. Mi padre era prácticamente analfabeto, nació en una familia grande y muy pobre de Dublín. Era minero y el hombre más trabajador que he conocido. Centrarse y trabajar muy duro era su respuesta y la mía para todo y esa actitud no ha cambiado.

Fui a un internado militar que era un colegio muy estricto

y no me iba mal, pero tampoco muy bien. De niño dibujar se me daba fatal y también la música, intenté esforzarme, pero no cambiaba mucho. En deportes era normal, tampoco tenía mucho talento, para ser sinceros, en clase no destacaba en nada. Entonces, a los doce años, descubrí la fotografía. Me encantaba y esto sí se me daba bastante bien. No creo que se necesite un talento innato para la fotografía. Es tener la pasión y luego con práctica puedes desarrollar un ojo para ello. La fotografía como arte es única porque es algo que se puede aprender por completo si te comprometes y te entusiasma lo suficiente.

En el colegio había un profesor que me inspiraba y animaba. Todavía recuerdo vívidamente mi fascinación cuando reveló las fotos que acababa de tomar, las metió en el tanque, vertió el revelador y luego al baño de paro, después al fijador y unos quince minutos más tarde estaba sujetando los negativos mojados hacia la luz. Estaba completamente encantado. Me obsesioné con la fotografía. Era genial haber encontrado algo que se me diera bien. Hacer fotos era mi salvación.

Volviendo a mi historia. Como mi padre era minero, no teníamos dinero pero mis padres eran geniales. Me compraron una cámara de diez libras. Tenía que medir distancias y adivinar el enfoque, pero trabajaba con pasión. Pensaba que lo único que me impedía conquistar el mundo de la fotografía era una cámara malucha.

Procuré entrar en una politécnica del centro de Londres para hacer fotografía pero para ello necesitaba un *O level* (equivalente a la ESO) que no fui capaz de conseguir. Lo intenté pero suspendí. Años más tarde, cuando ya era un estudiante maduro entré sin la *O level*. Me horrorizó que el director de fotografía me preguntara cómo se revela una película fotográfica. El curso era enormemente teórico, principalmente historia de la fotografía, semiótica y el nivel técnico de fotografía era sorprendente. Aun así, lo hice bastante bien y me encantó ser un estudiante de fotografía; era un permiso para poder hacer todo lo que me gusta. Nunca he sido un fotógrafo aficionado excepto el tiempo que estuve estudiando.

Acabé enseñando fotografía en un centro comunitario y en una prisión. Además tenía un agente que me conseguía trabajos para periódicos como *The Guardian*. He tenido mis obras exhibidas en galerías fotográficas como *The White Chapel Art Gallery* y en *Photographers Gallery*, incluso un tour individual de exhibiciones a través del Reino Unido y Rusia. También creé muchos pósters de teatro feminista, otras cosas de teatro y portadas de libros. Empecé a crearme un renombre por mí mismo. Todavía era estudiante y me encantaba cada minuto de ello. Fue a mediados de los setenta y si hubo un paraíso fueron esos tres años.

Solicité hacer un curso en la Universidad Real de Arte. Solo aceptaban a seis estudiantes al año y al hombre que lo llevaba no le caía bien porque ya me había vuelto bastante conocido. Una amiga mía, Jo Spence, que era una famosa fotógrafa feminista británica, me dijo "Echa la solicitud sin más". Acabaron aceptándome en la facultad de cine. Cuando aparecí el primer día de clase conocí a Paul Watson, un documentalista británico. Era un nuevo profesor en la Universidad Real de Artes y un hombre bastante sencillo. Había veintidós estudiantes presentes, escuchando sus palabras de bienvenida. Dijo "Bienvenidos a la Universidad Real de Artes. Ahora decid vuestro nombre y decidme si vais a hacer cine o televisión." Cuando empezaron la ronda me di cuenta de que todos dijeron que querían hacer películas, así que cuando fue mi turno dije "Bob Long, televisión". Terminé haciendo televisión. Nunca me llegó tanto como la fotografía, pero pensé que de todos modos seguiría trabajando en la prisión haciendo fotografía.

Entonces me dijeron que ya no podía hacerlo. Fui al director de artes y le dije, "No sé por qué no puedo hacerlo... ¡trabajo en la prisión Holloway enseñando fotografía!" También me había enamorado de una de las reclusas, le había pedido matrimonio y me había dicho que sí. Tuvo que ser escoltada fuera de la prisión el día de nuestra boda. El matrimonio no duró. Acabé perdiendo el empleo en la prisión pero conseguí un trabajo a media jornada enseñando fotografía en una facultad. Aun así era media jornada y un día, cuando estaba en el baño, escuché a alguien al lado haciendo pipi y le pregunté "¿Qué harás después de esto?" Me contestó "Voy a echar la solicitud para *Channel 4* (un canal de televisión inglés). Tienen que dar todo su dinero a productores independientes."

Creé una compañía llamada *Long Shot Productions* y después de un año llamando a la puerta de Channel 4 muchas veces me dieron 30.000 libras (probablemente para deshacerse de mí), para crear un documental sobre el uso excesivo de una droga hipnótica en las cárceles de mujeres, salió bien y sorprendió a todo el mundo. El primer día de rodaje tenía siete miembros de equipo y hablé con el camarógrafo. Le dije "Nunca he hecho esto antes. O bien podéis tomarme el pelo o me podéis ayudar." Me ayudaron y fueron geniales. Fue un gran programa. Fue el comienzo de mi carrera televisiva. Después, pude hacer un programa sobre asesinos en prisión. Entonces pensé *No quiero encasillarme en prisiones* y se me acercó un hombre que nunca había dirigido pero tenía el dinero. Quería crear un documental sobre el SIDA. Me preguntó si lo produciría y si le ayudaba.

Me fue bien en la televisión durante nueve años pero luego gasté todo lo que había ahorrado en tres meses en Australia; volví a Londres endeudado. Un editor se acercó a Charlie Richardson, un criminal y jefe de la banda Richardson del sur de Londres, lo más parecido que podías encontrar a una banda mafiosa. Le dijo a Richardson, "Quiero que un escritor fantasma escriba tu biografía y luego publicarla." Charlie dijo, "Si quieres que lo haga la única persona a la que le permitiré hacerlo es Bob Long". Así que el editor vino a mí y dijo las palabras mágicas. "Recibirás 15.000 libras y un tercio de ello ahora mismo." Así que dije que sí.

Un año después de la fecha de entrega inicial, todavía no había escrito una línea. Pero necesitaba el dinero y convencí al editor de que terminaría el libro en doce semanas si me daba otro tercio por adelantado. Tenía un empleo aparte y cada noche escribiría entre doce y veinte páginas, cansado o no. Simplemente tenía que hacerlo. ¡Y lo hice! Estaban contentos y cuando fue publicado recibí el último pago. Llevo la escritura cerca del corazón y es una de las cosas más difíciles, pero también más gratificantes que puedes hacer. Es gracioso como tantas personas quieren escribir. Dicen que todo el mundo tiene un libro en su interior pero si me preguntas, ¡creo que ahí es donde debería permanecer! Sí que escribí también un libro sobre la historia de perreras en Gran Bretaña y quizás me gustaría darle otra oportunidad a escribir un libro sobre otras personas y temas.

Durante el periodo que escribía sobre Charlie Richardson, solicité un empleo en la BBC en un programa llamado *Video Diaries* (diarios en video), habían hecho una temporada piloto y estaba bastante mal hecho. Me dieron el puesto y empecé a trabajar para la BBC donde estuve catorce años. Acabé como productor ejecutivo y rodé una trescientas películas. Me pagaban bien y trabajaba duro, cada día desde las 09'00 hasta las 22'00. Nunca tuve pasión por la televisión pero si tengo una creencia apasionada de que personas corrientes son capaces de mucho más de lo que la sociedad les acredita. Cogíamos a personas normales y las convertíamos en creadores de programas, literalmente tenían el control total sobre el resultado final. Desde 1990 a 1995 marcamos tendencia con Video Diaries y fue un éxito.

Conocí a Chloe en la BBC, donde era cámara. Durante aquella época me propusieron trabajar con la unidad de policía anti-pedófila de Scotland Yard. Estuve dos años quedando con la policía. En la primera reunión me encontré con el jefe de la unidad, también llamado Bob. Recuerdo que era un jueves por la noche y fuimos a tomar algo, a pesar de que no bebo. Nos hicimos amigos y pensamos que era una idea genial. Llevó otros dos años convencer a la BBC para que se firmara el contrato entre la policía y la BBC. Finalmente comenzamos y Chloe empezó a trabajar en esto conmigo. Muchos de los documentales que producía fueron muy bien y he ganado numerosos premios incluyendo un BAFTA* por el "mejor documental". Un par de años más tarde produje una película documentada en Iraq que fue vendida a los EEUU*, se emitió en HBO* y ganó un EMMY*.

Empecé a añorar un descanso después de haber acabado dos temporadas con la policía. Chloe y yo vinimos a España en mi barco. Mi pasión era la navegación, había restaurado un viejo barco de madera y cada vez que tenía un poco de tiempo libre salía a navegar por las Islas del Canal y de Inglaterra a Francia. Decidimos ir al Mediterráneo y vivir en mi barco. Recuerdo haber oído sobre Sitges, justo en las afueras de Barcelona, en una fiesta durante los ochenta y por eso fuimos allí. Nos gustó. Era la base de donde viajábamos por el Mediterráneo. Habíamos ahorrado algo de dinero pero vivíamos frugalmente. Pudimos quedarnos en las Baleares durante un verano entero y vivir prácticamente de la nada. Solo pagábamos el diésel y la comida. El invierno de ese primer año nos fuimos a Tailandia y vivimos durante tres meses en una cabaña en la playa en Koh Tao, una pequeña isla, pagando tan solo nueve euros al día entre los dos, incluyendo alojamiento y comida.

Al año siguiente Chloe sugirió fundar una familia. Yo había superado el deseo de tener un hijo, pero recordé los problemas que tuvo mi ex-mujer para tener uno. Lo intentamos todo, incluido FIV, estaba obsesionada con ello y me di cuenta de lo fuerte que podía ser ese deseo. Me prometí a mí mismo que si mi próxima pareja quisiera un hijo le diría que sí. Así que tuvimos a nuestro hijo y cambió todo. Es el amor de mi vida. Nunca sentí tanto amor por nadie pero era bastante difícil vivir en un barco con un niño pequeño, lo que hicimos durante un par de años. Nos dimos cuenta de que no podíamos hacerlo para siempre. Conforme se acercó a la edad de empezar la escuela descubrimos que el catalán es obligatorio en Barcelona y que a los maestros no se les permite hablar con los padres en castellano. Decidimos que era mejor que nuestro hijo creciera con un idioma mundial en vez de uno que solo se habla en un área relativamente pequeña. Decidimos mudarnos.

Esto coincidió con la compresión de que no podíamos vivir en tierra eternamente de nuestros ahorros. Chloe empezó a dar clases de inglés y yo tuve que volver a trabajar. Había hecho fotografía de bodas durante los principios de mi carrera y decidí retomarlo. Ya había hecho fotografía de boda antes que la televisión y sabía cómo hacerlo. Pensé que iría y vendría del Reino Unido pero entonces me enteré de que mucha gente viene aquí para celebrar sus bodas. Especialmente a los irlandeses les gusta casarse en la soleada España. Ni siquiera tengo que buscar trabajo ya que los organizadores de bodas me conocen y demandan más de lo que puedo encargarme. Y lo que es más importante, me encanta.

Las cosas han cambiado. El estatus del fotógrafo de bodas ha cambiado. En los noventa, los fotógrafos de boda no se consideraban creativos y era visto como un trabajo básico, respetable pero un trabajo aburrido. Con la fotografía digital todo eso ha cambiado por completo ya que puedes tomar muchísimas fotos y luego ser creativo con los retoques. A parte de las tomas de los grandes grupos familiares, implica el paisaje, la comida, primeros planos y fotografía de naturaleza muerta al igual que retratos y actualidad. A veces, durante una boda me siento más como un paparazzi.

Cuando la novia va llegando al altar tengo que intentar captar las expresiones. Luego hacer la fotografía de calle

y fotografía informal de gente junta o que no lo está. Hacer los retratos románticos es como trabajar en una sesión de moda. También hay una gran ventaja, cuando haces un buen trabajo están encantados con ello durante los próximos cincuenta años y tienes un público para tu trabajo. Así que permanece durante generaciones. Eso es muy importante para mí. De hecho la fotografía de bodas tiene toda la diversidad creativa y satisfacción que un fotógrafo puede desear. Me gusta la gente y la fotografía de retrato, realmente siento que es un trabajo muy entusiasmado y gratificante. No necesariamente pienso que sea un trabajo fácil, ya que puede ser estresante con largas horas y porque no puedes tener un 'mal día'. Eso podría significar que has arruinado una boda. En la televisión tienes un mal día y el día siguiente es bueno. Aun así, a pesar del 'estrés' soy mucho más feliz aquí. Ayuda tener mucho sol, claro.
Hemos estado viviendo en La Herradura desde el 2010. Es el tamaño perfecto para mí. Me encanta estar aquí. La gente es amable y mientras no me odien estoy feliz. Siempre serás un extranjero, pero como nos llevamos bien, me parece perfecto. Son amables con nosotros y somos amables con ellos. Realmente nunca he pertenecido a nada. Nací en la clase obrera y mediante el proceso de ir a la universidad me he convertido en clase media en muchos de mis valores, pero me siguen encantando los típicos huevos con patatas ingleses con mucho kétchup. Para mí todo eso está bien.
Me siento cómodo en La Herradura. He vivido tanto alrededor del mundo que no puedo decir que soy de un pueblo concreto ni siquiera de un país determinado, pero por el momento soy de La Herradura y cuando conduzco bajando desde la autovía pienso "¡Guau, vivo aquí!"

Bob Long - www.spanishweddingphotos.com

*BAFTA: Academia Británica de Cinematografía

*HBO: acrónimo de Home Box Office es uno de los canales de televisión por cable y satélite más populares de Estados Unidos y Latino américa.

*EMMY: Los premios Emmy son galardones que se entregan anualmente como premio a la excelencia en la industria de la televisión estadounidense.

Compartiendo reflexiones

Nos conocimos en una reunión budista japonesa en una casa en Punta de la Mona donde vivía con su pareja e hijo pequeño. Inmediatamente sentí un sentimiento de calidez hacia ella, probablemente porque – aparte de la amiga que me presentó al grupo – parecía ser la persona más 'normal' en el salón. Sé que no suena como una afirmación muy budista, y que muchos podrían argumentar que yo mismo no soy 'normal' pero es como me sentí.

Había venido al lugar justo. Y cuatro años más tarde volvimos a encontrarnos en el mercado municipal del pueblo.

Es un edificio techado situado en el paseo con varios puestos de pescado, charcutería, fruta, verdura y un puesto de flores a la entrada. Muchos pueblos españoles tienen mercados techados. Aun así, La Herradura tiene más que ofrecer. Hay una amplia selección de acogedoras tiendas repartidas por el pueblo donde comprar pan recién hecho, fruta y verdura fresca entre otras cosas, que hacen de la vida un lugar más placentero. La mayoría las puedes encontrar cerca de la Avenida Prieto Moreno, en la calle Acera del Pilar y también por la calle Alhambra y Plaza Nueva. Merece la pena dar un paseo por el pueblo para explorar todos los productos que ofrecen las tiendas locales.

Pero hoy Chloe y yo nos dirigimos a la playa para disfrutar de un té y una charla en una de las cafeterías en primera línea de playa, donde escucho su agradable voz mientras cuenta su historia.

"Hace poco nos hemos mudado a la zona de Peña Parda y nos encanta. Es como un pequeño enclave que parece una jungla con muchos arbustos y árboles altos. Se llama El Ensueño. Para mí es un encanto. Puedes ver el mar a través de los árboles desde nuestra casa que está como escondida en la naturaleza, bastante agreste y al mismo tiempo tiene mucha luz y vida. Vivimos en la planta baja de la casa y tenemos vecinos de arriba con quien compartimos un jardín con piscina. Es nuestro escondite. Tenemos un camino muy disparejo con muchos baches hasta nuestra casa pero no nos importa y cuando tengo tiempo me encanta ir a pie hasta el pueblo. Es un paseo maravilloso, escuchando los pájaros y viendo la belleza natural.

Nací en El Hierro, en las Canarias. Mi padre es francés y mi madre holandesa y sueca, pero me crié en Inglaterra. Mis padres vivían y trabajaban en las Canarias como agricultores de subsistencia, que era un tipo de agricultura que proporciona suficiente comida para el agricultor y su familia, pero no mucho para vender. Nuestra pequeña casa no tenía electricidad ni agua corriente y el suelo era de estiércol compactado. Vivimos allí hasta que cumplí dos años, pero incluso cuando vuelvo ahora y huelo a cabras me inunda la nostalgia enterrada y se me saltan las lágrimas. Tengo muchos recuerdos sensoriales del lugar, como olores y sonidos. Con dos años me mudé con mi madre a Londres. Crecí entre el sureste de Inglaterra y Francia.

Mi pareja y yo tenemos un hijo juntos, Pancho, que nació en Barcelona. Vivíamos en Sitges en un barco y nos encantaba la vida allí. Sitges es un lugar especial y trabajaba como maestra de inglés y creando pinturas para mi libro, y Bob, mi pareja, viajando haciendo documentales independientes. Pero un día, uno de mis estudiantes, un comandante en las fuerzas aéreas españolas que venía de un pueblo de las Alpujarras, me habló de Andalucía. Me dijo, "Tienes que ir" y así lo hicimos. Cuando la gente me preguntaba "¿Por qué os mudáis?" no sabía qué contestarles, pero fue la mejor decisión de mi vida. Me siento más en casa que en cualquier lugar donde he vivido. Para mí Andalucía es tan abierta y te sientes tan cercano a la tierra. La gente es muy diferente a la de Cataluña. Solo fue porque oímos que había un buen colegio para nuestro hijo que descubrimos La Herradura. Vinimos a vivir aquí en el 2010.

Definitivamente hay algo especial en este pueblo. Toda mi vida he sido un poco como la forastera y me han visto como algo rara o inaceptable en los pueblos donde he vivido. Aquí la gente está tan centrada en su familia y con sus propias vidas que no me siento juzgada de ninguna manera. Esto me resulta algo excepcional ya que nunca he estado en un sitio tan modesto en mi vida. En conjunto, pienso que España es bastante modesta, pero aquí es como si las personas fueran felices, dejando que me dedique a mis asuntos sin juzgarme y eso me da la sensación de ser aceptada. Además, es un lugar muy tranquilo y ya que puedo ser bastante maníaca, es bueno para mí. Una de mis grandes lecciones de vida es ir más despacio y no sentir que tengo que producir tanto. La Herradura me ha permitido ser más yo. Estar en un lugar tan bello te fuerza a mirar a tu alrededor y disfrutar del paisaje, las hermosas playas, la luz...

Nuestras vidas han cambiado, indudablemente. Ahora trabajo con mi pareja haciendo reportajes de bodas. Mi tarea principal es grabar los vídeos de boda, pero también estoy tratando de montar mi negocio de *life coaching*. Además de eso, estoy intentando promocionar un libro que he escrito. Es un cuento infantil que se llama *The Power of Me* (El Poder de mí mismo). Las ilustraciones las he hecho yo. Es sobre el viaje de un niño para aprender el poder y efecto que tiene sobre su entorno y a gran escala en todo el planeta. El libro está en rima, un poema largo. Algún día me gustaría poder traducirlo también al español. Mi español no está mal pero no podría hacerlo yo misma. Lo que me llevó a escribir este libro fue la alertagamiento y una sensación de desesperanza que veo en las personas que me rodean; se sienten tan impotentes enfrentándose a los negativos y abrumadores eventos actuales que ocurren en el mundo. Eso y un gran deseo de pintar. Escribir el libro me ha dado un enorme placer y tengo ganas de encontrar tiempo para escribir el siguiente, ya que tengo la intención de escribir más, y me

encantaría ver a dónde me lleva el futuro.
La comunicación siempre ha sido algo que me fascina. El medio no es tan importante. Estudié práctica de los medios de comunicación contemporáneos en la universidad. Los documentales son un medio increíblemente poderosos para comunicar y llegar a, potencialmente, millones de personas de una sola vez. Tiene sonidos, ritmo, narrativa, imágenes, y puede ser bastante desafiante el pensar en todas esas cosas al mismo tiempo mientras grabas y me resulta muy estimulante. He sido lo suficientemente afortunada de poder seguir mi curiosidad trabajando en proyectos como una exhibición fotográfica de la situación política del Tíbet, un documental sobre azafatas en Tokio y un anuncio de caridad en Bosnia.
Antes de venir a España trabajaba para una unidad de documentales de la BBC, como investigadora y directora de D.V. (un director contratado específicamente para rodar sin la ayuda de un equipo) en el Reino Unido. Esta era una unidad muy específica que otorgaba a contribuidores mucho poder sobre cómo eran representados. La idea era encontrar historias que no habían sido contadas, sobre gente común que hacían cosas extraordinarias. Ahí conocí a Bob. Era el jefe de esa unidad. Nos dimos cuenta de que en el mundo del documental se estaba haciendo más difícil hacer algo que no fuese influenciado por un mínimo denominador común – es decir – satisfaciendo al máximo número de audiencia sin decir mucho. Los directores querían que les asegurásemos el éxito y el resultado del documental antes de hacerlo – sin riesgos, pero si realmente estás haciendo periodismo de investigación esto es casi imposible. Estaban cada vez más obsesionados con alcanzar altos índices de audiencia y que los finales de las historias de los colaboradores tuviesen todos finales felices – pero la vida no siempre es así. Trabajamos muy duro durante mucho tiempo en una serie de programas siguiendo un

departamento de la policía londinense que trabajaba en el campo de la pedofilia y los asesinatos de niños. Fue una experiencia increíble pero sentíamos que era hora de un gran cambio. Así que partimos hacia la puesta de sol en el barco de Bob y navegamos a España.

Tengo la firme intención de retomar algún tipo de comunicación documental cuando mi hijo se marche de casa y realmente pueda dedicarle tiempo. Ese mundo demanda de uno mucho tiempo y conciencia, pero de momento lo más importante para mí es ser una buena madre. En cuanto al documentalismo se refiere – y de hecho cualquier otro medio, creo firmemente que el 'poder comunicativo' puede influenciar la vida de las personas de forma positiva. Es muy efectivo. Nuestro último documental ayudó a cambiar la ley en el Reino Unido, haciendo que el aprovecharse sexualmente de menores fuera considerado como un crimen. Cuando un documental está bien realizado, puede cambiar vidas.

De momento principalmente hacemos vídeos de boda y fotografía. En casa trabajo retocando y mejorando fotos antes de que vayan a un álbum, pero mi trabajo en el día de la boda es hacer un vídeo documental. Mientras grabo intento crear una biografía familiar, documentando todas las personas y el sentimiento del día que evocará recuerdos incalculables. Lo que me inspira a trabajar jornadas largas y duras, y hace que continúe, es mostrar a las personas lo maravillosas que son, con sus caracteres únicos, su dinamismo, su humor y el profundo afecto que sienten los unos por los otros. Me gusta animar a la gente a compartir sus consejos para tener una relación exitosa y convivir con los altibajos de la vida – esto puede ser muy emocionante. Disfruto mucho creando una relación con ellos mientras hago el documental, que les anime a desinhibirse frente a la cámara. Aquí hay oportunidades fantásticas para hacer representaciones preciosas del paisaje gracias a la luz y los colores. Grabar bodas es una manera de sobrevivir económicamente, pero también es gratificante poner a prueba mi creatividad. Potencialmente cada toma no es solo un recuerdo genial sino también una bella imagen.

Podemos encontrar belleza en la vida independientemente de las circunstancias en las que nos encontremos y a veces algunos sucesos pueden conducirnos a un resultado inesperado, pero que es un cambio positivo o un proceso de aprendizaje. Todo nos influencia y nos cambia, y trabajar para una empresa en Londres me ofrecía el tipo de vida que no era sano y que no quería. He sido lo suficientemente afortunada de haber viajado bastante y haber conocido a personas que han experimentado dificultades pero lo llevan con gracia y sabiduría, lo que me inspira a compartirlo con otros. También pone en perspectiva mi propia vida y me hace darme cuenta de lo muy afortunada que soy.

Algo que me ha influenciado definitivamente es que me crié como budista. Ha tenido un gran impacto en mi vida. Ver el potencial y las conexiones entre todos y de todo también ha influenciado mi libro, de manera que automáticamente respondo representando una imagen, creando un video o documental. Creo realmente que todo y todos tienen algo especial y bonito en su interior y que todos tenemos mucho, no solo que dar, sino también que aprender el uno del otro. Esto es más importante que cualquier otra cosa. El budismo te enseña a ser profundamente tú y a usar tu propia creatividad para hacer la vida adecuada para ti – esto también transmite ondas beneficiosas a los que te rodean.

En cuanto a La Herradura ... me gustaría que la gente de La Herradura supiera que son especiales y tienen un lugar importante en el mundo. ¿Y yo? Simplemente estoy agradecida por ser parte de este pueblo."

Chloe Pettersson - www.spanishweddingphotos.com

Una interpretación holandesa de la belleza española

"Me encanta la vista, los alrededores, con Cerro Gordo en nuestro porche y un camino que lleva a un muelle junto al agua. Es un lugar agradable para vivir con mi mujer y nuestro hijo pequeño. Hoy me hago camino hasta el antiguo centro del pueblo para una entrevista. Llego un poco temprano para nuestra cita en calle Real y decido dar un paseo por las viejas calles. Entro en calle Las Flores, girando la segunda calle a la derecha, calle Granada. Veo los nuevos mosaicos creados en el suelo con piedras de diferentes colores. Los mosaicos contienen símbolos como un ancla, una herradura y otros detalles relacionados con el pueblo. Paseo por la primera sección de la restauración de las viejas calles, que incluyen entre otras calle Blanquita, calle Canalejas y calle Príncipe. Al parecer ésta es solo la primera fase de la renovación del casco antiguo del pueblo. Es el verano del 2015 y la remodelación que es un proyecto de tres fases, supuestamente estará terminado en tres años. Creo que es una bonita incorporación a un pueblo que merece apreciación del turismo cultural.

Quince minutos más tarde comienza la entrevista y cuento mi historia.

Nací en Weert, en la provincia de Limburg, en Holanda. Viví allí hasta los dieciocho años. Mi padre era carpintero y mi madre era cuidadora. Tenía un hermano menor y nos criamos en una casa adosada en un pueblo pequeño. Solo tengo buenos recuerdos de mi infancia, con fútbol al salir por la puerta y muchos amigos. A pesar de ello, sentía una fascinación por las cámaras desde una edad muy temprana. Recuerdo que cuando tenía diez años le quité el color a la televisión para ver películas en blanco y negro porque sentía que el contraste era más bonito. Con doce años, durante los festivales holandeses de Sinterklaas* mis padres me regalaron una cámara de vídeo 8, un regalo relativamente caro y empecé a rodar películas caseras –

jugando a Lego con mi hermano, en el campo con las bicis, y haciendo pequeñas obras de teatro. Apuntaba mi cámara a mi hermano y él me la apuntaba a mí, creando simples cortos y documentales. ¡Además tenía un tío que trabaja para la televisión local y pude trabajar allí de adolescente, era genial!

En aquellos tiempos había una emisora de televisión holandesa llamada Veronica que tenía una sección para la juventud. Creaban y emitían programas juveniles bastante superficiales y llamativos. En cierto momento, ofrecieron la oportunidad a jóvenes para hacer radio, televisión y artículos de revista, y de formar parte de un grupo que activamente crearía programas de televisión. Después del primer día de introducción, fui invitado a participar en una semana formativa. Formaba parte de un grupo de cuarenta adolescentes y nos enseñaban personas profesionales de este campo, como personal de cámara, directores de cine y DJ's. Todavía formaba parte de un proceso de selección y solo cinco de nosotros fuimos seleccionados para el equipo televisivo oficial. Era uno de ellos y con quince años, el más joven.

Todo el mérito se lo debo a mis padres quienes me dieron permiso, a una edad tan temprana, de marcharme todos los fines de semanas. Cada viernes, después de las clases, cogía el tren a Hilversum, que estaba bastante lejos de casa, para crear programas de televisión. Teníamos media hora al mes de tiempo de emisión para rellenar. Había un supervisor, pero el proyecto seguía siendo nuestro. Hicimos algunos programas de poca calidad y cometimos muchos errores, pero era una plataforma genial para aprender. Los domingos por la noche cogía de nuevo el tren de vuelta a casa e iba a la escuela al día siguiente. Cuando acabé mi educación secundaria a los dieciocho, el siguiente paso lógico era continuar trabajando para Veronica.

Formaba parte del equipo que era mi punto de partida para el mundo televisivo en los Países Bajos. Fue una experiencia maravillosa e incluso me mandaron a América con una cámara valorada en 40.000 euros. Acabé viviendo en Ámsterdam y trabajé para varios programas de televisión. Esto me permitió colaborar con fantásticos profesionales en todo tipo de programas, como conciertos en directo y programas deportivos. Probablemente me hubiera gustado seguir trabajando allí, pero Veronica se volvió comercial y de pronto tuvimos que hacer programas patrocinados y recomendar productos comerciales al espectador. Esto no me correspondía. Aún era joven y quería viajar y estudiar. Así que con veinte años renuncié a mi empleo y me fui de viaje a Australia seis meses.

Al regresar a Holanda quería volver a estudiar y acabé realizando estudios de cine y televisión. Era un gran complemento a mi experiencia práctica televisiva y aprendí sobre la historia, el lenguaje y la estética del cine. Aprendí cómo ver películas y en el proceso descubrí grandes directores. Durante mis estudios también empecé un negocio ya que aún tenía contactos en el mundo de la televisión y con frecuencia me pedían que dirigiese videoclips o hiciera trabajos de cámara. También mantenía mi amor por viajar y durante mis estudios fui a explorar el mundo varias veces, de mochilero.

Me permití el lujo de tomarme un año sabático y ese año viajé a Perú y Bolivia. Esto llevó a una espontánea cadena de sucesos que me llevaron como resultado a doce países diferentes en el sur, centro y el norte de América.

Todo sucede por una razón, pero en aquel momento no lo veía. A lo largo de mis viajes siempre tenía una cámara conmigo y se me ocurrió la idea de rodar un documental sobre mochileros. Siento que siempre es bueno elegir un tema con el que tienes un poco de afinidad y yo era un mochilero. Preguntas como por qué alguien quiere viajar como mochilero podían revelar historias interesantes. Era un proyecto de un año pero no tenía una prioridad inmediata.

En aquellos tiempos también tenía conexiones con el museo de aviación holandés, Aviodrome. Un día me llamaron para decirme que iban a un emocionante viaje a Venezuela y me preguntaron si podía estar interesado en ser su cámara. Yo estaba en Sudáfrica y con la invitación volé a Bonaire donde les esperé para comenzar la expedición. Habían oído hablar sobre el descubrimiento de un avión Fokker F8 estrellado que querían exhibir en su museo en los Países Bajos.

Fuimos a la selva venezolana y grabé las historias e información sobre las expediciones y la búsqueda de los restos del avión. Era como una aventura de Tintín en Venezuela. Había dos fanáticos de la aviación, el director del museo y el director del proyecto. Cuando finalmente llegamos a los restos localizados al final de una especie de pista de aterrizaje, el avión estaba totalmente calcinado y solo quedaba la estructura. Era muy interesante encontrarte en la deslumbrante naturaleza con un director que definitivamente hubiera preferido dormir en un hotel de cinco estrellas junto con el resto del equipo y dos intérpretes buscando el asiento del piloto y otros objetos. Al final resultó ser una historia fascinante ya que los nativos habían sacado todo de lo que quedó del avión. El líder estaba sentado en el asiento del piloto y objetos como el tanque de combustible y de agua se usaban como aparatos domésticos. Todo se había reutilizado. Volvimos dos años después. Esta vez con un gran contenedor y la ayuda de las Fuerzas Armadas de Venezuela, para recoger todos los restos y enviarlos a Holanda. Creé dos películas de estos dos viajes que se mostraron en el cine del museo, para apoyar la exhibición de la avioneta. De este modo la gente podía ver la historia tras la recuperación del avión.

Para mí, viajar y grabar es una buena combinación. Después de acabar mis estudios comencé un negocio con una persona de mi periodo en 'Veronica'. Nuestro primer proyecto fue un viaje de cuatro meses a la India y China, documentando sus ascendentes economías. Grabábamos la vida de calle, la vida cotidiana en los pueblos y en el campo, de ricos a pobres. Estos documentales, 'Made in China' y 'Made in India' fueron adquiridos por una compañía de distribución americana y se mostraron en bibliotecas y colegios como parte de las clases de geografía. Esto llevó a nuestro primer encargo bien pagado por parte de una organización de viajes y empezamos a especializarnos en películas de viaje. Trabajamos para dos grandes agencias de viaje creando alrededor de treinta películas de destinos. Teníamos la libertad de rodar el ambiente de los lugares a los que íbamos, como Cuba o Ecuador, no como turistas sino más bien como documentales sin presentador.

Aun así, la idea del mochilero seguía viva y probablemente fue el proyecto más ambicioso que he realizado. Entrevisté a quince personas, todos con las mismas preguntas, lo que se convirtió en un documental de CD-ROM interactivo. Después de esto, junto a un compañero, decidimos crear una película de ficción sobre mochileros. Se convirtió en un proyecto de cinco años. Pensaba que escribir un guión era fácil y buscamos miembros de equipo y reparto en internet. Las condiciones eran desafiantes. No teníamos presupuesto así que doce miembros del equipo y cinco actores de diferentes países tuvieron que viajar a Perú y Bolivia costeándose sus propios gastos para rodar el guión. Todos eran jóvenes, de veintitantos años, todos hablaban distintos idiomas. Viajamos tres meses para poder rodar esta película.

Nuestra ambición era grande. Echando la vista atrás puedo ver que no soy guionista, ni tampoco director de películas de ficción. En ese momento pensé que era capaz de hacer lo que sea pero todo lo que podía salir mal salió mal. Fue controvertido. Al final, después de cinco años se convirtió en una buena película. Era la historia de cinco mochileros y catorce miembros del equipo. Documentaba las interacciones entre las personas incluyendo sus discusiones. Era una combinación de ficción y narración del proceso de rodaje en una película/documental de noventa minutos que se mostró en numerosos festivales de cine, incluso con subtítulos en griego. Nunca fue mi propósito pero demuestra que tu primera intención no es necesariamente la mejor. Realmente ha sido un proceso de aprendizaje muy valioso.

A lo largo de mi vida siempre había un lazo entre los viajes y las cámaras. Todo el tiempo ha habido personas interesantes que conocer e historias interesantes que contar. Me gusta conocer a gente nueva y ser creativo con mi cámara. A veces es un trabajo, otras veces es un proyecto apasionado. Ahora mismo he creado una empresa de producción de cine español llamada *Costamundo*. Para mí todo se centra en imágenes en 'movimiento'. Son el núcleo de todo lo que hago, de muchas formas. Con *Costamundo* ofrecemos televisión, grabación, fotografía, documentales y películas de proyectos corporativos. Además estoy involucrado en una nueva empresa holandesa llamada *The Postcard Experience* (La Experiencia de Tarjeta Postal) que usa grabaciones y técnicas de croma de forma muy inventiva. Visitantes a eventos o puntos turísticos pueden actuar delante del croma que luego se edita en un vídeo animado. Estos vídeos reemplazan los antiguos 'saludos' de las postales y se pueden compartir en las redes sociales.

Me fascina crear una buena toma. Considero que la fotografía bonita puede ser más difícil que rodar, debido a que tienes que contar una historia en una única imagen. En la grabación puedes añadir tomas múltiples o música para crear el efecto deseado. Siempre me fascina la foto tomada en el momento justo, la composición perfecta. Me gusta que una imagen me sorprenda. Puede ser el color, la exposición o simplemente una imagen que me llega. De cierta manera, mi inspiración es la suma de lo que he aprendido. Que sea una técnica de grabación que me ayude a contar una historia o simplemente el reflejo sobre una hoja a la que quiero capturar de la forma más bella. Me gusta trabajar deprisa; no quiero reflejar un día entero de trabajo en una toma. Por eso no soy un director de ficción. No quiero pensar demasiado. Es una inspiración impulsiva – déjame en la esquina de una calle y veré una toma.

No me considero un artista, puesto que no creo arte incondicional. Soy un tío comercialmente creativo. Trabajo por encargo y con ese encargo intento encontrar la libertad de ser lo más imaginativo posible. Aun así, tengo muchas ambiciones e ideas relacionadas con el cine. En 2015 he trabajado en un documental de un guitarrista holandés llamado Tijs Groen que también vive en La Herradura. Empezó contando que antes era un campeón de atletismo y cómo lo dejó para vivir en una furgoneta en España y seguir una carrera musical como guitarrista. Esta historia se parece a la de muchas otras personas que conozco aquí, incluso a la mía propia, renunciar a una vida segura en tu país para empezar una nueva aventura en esta preciosa zona costera del sur de España. Decidí seguirle durante un tiempo con mi cámara y la historia se desarrolló según continuamos. La grabación es sobre Tijs pero también sobre La Herradura y la atracción que tiene para tantos extranjeros con aspiraciones artísticas. Debido a esto, el título del documental es *The Horseshoe's happiness (*La Felicidad de La Herradura). Nunca me quedo sin ideas y una de ellas es organizar un festival de cine a pequeña escala. Creo que La Herradura es un lugar adecuado para esto también.

Vinimos a La Herradura por casualidad, ¿o fue el destino? Hace tres años mi mujer estaba embarazada y quería escaparse una semana para unas pequeñas vacaciones. Optó por un viaje sorpresa por esta zona. Estuvimos en distintos pueblos para conocer la región. Nos gustó tanto que decidimos reservar un viaje para el año siguiente. Reservamos un apartamento por internet en Almuñécar pero teníamos que ir a La Herradura para recoger la llave de la hermana de la dueña holandesa de nuestro apartamento. La hermana vivía en una maravillosa casa en La Herradura e inmediatamente nos enamoramos de la bahía y de la casa. Ambos pensamos, *¿No sería genial poder vivir así?* Entonces dijimos, 'No lo pensemos demasiado, si es lo que queremos debemos hacerlo ahora' así que nos pusimos en marcha. Es difícil de comprender para algunas personas. Amigos y familiares nos preguntaban, '¿Vais a emigrar?', '¿Vais a volver?' Tuvimos varias discusiones tratando de explicarlo. No sabíamos sobre La Herradura pero nos gustaba la energía, esa 'sensación turquesa' y su localización perfecta. Nos mantuvimos en contacto con la gente de La Herradura y cuando volvieron a Holanda nos contactaron y dijeron '¡Podéis alquilar la casa de La Herradura!'

La vida está llena de sorpresas. Ahora llamamos a La Herradura nuestro hogar, es un lugar muy especial. No puedes explicar exactamente 'por qué'. Es una mezcla de cosas, pero una cosa que nos llegó como algo muy agradable es que los vecinos y turistas españoles junto con los extranjeros y tantos trasfondos y puntos de vista no chocan. Todo parece estar en armonía. Esta es una mentalidad que todo el mundo debería adoptar y ha aclarado mis prioridades. También sigo descubriendo hechos y eventos interesantes que me gustan.

Poco sabíamos en ese viaje en 2013 cuando recogimos la llave para el apartamento de Almuñécar, que acabaríamos viviendo en la casa que tanto admiramos. Ahora disfrutamos de nuestra casa, con las maravillosas vistas y alrededores, con Cerro Gordo en nuestro porche y un camino que lleva al muelle junto al agua..."

Jeroen Stultiens – www.costamundo.es

*Sinterklaas es un personaje mítico con orígenes legendarios, históricos y folclóricos inspirados por el San Nicolás, amigo de los niños, y el festival se celebra anualmente con la entrega de regalos el cinco de diciembre, el día antes de Saint Nicholas Day, en los Países Bajos)

Los fotógrafos del pueblo

Conduzco por la entrada principal del pueblo que lleva hasta la Avenida Prieto Moreno, nombrada así por el pueblo en honor al arquitecto que dejó su huella en La Herradura. Hay varias tiendas en los bajos de los edificios a ambos lados de la calle que lleva hasta el paseo. Al final de la calle a mano izquierda puedes encontrar el Centro Cívico, un gran edificio de color terracota. En este centro hay un cine (que muestra sobre todo películas en español), el teatro, además del ayuntamiento y la oficina de turismo. El edificio también funciona como centro cultural con numerosas salas ofreciendo espacio a diferentes actividades, desde rumba, Thai-Chi, yoga, meditación con cuencos tibetanos, exhibiciones de arte, actuaciones del coro y flamenco. Las exhibiciones de arte cambian constantemente y es una buena idea pasarte a diario para descubrir las piezas de arte que podrían ensalzar la belleza de tu hogar. También hay una pequeña biblioteca. A 40 metros de Centro Cívico encontrarás la tienda de fotografía de José y Nihal. No pasa desapercibida con las novias y novios mirando felizmente por el escaparate a la calle, sonriendo e irradiando siempre la memoria de uno de los días más felices de sus vidas. La tienda lleva ahí casi treinta años, José y Nihal son caras conocidas en el pueblo. No son originalmente de La Herradura ya que Jose nació en Granada y Nihal en Turquía. Se conocieron hace muchos años durante unas vacaciones en Ibiza. En aquel momento ambos estudiaban fotografía en Alemania, Nihal en Heidelberg y José en Bremen. Nihal se fue a vivir a Alemania con sus padres cuando tenía dos años. José recibió una beca de tres años para estudiar en Bremen. Ambos se han ganado la vida con la fotografía. En 1977 Nihal comenzó su carrera en Alemania, trabajando para compañías importantes haciendo la publicidad fotográfica. Desde 1982 hasta 1985 tuvieron un estudio fotográfico en Ibiza, pero era demasiado turístico para su gusto y vinieron a la península para buscar una mejor forma de vida. Encontraron La Herradura más o menos por casualidad. A José le encantaba la provincia de Granada con Sierra Nevada y la línea de costa, así que en 1986 vinieron a esta zona para buscar un buen sitio para montar su tienda y estudio. La tienda era su prioridad; era la base en la que poder trabajar. Conduciendo por la línea de costa encontraron La Herradura. No estaba contaminada por mucho turismo y parecía tener algo mágico que a ambos les gustaba. La tienda en Avenida Prieto Moreno funciona principalmente como oficina ya que sus tareas fotográficas les llevan a diferentes partes de España y también al extranjero. Además de las bodas, bautizos y comuniones también son contratados para una variedad de proyectos como fotografía arquitectónica, publicidad para hoteles, folletos de restaurantes y otras empresas. Nihal se especializa en fotografía y José en la grabación de vídeos y documentales. Crean una simbiosis perfecta cubriendo todos los aspectos de la creación de imágenes, para crear maravillosos recuerdos para sus clientes. Con los años han adquirido un renombre haciendo reportajes de numerosos edificios y eventos importantes, incluyendo publicidad para el hotel Alhambra Palace de Granada, óperas en Viena y el reportaje del campeonato femenino de ski en 1994 y luego el masculino en 1996. Pero también han recibido encargos en La Herradura como los pósters de Semana Santa y el festival internacional de guitarra de Andrés Segovia. Se sienten afortunados de haber podido combinar su pasión por los viajes con la fotografía para ganarse la vida. También son unos aficionados de la naturaleza y de la creación de documentales ecologistas, la mayoría por placer, no solo como trabajo. Algunos se pueden ver online, como un documental realizado para la televisión polaca sobre el escritor polaco Jerzy Pietrkiewicz, que vivía en La Herradura y que era conocido por haber traducido los poemas del Papa polaco Juan Pablo II. Otro documental es sobre el pueblo, llamado La Herradura, Paraíso Tropical, con maravillosa música de guitarra española de fondo e imágenes recientes y no tan recientes del pueblo y sus alrededores, que pintan un cuadro del pasado y del presente. Últimamente se están embarcando en vídeos musicales como por ejemplo *Take my wave*, figurando Charly Endres y Lino Díaz, que es un buen ejemplo. Quizás se estén reinventando a sí mismos o simplemente siguiendo un proceso natural de representar el mundo en la manera que saben. Un mundo de imágenes... Como novias y novios en el escaparate de una tienda de pueblo.

Jose y Nihal - www.joseynihal.com

Salvando a los rinocerontes

"Es un precioso día de mayo; me apetece un agradable paseo, solo para contemplar las vistas, sentir la energía, oler las plantas, escuchar el silencio que se convierte en una sinfonía de la naturaleza. Buscando esa sensación zen, un momento de soledad y el deseo de observar la abundancia de regalos de la madre naturaleza, empapándote de la belleza de mariposas, los numerosos tonos de verdes arbustos y frondosos árboles y plantas balanceándose en el viento, el zumbido de los insectos y pájaros de diversos tamaños, formas y cantos. Paso por algunas villas envueltas en sus entornos verdes. Me encanta andar. Me encanta hacer senderismo. Considero esto una pequeña ruta senderista desde el lado de Peña Parda hasta la playa de Cantarriján y ahora de vuelta otra vez. Esta zona forma parte del Parque Nacional de Cerro Gordo. Después de quince minutos de intenso paseo paro y miro al mar. Me percato del agua cristalina de color turquesa cerca de la costa que se hace más intenso conforme se acerca al horizonte volviéndose índigo. El agua alrededor y dentro de las cuevas, escondidas entre las rocas de Cerro Gordo, lleno de peces y que ocasionalmente atrae a delfines, que vienen a visitar la bahía cerca de las playas. Avisto un grupo de estos mamíferos maravillosos surcando el mar, un espectáculo increíble y poco común. La pesca furtiva es posiblemente la triste razón por la que esto se ha vuelto un avistamiento poco común. Aun así, al salir a navegar puedes tener suerte y disfrutar de la compañía de algunas de estas maravillas naturales. Ser cómplice de ello me llena con una sensación de maravilla y felicidad. Me siento en una roca para verlos desaparecer en la distancia y estoy experimentando un momento de estar por completo en el aquí y el ahora. Es fácil estar agradecido. Después de un rato los delfines dejan la escena y vagamente noto que entro en contemplación...

Mi nombre es Charles George Jackson, pero la gente me

llama Charlie. Soy de Londres, nacido en Paddington. Cuando aún era un niño, mi madre, mis dos hermanos y yo nos marchamos de Londres para irnos al campo donde mi madre había comprado una vieja casa de campo Tudor. Mi madre era una modelo famosa y mi padre un agente inmobiliario. Se divorciaron cuando tan solo tenía dos años. Así que crecí en una granja, rodeado de creatividad, ya que mi madre hacía cerámica y también pintaba.

Algunos años después empecé la escuela primaria privada y recuerdo vívidamente al director del colegio el Sr Hooper. Solía llevar pantalones cortos amarillo almidón y amaba Kenia absolutamente. Era el cuñado del Sr Craig, el dueño y fundador de *Lewa Downs Wildlife Conservancy*. Ir a este colegio fue un periodo maravilloso y fue ahí donde se plantó la semilla de mi pasión por la vida salvaje. Después fui a un lugar llamado Wellington College, un tipo de escuela militar. Dejé este colegio a los diecisiete años para ir a una facultad en Winchester para estudiar inglés y arte. Siguiendo mis estudios me mudé a Fulham, Londres, donde trabajé como modelo durante tres años. Trabajaba para Models One, me iba muy bien y aparecí en varias revistas interesantes como GQ. A pesar de ello no era la dirección que quería que tuviera mi vida.

Me marché de Londres y fui a Sussex donde vivía mi madre. Se había casado con Robin Adshead, un primo lejano y un hombre muy interesante. Era un gurkha, un oficial comisionado inglés y comandante en el ejército gurkha (Brigada de Gurkhas es el termino colectivo para las unidades del ejército británico compuesto por soldados nepalíes). Mientras estuvo en el ejército desarrolló una pasión por la fotografía y entabló una amistad con Larry Burrows, un fotógrafo famoso. Cuando Robin dejó el ejército se hizo periodista fotográfico. Más adelante, Robin trabajó para *Aviation Week* y otras revistas, viajaba extensivamente. Estuve muy inspirado por él y cuando me mudé de nuevo a casa cambié de estar delante de la cámara como modelo a ser la persona que estaba al otro lado. Comprendía cómo se sentían aquellos delante de la cámara y me daba el suficiente conocimiento para crear la imagen adecuada desde detrás de la cámara. Observas una situación, la composición y la luz en los ojos. El modelo sabe qué dar y qué va a funcionar pero el fotógrafo lo tiene que reflejar. Robin me dio mi primera cámara, un Canon, y me enseñó a usarla. Hicimos muchas excursiones juntos.

En el 2001 mi madre y Robin decidieron mudarse a España. Descubrieron La Herradura a través de una mujer llamada Jane Roland que tenía un hotel en Sussex al que íbamos cuando éramos pequeños y se había mudado aquí. Mi madre y Robin vinieron de visita y les encantó. A Robin le encantaba la zona porque le recordaba a las montañas escalonadas de Nepal -esto y los senderos de las montañas son muy similares al paisaje de los alrededores de La Herradura. Puedes encontrar escalones de roca si vas a la Junta de los ríos o al Caminito del Rey, es como estar en Nepal. La bahía de La Herradura también le recordaba a la bahía de Hong Kong, donde vivió durante mucho tiempo. Robin tuvo una vida increíble y hasta el día de hoy tiene una exhibición permanente en el museo militar de Hong Kong con sus imágenes fotográficas. Me mudé con ellos a La Herradura con veintiún años.

Robin, mi padrastro, era un hombre maravilloso. Me dio el don de la paz y la habilidad para creer en mí mismo. Me gustaría decir que fue él y también mi madre, un ángel, quienes cuidaron de mí ante todo y me salvaron la vida permaneciendo a mi lado en momentos en que podría haber tomado un mal camino. Tanto Robin como mi madre tenían una perspectiva muy espiritual hacia la vida y eso también me ha moldeado hasta cierto punto. Lamentablemente Robin murió en 2007. Ahora considero La Herradura como mi base porque quiero estar cerca de mi madre y poder cuidarla.

Dedico mucho de mi tiempo al diseño gráfico y la fotografía, viajo mucho ya que soy un apasionado por viajar y descubrir belleza por el mundo. Cuando éramos niños también viajábamos mucho, a Canadá y Francia entre otros sitios, donde vivía la familia de mi padre. Lo que realmente ha marcado mi vida fueron varios viajes a *Lewa Wildlife Conservancy* (Conservatorio Natural Lewa), también conocido como Lewa Downs, en el norte de Kenia, originalmente el rancho ganadero más antiguo del este de África. Ha sido dirigido por la familia Craig desde 1922 quienes eran grandes conservacionistas. Siempre han apreciado la vida salvaje que compartía territorio con su ganado y crearon un turismo de vida salvaje como actividad complementaria.

Anna Merz era una conservacionista de fauna salvaje y apasionada de los rinocerontes que se murió en el 2013. Pensaba que solo había una manera de prevenir la extinción absoluta del rinoceronte negro es decir crear santuarios de máxima seguridad y decidió acercarse a David Craig a principios de los ochenta para pedirle permiso para construir un santuario para proteger a los rinocerontes amenazados. La familia Craig y Anna Merz – quien fundó el programa – decidieron establecer un santuario para el rinoceronte negro que casi se había extinguido.

Anna Merz era una mujer extraordinaria y enérgica, y junto a los Craig, reclutó a guías de campo, rastreadores de caza, veterinarios y otros para reunir animales a los que rastreaban, capturaban y los relocalizaban en el refugio para criar y custodiar. Mientras los animales se acostumbraban a su nuevo entorno en corrales, al parecer, Anna Merz pasaba horas leyéndoles Shakespeare, que según ella, les amansaba por completo.

Lewa, ahora conocida como el santuario de vida salvaje privado pionero en África del este, se estableció en 1983 como el santuario de rinocerontes Ngare Serhoi. Se convirtió en una reserva de fauna salvaje sin ánimo de lucro que ha ganado una reputación mundial por la protección de varias especies amenazadas. Ha sido visitado por el príncipe Charles y el 19 de octubre del 2010, su hijo el príncipe William de Gales le propuso matrimonio a Catherine Middleton en Lewa, el año que un trece por ciento de los rinocerontes de Kenia vivían en la reserva.

Anna Merz, conocida como *Kifaru*, que significa madre del rinoceronte en kiswahili, ha dejado un legado perdurable y su amor y pasión por la fauna ha inspirado a personas de todo el mundo, incluyéndome a mí y a otros miembros de mi familia. Soy parte de una familia numerosa. Robin, mi padrastro, tenía dos hijos, y mi padre tenía tres niños con su primera mujer, antes de casarse con mi madre juntos tenían tres niños de los cuales yo soy el más joven. A todos nos fascina la vida salvaje. Ben, mi hermano, se mudó a África hace más de veinte años, a los veintiuno, y montó su propia empresa, y ha estado viviendo allí hasta el día de hoy. Antes de que se fuera ya íbamos a Lewa de vacaciones. Mi hermana mayor, Emma está casada con Will Craig de Lewa Downs. Yo también he seguido yendo, para tomar fotos de la fauna y de las tribus que viven muy cerca de Lewa. Por ejemplo, en el norte de Kenia, cerca de la frontera con Somalia, puedes encontrar increíbles tribus como los Masai y los Samburu.

Ahora soy fotógrafo profesional, tomo fotos durante mis viajes, que incluyen una extraordinaria aventura en canoa en Canadá y un viaje a Tanzania para visitar Greystoke Mahala, una reserva de chimpancés muy famosa, construida por mi hermano Ben. Durante mis viajes documento mis fotos con un estilo periodístico. Mis obras se han exhibido, entre otros sitios, en Copenhagen, Londres y por supuesto en La Herradura. Tengo una página web desde la que vendo mi trabajo, pero también consigo ventas repartiendo mis tarjetas de empresa, mediante el boca a boca, a través de contactos de amigos y también por distribuidores de arte. También estoy creando un archivo de imágenes para mis obras. Ofrezco periodismo fotográfico, paisajes abstractos, moda y perfiles de fotografía para promocionar empresas. Las exhibiciones van aparte de todo esto.

Mi próximo viaje a Kenia será a la costa, a Malindi, al norte de Mombasa, para tomar fotos en el océano Índico y luego iré a Ruanda. Mi hermano Ben trabaja ahí en un proyecto conservacionista ahora mismo. Además es uno de mis sueños, pasar algún tiempo en las montañas con los gorilas en Ruanda. Su aura es enorme y sería un honor poder estar con ellos. Parte de mi trabajo consiste en expresar la belleza de África y lo necesario que es que la conservemos. También pienso que la educación se basa en viajar, ya que te conecta con otras culturas y te ayuda a comprender el mundo mejor.

Así que mi vida es bastante intensa, pero mi base es La Herradura. Me encanta. La verdad es que tiene *'líneas ley' por el pueblo, que son alineaciones alegadas de varios lugares de interés geográfico e histórico, por ejemplo círculos de piedras, lo que, en mi opinión, explica por qué atrae a tantos artistas, músicos, escritores y otra gente rara... gente rara e interesante. Pero además es un lugar tranquilo y de cierta manera secreto. Cuando nos mudamos aquí, conocí a gente del panorama musical y empecé a tocar con Tony Turner en un bar llamado Oasis, en Calle Real. Toco la guitarra desde los doce años. Dábamos *jam sessions* (reunión de músicos para improvisar) ahí durante las noches de verano hace unos años. Tony generalmente tocaba música folk y yo blues, tocábamos durante tres o cuatro horas cada vez, con mucha improvisación, lo que me encanta. Se unían todo tipo de personas.

No tocábamos por dinero, solo porque nos gustaba. Era genial, gente cantando, tocando el saxofón, la guitarra, el bajo... no había nada de ego. Esto luego cambió, ya que empezó a centrarse más en el dinero, pero el panorama había sido creado. La Herradura ahora es un sitio con muchos lugares con música en directo y conciertos. He

tocado con varios músicos y mi novia Victoria es una cantante fantástica, así que estamos organizando una actuación en la que también participará Charly Endres.
Mi vida se centra en el arte y en gran parte me gusta dibujar. Me encanta todo lo artístico, música, pintura, pero para mí la fotografía y el periodismo fotográfico son lo mejor. Puedes hacer muchos estilos diferentes y contar historias. En mi página web hay una foto en blanco y negro. Retrata a una persona pidiendo ayuda por teléfono sobre una roca en medio de un prado, pero cuando miras con atención puedes ver que todo a su alrededor está en llamas. Cuando tienes la información tras una imagen puedes descubrir muchas cosas. En mi opinión, si algún arte transmite un sentimiento o evoca una sensación significa que funciona. Así que no se puede decir si es malo o no.
En lo que a mi trabajo se refiere, espero poder mostrar la belleza de las cosas y educar con lo que hago. Se podría decir que hay un mensaje medioambiental en mi trabajo. Por ejemplo con los rinocerontes. Tengo una pasión absoluta por educar a la gente sobre ello. Son disparados y asesinados por tonterías. Su cuerno es un reductor de fiebre, como una aspirina, pero una aspirina funciona mejor. Pero por su escasez tiene un valor mayor que el oro. Desearía que las personas pudieran darse cuenta de lo maravilloso que es este prehistórico animal al que están empujando al borde de la extinción.
Si tuviera que describirme como artista diría que intento reflejar la verdad y la belleza de lo que veo. Como fotógrafo estoy muy influenciado por David Yarrow, un gran fotógrafo paisajista y por Steve McCurry, un increíble fotógrafo de retratos entre otras cosas y que es famoso por sus fotografías de mujeres afganas de ojos verdes, de niña y adulta. Mi inspiración se basa en un lugar determinado en un momento determinado. Por ejemplo, la luz en África es maravillosa y es muy difícil tomar una mala foto, así que en realidad depende de estar

en el lugar adecuado en el momento indicado, por ejemplo, en la luz atmosférica del atardecer y del amanecer. Podría decirse que lo que me inspira es encontrarme en un lugar que inspire.

Creo que mi mensaje general a otros es seguir buscando porque el esperar el momento adecuado o el temor pueden retenerte. Como dice una famosa cita, "Siente el temor pero hazlo de todos modos." Si tomas el paso necesario y lo haces, resultará ser mucho más fácil de lo que pensabas. Recomiendo viajar ya que cambiará tu vida a mejor. La belleza de lo que se ve en mis fotos o la belleza que verás en las tuyas es parte de tu viaje y documenta tu vida.

Al haber viajado mucho he tenido la suerte de ver muchos lugares y conocer muchas culturas, pero amo España, y particularmente La Herradura. Ha calmado mi alma. Cuando viajo me encanta volver aquí ya que tiene una sensación zen. Creo que las 'líneas ley' tienen un efecto calmante e inquietante. La gente va y viene, normalmente gente muy interesante, ya sean artísticos o agradablemente raros. El pueblo me ha cambiado de muchas formas; me ha sanado y me ha dado mucha paz.

Vuelvo andando hasta la playa y reflexiono sobre mi deseo para el pueblo. Me encantaría que La Herradura siguiera siendo secreta, pero a la vez querría que fuese reconocida por lo que es, un paraíso artístico maravilloso, pero también quiero que mantenga su encanto. ¿Sabes qué?... ¡seguro que las 'líneas ley' se encargarán de eso!"

Charlie Jackson - www.charliegjackson.com

*En 1969, el escritor John Michell revivió el término 'líneas ley', asociándolo con las teorías espirituales y místicas sobre las alineaciones de las formas del terreno, basándose en el concepto chino del feng shui.

Pasión por el Flamenco

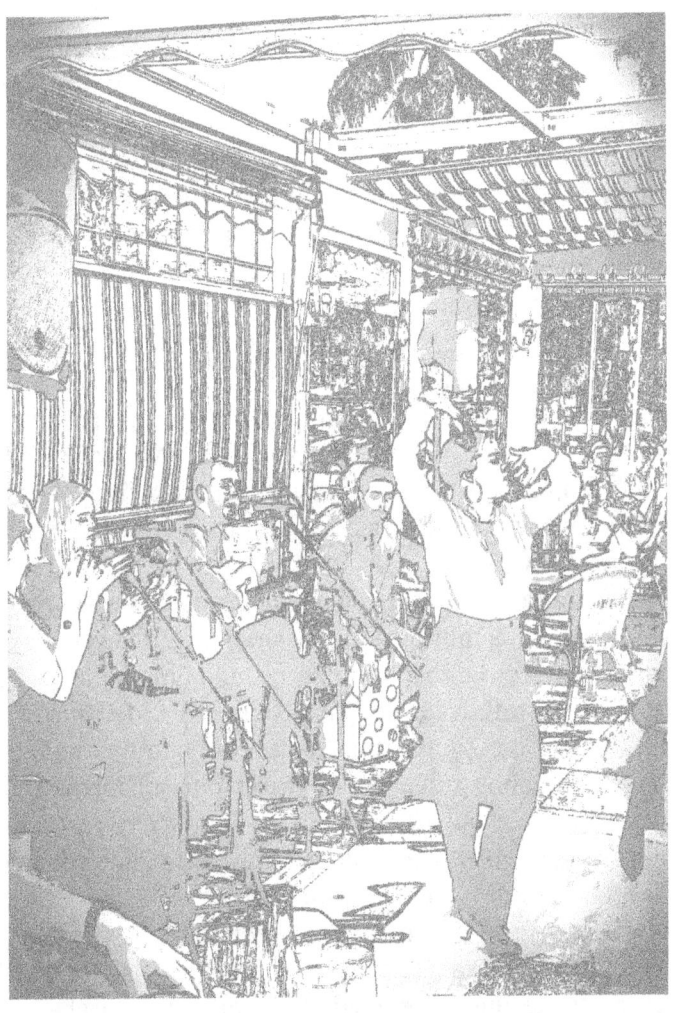

El sueño de un guitarrero

1988, conducía mi 2 CV, sin asientos, lleno de herramientas y madera, cruzando los Pirineos. Había estado trabajando en Italia durante un tiempo, pero quería visitar España en busca de flamenco. Me dirigí a Barcelona y de ahí a Madrid. Luego conduje hasta Córdoba donde participé en un curso de dos semanas con Paco Peña, un guitarrista de flamenco y maestro, muy conocido fuera de España. Se había mudado a Londres en los años sesenta y era uno de los mejores artistas flamencos allí. Fue el comienzo de mi experiencia con el verdadero flamenco. Después de Córdoba fui al sur por Sevilla, luego Ronda y pasando Nerja supongo que debí atravesar La Herradura, pero no tengo ningún recuerdo del pueblo entonces. Continué hasta Salobreña, luego a las Alpujarras. De ahí fui directo a Sierra Nevada en mi fiable coche 2 CV. Paré al pie de la cima, aparqué mi coche y caminé hasta el pico del Mulhacén. Era extraordinario. El techo del mundo en España, podía ver durante millas, incluso podía ver África. Conduje por el otro lado a Granada, que era mi destino; la misteriosa, fabulosa ciudad de Granada, llena de guitarreros con sus recuerdos de los moros, aquellos árabes de Marruecos que construyeron el famoso e hipnotizantemente bello palacio histórico y fortaleza de La Alhambra. Me quedé en Granada un mes y fue una experiencia muy romántica. Conocí a muchos guitarreros y me inspiró a hacer realidad mi sueño de convertirme en un guitarrero a tiempo completo. Al volver a Inglaterra monté mi taller e inicié mi carrera como guitarrero profesional.

Volví a España muchas veces de vacaciones, específicamente a Granada. Entonces la sensación recurrente de que quería volver para vivir y trabajar en España se volvió tan fuerte que decidí tomar este cambio de vida. Era el 2004. Mi criterio era estar en la provincia de Granada, junto al mar, cerca de un colegio internacional para mi hijo y próximo a aeropuertos. La conexión de La Herradura con Andrés Segovia y el hecho de que su presencia en el pueblo ha inspirado a un grupo de personas a organizar un certamen internacional de guitarra, respaldado por Segovia, lo hizo una elección obvia. La Herradura cumplía todos los requisitos. La competición de guitarra tiene lugar en noviembre y cada año atrae al pueblo a guitarristas de categoría y sabía que sería genial para mí conocer a esos artistas. Parte de la razón por la que esto me atraía era que durante varios años estuve acostumbrado a conocer a buenos guitarristas a través de mi trabajo como uno de los directores del Festival Internacional de Guitarra de Lewes (Lewes International Guitar Festival) en el Reino Unido. Toda mi vida se ha centrado en la música, es una parte muy importante de mi vida. No solo el flamenco sino cualquier música que ha nacido de la cultura cotidiana de la sociedad, ya sea búlgara, sudamericana, india, irlandesa. Si vuelves a la fuente original de cada país acabarás encontrando su tesoro musical – profundas expresiones de la eterna lucha humana pero también de sus celebraciones de vida. Esto me fascina.

Cuando era niño mis padres tenían una impresionante colección de música internacional, griega, mejicana, india pero también de flamenco. Recuerdo escuchar desde muy pequeño el cante jondo – cante apropiado, básico y guitarra flamenca. Encendió una chispa en mí y cuando tenía ocho años tomé mi primera clase de guitarra. Dejé la escuela a los dieciséis e inmediatamente me fui a trabajar a un taller de fabricación de muebles tradicional, iniciando así mi conexión de por vida con la madera. Me mudé de Londres con mis padres al sur de Inglaterra donde pusieron en marcha una de las primeras granjas orgánicas del país, lo que fue bastante revolucionario en aquellos tiempos. Era el año 1976. Estaba rodeado de robles y olmos enormes, era precioso. Cuando empecé a trabajar con madera fui consciente de lo que había en el interior de estos maravillosos árboles y ahí comenzó mi amor por este apreciado recurso.

Con diecisiete años leí información sobre Subud, una organización internacional de personas que comparten una experiencia espiritual basada en el comportamiento humano, fuerza interior y rendición al poder superior, ya sea lo divino, Dios, Allah, Brahman y demás. Mis padres estaban involucrados en esta organización, ¡pero en ese tiempo yo era anarquista y punk! Leer sobre la experiencia Subud despertó una necesidad de seguir un camino más espiritual en mi vida y también me trajo de vuelta a la música. Fue un momento profundo en mi vida. No había tocado la guitarra desde hacía por lo menos dos años y empecé a tomar clases otra vez. Mi maestro tenía una guitarra clásica muy bonita hecha por un fabricante de guitarras inglés. Utilizó maderas preciosas y dentro tenía su propia etiqueta. Me di cuenta de que la guitarra había sido construida por un verdadero artesano, hecha con amor, pasión y una profunda conexión con la tradición española; no hecha en una fábrica. Ahí es cuando supe que quería construir guitarras. En 1985. Participé en un par de cursos de guitarreros e incluso trabajé para un fabricante de violines en Inglaterra. A los diecisiete o dieciocho años fui reintroducido a la música flamenca, la escuché en alguna parte y fue como si la música hubiera estado conmigo todo ese tiempo. La reconocí en un nivel profundo y fue un momento muy extraño en mi vida, escuchar la música que tanto había escuchado siendo un niño. Me obsesioné por completo con el flamenco. Para el año 1988 ya había construido mi primera guitarra flamenca, que me llevé la primera vez que fui a España. En España de verdad empecé a empaparme de los talleres españoles. Era como un peregrinaje. El olor a cedro, ciprés y palisandro intoxicaba. La cola de madera caliente, el alcohol y el abrillantador francés entraban por todos mis sentidos e incitaban mi gran amor por desarrollar mi propio taller. Me encanta la conexión entre el material crudo y el resultado final.

Consigo mi madera de Madrid o Valencia, pero viene de todo el mundo – los Alpes suizos, el sur de la India, Brasil, Centroamérica, Canadá, África, incluso Inglaterra. Diferentes guitarras piden diferentes tipos de madera. Tradicionalmente la guitarra flamenca está hecha de ciprés español en la parte de atrás, de pícea alpina o pino en los lados, ébano de la India o África en el diapasón y cedro sudamericano en el cuello. Resulta bastante interesante desde mi punto de vista que alrededor de 1850, la diferencia entre una guitarra clásica y una flamenca fuera puramente una cuestión económica. La nobleza no tocaba flamenco sino transcripciones de Tárrega, música de Granada en caras guitarras de palisandro brasileño. No de ciprés español ni pino barato de la guitarra flamenca. El flamenco era la música de los pobres.

Me encanta trabajar con las manos para crear algo que considero de profundo valor en la sociedad actual, es decir, un instrumento musical. Cada guitarra es diferente y muy personal. Está firmada, fechada y numerada en la etiqueta. A veces les pongo nombre si me ha inspirado algo en particular durante su construcción. De tiempo en tiempo se siente magia. Una guitarra para un cliente es algo muy personal. Es como un matrimonio concertado, recibir una guitarra que fue encargada hace un año y de repente está ahí, esperando a ser tocada por el guitarrista, quien entonces en su turno puede transformar esa guitarra a un nivel elevado tocándola o abandonarla haciéndola sufrir. Es un proceso que fluye.

Creo que el sonido de una buena guitarra española tiene un efecto singular sobre el psique humano; evoca misterio, tristeza, dolor, amor y también alegría sublime. Siempre estoy buscando el sonido perfecto. Mi inspiración viene del amor a la materia prima, sus posibilidades tonales y directamente del que toca. El comprador es parte de mi inspiración para construirla.

Antes de empezar una guitarra tengo una conversación con su futuro dueño. Mi taller es como un santuario, un lugar sagrado donde puedo trabajar y crear. Antes solía trabajar en aislamiento, solo, en ocasiones sin dejar el taller durante dos o tres días. Entonces alguien me preguntó si podría enseñarle a fabricar una guitarra. Fue en 1993. Me convertí en maestro y tuve mi primer alumno. Eso lentamente se convirtió en el Instituto Europeo de Construcción de Guitarras (European Institute of Guitar Making). Enseñar es ahora una parte importante de lo que hago. He recibido a personas del mundo entero que quieren vivir la experiencia de trabajar en España y construir su propia guitarra. Tradicionalmente puede ser difícil encontrar alguien dispuesto a compartir el misterioso arte de la construcción de guitarras ya que generalmente se pasa de padre a hijo. Aun así, mi filosofía es que si me guardo todo este arte para mí podría morir conmigo... quizás mis hijos no quieran seguir mis pasos. Siento que es mi responsabilidad ofrecer al mundo el reconocimiento de una hermosa tradición.

A través de mis cursos atraigo a mucha gente al pueblo, con frecuencia vienen con sus parejas y les encanta pasar un mes en este acogedor y precioso pueblo. Algunos de ellos incluso se quedan y construyen aquí sus vidas, normalmente convirtiéndose en amigos cercanos para mi mujer y para mí. La Herradura ha cambiado mi vida. Aprecio la forma de vida española. Es tan tranquila y carente de estrés. Al principio cuando llegué aquí, pasé medio año trabajando en las montañas en la pequeña aldea de El Rescate. En la antigua carretera de La Herradura a Nerja coges la salida de Cuesta de Marchante a la derecha. Un camino rural y pintoresco conduce monte arriba y por encima de la montaña, un viaje que pone un poco los vellos de punta, pasando la aldea de El Cerval donde puedes visitar un santuario pequeño y encantador. El entorno natural es impresionante. Cada curva en la carretera te deleita con numerosas joyas de la naturaleza hasta llegar a la aldea llamada 'La Joya de Rescate'. Unas cuantas curvas más y llegas a lo que antes era el centro de la zona, El Rescate, que está cerca de Peña Escrita, los picos de los cuales el río Jate fluye por el valle.

Fue una experiencia maravillosa, contactar con algunos de los pocos vecinos que siguen viviendo allí. Durante el auge del turismo en los setenta y ochenta muchos se habían marchado, en ocasiones abandonando sus casas, por trabajo en el pueblo. Me dijeron que durante los años cincuenta, sesenta y setenta fue el centro de todo área con una tienda, un bar, un molino de aceite; una comunidad autosuficiente comerciando con la costa, intercambiando pescado, huevos, harina, etc. La gente bajaba a La Herradura y por las montañas a Almuñécar en mulas. La vida en El Rescate era rica pero dura en aquellos tiempos. Hablé con los vecinos sobre mi romántico punto de vista sobre la vida como artesano en una aldea, preguntándome cómo alguien podría renunciar a una vida paradisíaca por un trabajo en la costa. Me explicaron que a veces los cultivos fallaban y que entonces no tenían suficiente para comer. Y también que el agua que bajaba del manantial por encima del pueblo a veces se secaba durante el verano y tenían que bajar al río Jate para coger agua. Podía ser duro. Me di cuenta humildemente que mis románticas ideas no eran muy realistas. No tenía ni idea de lo dura que podía ser la vida y que vivir en un pueblo con agua corriente, comida en los supermercados y con trabajo en los sectores de la construcción o el turismo eran una opción lógica. Aun así, debido a que la economía se ralentizó, actualmente existe un resurgimiento de vida en las aldeas de las montañas. Algunas personas parecen darse cuenta de lo que tenían, una oportunidad para trabajar el campo y de ser autosuficientes. Hoy en día la vida es un poco más fácil ya que la gente tiene coches 4x4 a su disposición.

Ahora también tengo mi taller en el pueblo. La Herradura se ha portado bien conmigo. Aparte de montar mi taller me he vuelto a casar y a ser padre de una niña preciosa. Criamos a cuatro hijos entre los dos. Mi esposa Marjolein y yo, hemos participado en varios proyectos como el *'Starfish'* para darles a los niños una oportunidad para crear música y el proyecto del 'Eco Huerto', una fuente educativa para que los niños comprendan una manera equilibrada de ver la vida, especialmente la habilidad de trabajar en el campo simultáneamente con nuestras otras carreras.

También organizo *Maestros de la Guitarra*. Invitamos a guitarristas clásicos de categoría a La Herradura para dar conciertos. No estoy oficialmente involucrado en el festival de Andrés Segovia, pero extraoficialmente he estado en contacto con casi todos los participantes. La organización es un asunto muy local y hacen un trabajo fantástico. No obstante, me gustaría verlo convertirse en un festival más grande, atrayendo a más gente al pueblo, con clases maestras, conciertos y la competición. A través de los contactos que he hecho durante el festival de Andrés Segovia fui invitado hace unos años a Moscú y ahora soy uno de los mecenas de la Competición Internacional de Guitarra de Alexander Frauchi, donde los ganadores reciben una de mis guitarras como parte del primer premio.

Siento que estoy llevando a cabo mi destino. Es algo que me gustaría inspirar a los demás también - encuentra tiempo, antes de que sea demasiado tarde, para desarrollar tu lado artístico, que sea la música, trabajar con las manos, cualquier cosa que te inspire... equilibrándote. En mi opinión, cada persona en este planeta tiene un talento especial y es importante intentar descubrir esos talentos entre la niebla de ganar dinero, la vida familiar y todo el estrés y los estragos de la vida moderna. En ocasiones puede parecer difícil ya que con frecuencia nos trabamos en un círculo de ganar dinero y todas las cosas que tenemos que hacer para sobrevivir. Pero podemos cambiar nuestros valores; apreciar lo que tenemos; encontrar un momento de paz; conectar con la naturaleza; buscar tiempo para hablar con un vecino y llegar a los demás. Creo que La Herradura hace que esto sea posible para las personas y yo siento que se convertirá más y más en un pueblo donde la gente viva de corazón y realice sus sueños. Como yo, viviendo el sueño de un guitarrero.'

Stephen Hill - www.europeaninstituteofguitarmaking.com

En mente, cuerpo y alma

Empieza a ajetrearse el restaurante. La mayoría de las mesas tienen un cartel de 'reservado'. Los músicos están ocupados montando los instrumentos. Se monta un pequeño tablao de madera detrás de las cuatro sillas de los artistas. Es domingo por la tarde y casi las dos, la típica hora de comer en España, y la gente empieza a pedir su comida. Los camareros son rápidos y simpáticos. Es un evento que tiene lugar cada tarde del domingo en Las Maravillas, en el paseo donde Pablo Escudero y otros músicos crean un espectáculo de flamenco. Su pareja Diana le acompaña cantando y con las palmas. Hoy es una sesión de fusión con un violinista talentoso. Pablo canta y toca la guitarra mientras una chica bonita vestida de flamenca se prepara para bailar hasta entrar en los corazones de los espectadores cautivados. 'Olé'.

La historia de Pablo

"Mi amor por el flamenco viene de mi abuelo Manolo Escudero. Era cantaor de flamenco y tiene cinco discos a su nombre con una importante discográfica española. Tocó con cantaores famosos, por ejemplo, Juanito Valderrama, Lola Flores o Imperio Argentina. Mi abuelo se ganaba la vida como cantaor. Era famoso y también apareció en la televisión, pero nunca se me permitió asistir a sus espectáculos ya que se divorció de mi abuela antes de que yo naciera. Aun así, él fue la razón por la que me introduje en el mundo del flamenco. Dejó una guitarra para mí en la casa de mi abuela. Si hubiese dejado un piano u otro instrumento, quizás mi vida sería distinta. Pero no lo hizo y consiguió que me interesase por el flamenco. Posiblemente se podría decir que lo llevo en la sangre. Ahora transmito este amor por la música a mi hija de mi anterior matrimonio, que es muy buena aficionada con tan solo nueve años.

Empecé a tocar la guitarra en serio a los diez años. Tuve grandes profesores, entre ellos Juan Maya Marote. Con los años formé parte de un grupo de cantaores bastante conocido en Granada con Iván Vallejo. Más adelante participé en un proyecto con el ayuntamiento de Motril, que daba oportunidades especiales a niños de las escuelas de zonas desfavorecidas proporcionando clases de baile, canto y música con instrumentos de percusión o guitarra. Yo escogí la guitarra. Tenía catorce años. Fue una gran experiencia y en algún momento se juntaron a los alumnos más avanzados de tres o cuatro distritos. Yo estuve en ese grupo unos tres años y aprendí mucho sobre el flamenco, como acompañar a otros y como tocar o cantar 'pa atrás'. Esto se refiere a tocar mientras alguien baila. Dicen que si un cantaor sabe llevar la voz principal también tiene que ser capaz de cantar de fondo. Realmente es difícil porque dependes del bailaor. El bailaor es el que decide. Necesitas coger el ritmo del bailaor. Si se te da bien tocar y cantar de fondo entonces también sabes cómo ser un buen cantaor principal. Me encanta tocar la guitarra pero me considero principalmente cantaor porque he cantado más. El flamenco ha sido un factor dominante de mi vida. Siempre lo he escuchado y recuerdo que con doce o trece años me dormía con el disco aún sonando.

Desde que me vine a vivir a La Herradura mi vida se ha vuelto más referente al flamenco. Este pueblo inspira. Nací en Motril pero mi pareja actual, Diana es de La Herradura y fue la razón por la que me vine aquí. El pueblo me ha conquistado en todos los aspectos. Aparte del hecho de que me encanta vivir cerca de la playa y de poder ir a pescar con un amigo, hay un gran grupo de músicos con quien quedar y tocar, todos con sus propios estilos musicales distintivos y particulares. Son holandeses, españoles, ingleses, alemanes, cubanos... Esta variedad y nivel de talento es poco habitual para un pueblo tan pequeño. De suma importancia es el hecho de que se nos permita tocar música en directo en bares y restaurantes, no solo en discotecas y salas de música. El apoyo del gobierno local por el arte en todas sus formas realmente me llamó la atención y hace que sea fácil vivir como músico y conocer y tocar con otros.

Gracias a La Herradura he podido realizar mi sueño. Antes de venir aquí tuve que aceptar aparte otros trabajos para poder sobrevivir, y trabajé como fontanero. La música solo podía ser mi hobby. Ahora puedo dedicar todo mi tiempo a mi pasión, ¡el flamenco! ¡Soy un músico a tiempo completo! Estos últimos años, mi capacidad de tocar la guitarra y de cantar, ha experimentado una fantástica evolución y siento que he crecido como artista. Con la ayuda de Diana siempre estoy involucrado organizando o participando en espectáculos flamencos. El pueblo me ha ofrecido muchas oportunidades y estoy muy contento y agradecido por ello.

Es fácil sentirse inspirado aquí con la preciosa luz, el aire limpio y la agradable temperatura, pero también por el legado de 'El Ruso'. Originalmente, personas del círculo del flamenco en Granada no les daban mucha importancia a los cantaores de la costa. 'El Ruso' definitivamente jugó un papel importante a la hora de cambiar eso. Ganó muchos concursos en Andalucía y se le tenía mucha estima y respeto en el mundo del flamenco. Cantaba un tipo de canción malagueña-granadina pero también actuaba representando algunos fandangos típicos de La Herradura. Nunca llegué a conocerle personalmente pero todos los años hay un evento especial en homenaje a él aquí en el pueblo, en el que he participado. Hoy en día, muchos jóvenes están interesados en la rumba y el flamenquito que son estilos más modernos, pero a mí me gusta conservar el flamenco puro del estilo de 'El Ruso' y quiero centrarme en eso. Me gusta la soleá, el cante puro, la malagueña y pretendo transmitirlo para que no se pierda. En el flamenco hay cerca de cincuenta palos diferentes, pero luego también está el estilo del artista y la influencia geográfica sobre estilos. Cuando lo sumas todo, hay unos doscientos estilos distintos. Aprenderlos todos lleva una vida y nunca puedes dejar de aprender. Las canciones venían del corazón y aparecieron los distintos palos. Por ejemplo, el martinete y la seguiriya son canciones que se solían cantar en la prisión y las letras podían ser sobre una madre incapaz de visitar a su hijo en la cárcel. Eran canciones contra la sociedad y contra la opresión. Más adelante el flamenco fue influenciado por típicas canciones folclóricas de personas que labraban el campo, también de las áreas montañosas y estas canciones eran sobre el amor y el dolor, la temática de los pobres y los gitanos.

El flamenco tiene más historia de la que muchos perciben y la mayoría de la gente cuando piensa en flamenco inmediatamente piensa en gitanos. En España, el flamenco forma parte de la cultura gitana. El flamenco fue mencionado por primera vez en 1774, pero como vinía especialmente de las clases sociales más pobres, y en aquella época la gente era analfabeta, la tradición ha pasado de boca en boca. Se piensa que el arte flamenco se originó de una tribu hindú en India, durante la guerra huyeron de la zona y se dividieron. Algunos fueron a Europa, como a Rumanía, Bulgaria, Francia y Alemania, donde desarrollaron un estilo de música que usaba muchos violines; otro grupo fue a África y de ahí a España. Al parecer, 'gitano' es una palabra que significa: persona que viene de Egipto. En aquellos tiempos, España era un país muy católico y se perseguía a los gitanos. En los siglos XVII y XVIII ya había muchos gitanos en Andalucía, algunos de los cuales se refugiaron en cuevas en las montañas. Eran muy pobres y se relacionaban con otras minorías como los musulmanes, cristianos y judíos. Vivieron pacíficamente juntos durante 200 o 300 años. Influencias de otros tipos de música judía y gregoriana, cambiaron el sonido original. En España el flamenco también se desarrolló en una combinación de cante, música de guitarra y danza. La mezcla de culturas influenció enormemente al flamenco, pero generalmente era una canción de protesta.

Ahora estamos trabajando en un espectáculo llamado Trascendencia del Flamenco y trata sobre la evolución del flamenco en el que la gente se introducirá en su historia a través de palos que tocaremos en orden cronológico. En este espectáculo podremos contar con la participación de un gran cantaor llamado Juan Pinilla, que es una autoridad en el mundo del flamenco.

Aunque el flamenco puro es lo mío, también me gusta mucho la música fusión. Actualmente estoy trabajando junto a otros músicos en otro espectáculo que es una mezcla de música árabe con flamenco llamado Mestizaje Andalusí que incluye instrumentos como el violín. Sigue conteniendo mucha de mi música favorita, el flamenco, no podría ser de otra manera, y me alegro que en el año 2015 hayamos participado en el Festival de Jazz de Nigeria que se llama Jazz Lagos Series. Se puede decir que el flamenco está en mi mente, cuerpo y alma."

La melodía del violín se une al cante de las cuerdas de la guitarra. La voz de Pablo cautiva al público. La gente escucha y mira con fascinación. La música se vuelve más intensa, los rápidos movimientos de los pies de la bailarina sobre el tablao de madera son hipnotizantes y la atmósfera es radiante y eléctrica. La voz de Pablo llena la zona de cafetería del restaurante y más allá. Los viandantes se paran a escuchar el espectáculo flamenco a la vez que el viento se lleva su voz y la música a los establecimientos vecinos. Palmeo rítmico, veloces movimientos de las cuerdas de la guitarra y los delicados giros del colorido vestido de flamenca acompañan la intrigante música del violín... para después calmarse casi hasta silenciarse, una danza lenta, muy controlada y contenida pero llena de fuerza y pasión, que después de unos largos minutos, vuelve a convertirse en un ritmo acelerado, finalizando con un alegre clímax musical de cante, baile y guitarra ... ¡Olé !

Pablo Escudero
https://www.facebook.com/pablo.bravo.9022

Mi vida es flamenco

Voy de camino a la Plaza Nueva, la plaza principal del pueblo para encontrarme con Olga Rodríguez Garciolo. Entro en la calle Las Flores y giro inmediatamente a la derecha, pasando por el taller de guitarras artesanas de Stephan Hill. Unas casas más adelante sonrío a las flores de cerámica, hechas por Rosario González Torres, bajo la estatua de Pepe Gámez en la calle Canalejas. A unos diez metros hacia la derecha hay unas escaleras que bajan a la plaza central del pueblo. Es un espacio abierto bastante amplio con un escenario permanente de piedra rodeado por modernos bloques de apartamentos y tiendas. Durante el día puede parecer un poco abandonado pero los domingos y los meses de verano hay agitación por las mañanas delante del pequeño puesto de churros. Los churros, un dulce tentempié de masa frita muy querido en España. Mojados en chocolate caliente para ese punto extra de dulzura. A lo largo del año la plaza cobra vida por las tardes cuando las madres del pueblo salen a charlar mientras sus hijos juegan y corren sin peligro por la plaza. El escenario también se usa mucho para las fiestas locales, conciertos y espectáculos. Cada viernes hay un mercadillo en la plaza, que se reduce a tres o cuatro puestos durante el invierno, pero es mucho más animado en verano cuando el pueblo vuelve a la vida generalmente con turistas españoles. En julio y agosto la plaza se ilumina con numerosos puestos de artesanía exhibiendo sus artículos artesanales por las tardes.

Olga es una joven y guapa chica herradureña, apasionada por el baile. Recuerda que ya bailaba a los tres años. Su madre solía bailar mucho y eso sin duda influenció a Olga. Recibió clases de baile de una maestra de flamenco hasta los dieciséis años y entonces fue a una academia de baile en Almuñécar. Aparte de eso, Olga participaba en muchos cursos por toda la región. Lleva varios años siendo maestra de baile. Para ello ha creado una asociación en La Herradura en la que da clases cuatro días

a la semana en el centro cívico, a niños a partir de tres años y mayores. Su estudiante más veterana tiene setenta años. Olga enseña una variedad de danzas, no se limita solo al flamenco puro. También enseña sevillanas, alegrías, tango, bulerías, guajiras, soleá, de todo, incluyendo fandangos, tanguillos y farruca. Ha formado un grupo de baile para adultos llamado Alma Flamenca que ya ha actuado en por ejemplo Barcelona o Marruecos, aparte de en otros muchos pueblos y ciudades. Este grupo también actúa en hoteles, fiestas locales y privadas. Está formado por treinta chicas, pero no todas actúan. Algunas solo acuden a clases porque les gusta aprender a bailar. Además de actuar frente a un público en vivo y en directo, el grupo continúa su aprendizaje de flamenco en Málaga.
A Olga le encanta lo que hace. Bailar le proporciona felicidad completa y ver a niños que empiezan a apasionarse por el flamenco es una alegría. "Es como si fuéramos una gran familia" dice Olga. También hay niños extranjeros en las clases y se integran muy bien.
Le pregunto de dónde saca la ropa de flamenco para sus actuaciones. "Una modista nos ayuda a crear los vestidos para las actuaciones. Le digo lo que necesitamos, como pantalones o vestidos y luego ella los hace" cuenta. Cada año, en abril o mayo, hay un día de actuaciones por parte de todos los estudiantes, tanto los jóvenes como los adultos. Siempre es un gran evento que encanta a todos. En La Herradura no existe una tradición de la danza flamenca, más bien de cante, y 'El Ruso' es un buen ejemplo de ello. Durante las fiestas la gente bailaba, pero solían ser fandangos cortijeros que es un tipo de sevillana para mujeres y hombres. No es exactamente como el flamenco, pero los dos tienen mucho en común.
A Olga también le gusta cantar y está aprendiendo a mejorar sus habilidades con la guitarra. Forma parte de 'La Chirigota'. Es un grupo formado por músicos y cantantes que actúan durante el carnaval y cantan en las calles ofreciendo cómicas coplas a los vecinos. En los

carnavales también hay un concurso de cante para este tipo de coros. La Chirigota siempre participa pero también participan grupos de otros pueblos. Al preguntarle a Olga de dónde saca su inspiración me cuenta que siempre ve programas de baile, personas que bailan en general. Acude a espectáculos y pasa horas en YouTube viendo las novedades del flamenco en todo el mundo. Le fascina el flamenco y le alegra transmitirlo en sus clases. Se siente satisfecha en su vida, pero no ve su carrera de baile como una profesión a tiempo completo. Le encantan los niños y enseñar a los niños a bailar sin duda le resulta gratificante, pero también estudia educación infantil. Explica cómo la enseñanza a niños en general le aporta mucho más de lo que ella da. El grupo de danza y las clases son parte de una asociación, y esto significa que Olga no se gana la vida con ello. Es peluquera y trabaja en una de las peluquerías locales. Aun así, su sueño es que cuando termine los estudios podrá combinar el trabajo en una guardería con las clases de baile y actuaciones. Espera que algún día haya una escuela oficial de danza en La Herradura.

Tiene que marcharse corriendo ya que es una chica atareada. Otra clase de danza que impartir, sonrisas en las caras de los niños, madres orgullosas viendo a sus pequeños. Su entusiasmo ha sido contagioso y una pequeña danza aparece en mi andar mientras me dirijo a casa por las estrechas calles de La Herradura.

Olga Rodriguéz Garciol

Flamenco, una pasión familiar

Todo el mundo tiene una historia que contar aunque a primera vista no podamos captar los interesantes recorridos de la vida de otros seres humanos. La había visto muchas veces en las calles herradureñas y en la Ecotienda detrás del colorido parque infantil. Ana María Aneas es una mujer con una historia y una pasión, que revela cuando comienza a hablar...

"Llevo viniendo a La Herradura desde que era un bebé ya que mi abuela era de aquí y mi abuelo de Almuñécar y aunque habían vivido en muchos sitios, siempre volvían a La Herradura. A mediados de los sesenta mis padres construyeron una casa aquí. A mi abuela le gustaba tanto su pueblo que lloraba cuando tenía que volver a Madrid; con 90 años decidió quedarse, no hubo manera de convencerla de regresar a la ciudad.

"La Herradura siempre ha sido un lugar importante en la vida de mi familia. Viví aquí de 1997 a 2001, primero trabajé como periodista en la televisión de Almuñécar y luego creé un Centro de actividades educativas medioambientales en La Herradura, desde el que organizamos campañas de concienciación medioambiental por las playas de La Herradura, Cantarriján y Marina del Este en colaboración con La Tenencia de Alcaldía. También realicé talleres de formación y rutas de conocimiento ambiental en la zona. El tema de conservar la naturaleza ha sido una constante en mi vida".

Ana estudió periodismo con la especialidad en comunicación audiovisual y ha trabajado en el campo de la comunicación compaginándolo siempre con su pasión, el flamenco.

Empezó a estudiar danza española con nueve años en el colegio, pero pronto acudió a academias de baile y más adelante al Centro Coreográfico Internacional Amor de

Dios en Madrid, para profundizar en el flamenco; ha tenido el privilegio de tener grandes maestros como Manolete de Granada, Merche Esmeralda de Cádiz, Guito y Paco Fernández del conservatorio de Madrid, cursillos con Antonio Canales de Sevilla...

Su tía, Ana Esmeralda, famosa bailarina y actriz, ha sido un referente para ella. Con su propia compañía actuó en grandes teatros del mundo por Inglaterra, Rusia, Brasil, Persia y más, fue actriz protagonista en unas doce películas - entre otras El Amor Brujo, Bronce y Luna, La Casa de la Troya - algunas premiadas, por ejemplo, en el Festival de Venecia. El productor de cine brasileño, Mario Audra se enamoró de ella y la siguió en sus giras hasta conseguir el sí quiero. Ana Esmeralda creó la Asociación de Cultura y Arte Flamenco que ha contribuido a difundir el flamenco y nuestra cultura en diversos países. La madre de Ana, Paz, catedrática y amante de la pintura, la literatura y la arquitectura, ha sido otra de sus referencias y quien le inculcó el interés por la cultura desde niña.

El Arte y en concreto el flamenco fue siempre importante en su vida y ha trabajado en campos relacionados con la danza como por ejemplo el INAEM (Instituto Nacional de las Artes Escénicas y la Música). Como periodista ha escrito y realizado también reportajes sobre danza y flamenco.

"Mi interés por la danza flamenca comenzó desde muy pequeña; recuerdo sentirme fascinada cuando contemplaba las fotografías y cuadros de flamenco de mi tía. Su enorme vestidor era un sueño para una niña. Mi padre solía escuchar flamenco en casa; cante hondo de grandes artistas del flamenco, también música clásica, recuerdo también emocionarme con la guitarra de Paco de Lucía en vivo a los once o doce años.

"Cuando estudiaba baile flamenco quería averiguar más, saber más sobre los palos, las letras y sobre los orígenes del flamenco. Durante una época pasé muchas veladas en el Sacromonte granadino porque quería empaparme de flamenco en una de sus cunas. También tuve la suerte de asistir a veladas flamencas en el Candela de Madrid con maestros únicos como Enrique Morente, Paco de Lucía, o con artistas de la talla de Rafael Requeni, Duquende...eran veladas muy especiales donde se alterna el flamenco con la charla distendida, lo que da lugar a momentos de inspiración única. Es muy bonito también acudir a una actuación en directo para ver las nuevas creaciones en música, cante y baile"

Andalucía es la cuna del flamenco y ciudades como Granada, Cádiz, Jerez y Sevilla están empapadas de su historia; Madrid también puede presumir de una gran comunidad flamenca y como en Andalucía, hay bastantes lugares para disfrutar de una velada flamenca; teatros, tablaos -lugares donde se cena o se bebe mientras disfrutas de un espectáculo lleno de fuerza, arte y sabor de esta cultura- En este mundo también son muy populares las peñas, espacios donde se reúnen aficionados al flamenco y donde las artistas se promocionan. No son negocios sino más bien asociaciones culturales cuyos gastos de alquiler son compartidos entre los socios y en ocasiones reciben ayuda del gobierno para promocionar el flamenco. Se organizan actuaciones con reconocidos artistas o con jóvenes promesas y se dan fiestas flamencas que a veces duran hasta altas horas de la madrugada, suelen surgir espontáneamente por lo que no siempre suceden. Otro aspecto importante de las peñas es la organización de certámenes de flamenco. Algunos de estos concursos son muy reconocidos, con premios importantes y han facilitado a muchos artistas hacerse un hueco destacado e importante en el mundo del flamenco, como 'El Ruso', el famoso cantaor de La Herradura.

El flamenco se ha desarrollado de diversas maneras y a menudo es descrito como un árbol con muchas ramas, similar a un árbol genealógico. Estas ramas se denominan palos; las bulerías, la alegría, la soleá, el fandango, la taranta y muchos más. Las palmas son una parte importante de los cantes. En el baile flamenco como tal, *bulerías, alegrías, soleá, seguiriya*... los movimientos son diferentes en cada coreografía y artista, aunque tengan estructuras comunes como la llamada al cante, el *zapateado*, el *cierre*, etc. Las 4 sevillanas en cambio son básicamente las mismas en todos lados, por eso son tan populares, aunque no se consideren flamenco puro. Una actuación puede, por ejemplo, empezar con una *alegría* que es una música animada con *palmas*, para continuar con el *baile*, que es la parte donde la bailaora se mueve elegantemente al ritmo de la música, luego viene el *silencio*, más lento y espiritual, seguido del *zapateado*, que después se convierte en la *rosa*, con un ritmo más alegre para finalmente acabar por *bulería*, con un ritmo más rápido y enérgico.

Los palos tienen su origen en diferentes ciudades como por ejemplo la *malagueña* de Málaga, la *granaina* de Granada, la *bulería* de Jerez y la *soleá* de Sevilla. En La Herradura se canta el *fandango cortijero*, originario de las cortijadas de los montes de la Costa. 'El Ruso' era un gran exponente de este tipo de cante además de palos más conocidos. La música folclórica de esta zona es estilizada y elevada por grandes cantaores evolucionando a un flamenco puro y profundo. El flamenco como el jazz se presta a improvisar mientras se canta, toca o baila, como una conversación a varias voces.

El flamenco siempre ha estado presente en La Herradura. 'El Ruso' era un gran cantaor de la tierra, sus padres cantaban y también aprendió de grandes figuras. Le conocí personalmente y la primera vez que le vi actuar era muy niña, impresionándome con su voz destacando entre el sonido de las olas de mar, perdurando hasta hoy un emocionado recuerdo. Otro gran cantaor de flamenco que vive entre La Herradura y Almuñécar es Rafael Muñoz, con una larga trayectoria artística y ganador también de importantes premios."

Ana María Aneas formó en La Herradura un grupo flamenco con Carmen Lara (cante y baile) y Rafael Hoces (guitarra) y luego uno de fusión *Flamencos en La Herradura* con Graham Emes y Stephen Hill, componiendo los guitarristas temas propios e incluso ella misma algún tema con música y letra. Ha bailado de forma profesional en las Compañías de María Velázquez y Ana Esmeralda. La mayor parte de su vida profesional ha estado relacionada con la comunicación, la cultura y el flamenco.

"En 2007 nos vinimos a La Herradura, con la prioridad de criar a nuestro hijo dedicándole el tiempo necesario y en un entorno natural. Abrí el herbolario eco tienda, un negocio que encajaba con mis principios de sostenibilidad.

Mi vida sigue centrándose en el flamenco y la comunicación y también siento un interés muy especial por los temas sociales; entrevisté a algunas personas para un documental en Granada, que me permitió ver la pobreza, y los estragos de la droga en los barrios marginales, me impactó mucho e hizo que quisiera luchar por la justicia social, por contribuir a crear una sociedad más justa. Siempre he tenido la esperanza de que las cosas pueden cambiar a mejor para la gente.

La Herradura es un bonito lugar para estar y no solo por las influencias del pasado de grandes artistas y mentes. Una persona que ha hecho mucho por el pueblo es José Luis Merino. Tenía una casa en Cerro Gordo y dirigía un grupo de teatro en el pueblo. Él es un conocido director de cine y escritor y director teatral con una extensa obra. Dirigió entre otros El Vagabundo y La Estrella con Ana Esmeralda como protagonista.

Mi sueño para La Herradura sería lograr que el pueblo disfrute de una destacada escuela de flamenco, con clases de cante, baile, guitarra, percusión.... además de películas, libros de flamenco y revistas donde la gente pueda disfrutar y formarse implicando también a nuestros niños y jóvenes; una escuela viva en que se creen también espectáculos de flamenco y de teatro flamenco que puedan darse a conocer dentro y fuera de España, quiero también formar parte de ello.

El flamenco es parte de este pueblo; lo ha sido y lo seguirá siendo. La Herradura ha atraído a cantidad de artistas a lo largo de los años, tanto españoles como extranjeros y continuará haciéndolo; merece ser conocida por su belleza, su legado histórico y su futuro lleno de promesas."

Ana Maria Aneas Pintado

Vivir el sueño en color

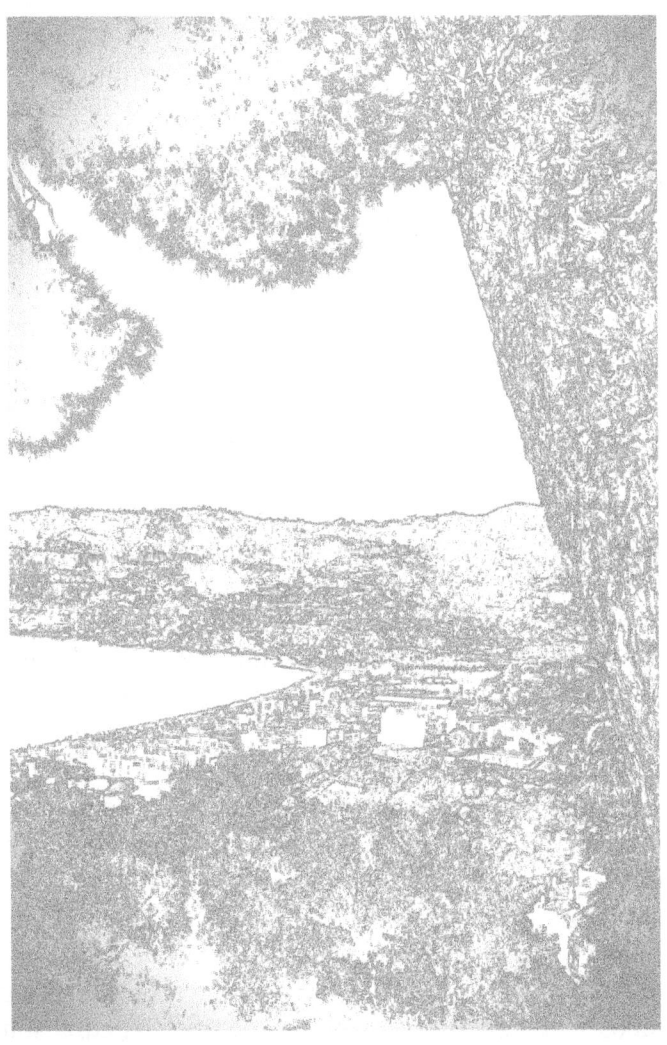

Políticas americanas

Vive cerca del cementerio, un maravilloso lugar lleno de paz y silencio. Un lugar donde españoles rinden homenaje a sus seres queridos fallecidos y donde los guiris, (extranjeros) pueden asombrarse de su tranquilidad, su belleza y la inusual forma de poner a descansar a aquellos que han pasado a mejor vida. Pues aquí, en filas emparedadas hay huecos justo con la medida de un ataúd. Cuando alguien muere, el ataúd se coloca en uno de estos espacios en la pared para luego ser sellado con cemento y yeso. Se coloca una placa con el nombre del fallecido, su fecha de nacimiento y el de la muerte en la tumba sellada. Las familias de los fallecidos crean pequeños altares delante de las lápidas, generalmente con una foto, flores artificiales o frescas o a veces con un objeto específico. Visitar el cementerio es una experiencia humilde. Los fallecidos parecen hablar a través de sus fotografías descoloridas, un momento de regreso al pasado.

Anna DiGesu sonríe cuando nos encontramos. Es una mujer inspiradora y todos la conocen en el pueblo. No es que se relacione mucho. Necesita su paz y privacidad para poder pintar. Es su pasión y su elección de vida. A diario te la puedes encontrar montando en su bici por el pueblo haciendo la compra o simplemente disfrutando de la brisa en su deslumbrante, expresivo, narrador rostro. Nos sentamos en una cafetería en la acera para poder contemplar el mar. Es un tranquilo y soleado día de invierno. Pedimos un té, un café y Anna comienza a hablar.

"Nací en Long Island en los Estados Unidos, hija de inmigrantes italoamericanos. En los sesenta estaba en un mal estado mental. La situación política de los Estados Unidos realmente me afectó. No me gustaba en absoluto el camino que estaba tomando América, habiendo desarrollado su poder a través del ejército. La guerra de Vietnam y las muertes de los hermanos Kennedy se añadían a mis preocupaciones. Era doloroso. Pensé

¡Necesito salir de aquí! Una noche estaba viendo la televisión y vi un programa sobre un hombre trajeado hasta arriba, bailando con su reluciente sombrero flamenco de color gris. Su cuerpo no se movía, solo sus pies, increíblemente rápido y habilidoso. Tendría unos setenta y tantos y estaba en muy buena forma, parecía tan vibrante, tan lleno de vida. Entonces, una mujer vestida con un tradicional traje de flamenca comenzó a bailar usando sus castañuelas. También cantaron y me fascinó. Me dije: *¡Allí es donde iré!*

Vine a Almuñécar, la provincia de Granada en 1967 y me quedé veintidós años. El mar me hablaba, las hojas de los árboles me susurraban... *aquí vivimos, aquí morimos y volveremos a nacer.* El cielo era acogedor, la luz del mediterráneo inspiradora. Los años desde finales de los sesenta a los noventa poseían una atmósfera maravillosa y el entusiasmo de un valioso cambio. Cuando un país progresa desde un bajo nivel de desarrollo existe una energía de vitalidad palpable. Me encantaba. Sentía su historia, su presente y sus esperanzas para el futuro. También me encantaba la gente – eran tan compasivos. Se volcaban para hacerme sentir como en casa con sus *mi casa es tu casa*. Estos fueron los años más felices de mi vida."

"Fue un momento de auge también para mi arte. Tomé un estilo de pintura naif que gustaba a todos, desde campesinos a personas con carrera universitaria. Mis obras de arte se vendían como rosquillas. Vivía feliz, con éxito y gané lo suficiente como para construirme una casa preciosa con un gran estudio. Era fantástico. Entonces, un viejo amigo vino a visitarme y le gustó tanto que decidió quedarse, pero enfermó y al no tener a nadie que le cuidase decidí hacerlo yo. A raíz de eso no tenía tiempo para pintar y tuve que vender mi casa para hacerme cargo de las facturas. Todavía echo de menos esa casa. Ser una cuidadora a tiempo completo cambió mi vida dramáticamente. No poder ganar dinero era duro para mí.

Los tiempos habían cambiado. Una nueva administración en Almuñécar decidió talar muchos árboles en nombre del progreso, en mi opinión destrozando el alma de este lugar al que había llamado hogar durante tantos años.

Después de veintidós años decidí volver a América. Mi madre había enfermado y regresé para cuidar de ella y tratar de ganar algo de dinero. También pude ponerme al día con mi hermana, mi hijo y mis nietos, que aún vivían en América. A través de los años pudimos visitarnos con frecuencia, pero era agradable poder pasar más tiempo con ellos. Estuve seis años en los Estados Unidos pero no me gustaba. Es un lugar duro sin seguridad social. Probé vivir en varios estados, pero simplemente no sentía que fuera para mí y mi anhelo de volver a España se volvió más intenso. No importa lo qué suceda en España, es mucho mejor que los EEUU bajo mi punto de vista.

El hombre al que cuidaba antes de dejar Almuñécar seis años atrás, vivía en La Herradura, de esa forma conocí la localidad. Así que cuando volví a España me establecí en este precioso pueblo costero. Era el año 1996. Llevó un tiempo para que los residentes me conocieran, pero, una vez que me aceptaron, me recibieron con los brazos abiertos. He vivido aquí desde entonces. Encuentro a la gente de La Herradura jovial, hospitalarias, tenaz y muy tolerante. Lo que realmente me gusta de los españoles, hablando en general, es que se adaptan a las circunstancias. Desde que se introdujo el Euro, la vida se ha vuelto más dura para muchos y más cara. Para mí también, pero me sigue encantando estar aquí. Estoy agradecida por lo que tengo y no pienso en lo que perdí o pude haber tenido, habiendo sido otras las circunstancias.

Es una alegría absoluta vivir en La Herradura. Es tan bonito, tienes el mar ahí mismo y mientras nadas puedes ver las montañas al otro lado. Doy gracias a mis estrellas de la suerte el poder vivir aquí, con su belleza y personas maravillosas, incluyendo numerosas nacionalidades que viven en la zona. Todo esto ha ampliado mis horizontes.

Me inspira a hacer lo que más amo, pintar. Mi estilo se ha desarrollado y ya no pinto naif. Me siento inspirada por pintores como Matisse y Chagall, pero ahora tengo mi propio estilo. Siempre consigo volver a pintar la figura femenina en expresivos colores e imágenes. Me encanta la figura humana y, junto a otros pintores entusiastas, nos reunimos un día a la semana para dibujar a un modelo vivo.

A menudo me pregunto, ¿por qué hago esto para ganarme la vida? Me parece que ser artista es una de las vocaciones más difíciles. Estás constantemente costeándote los materiales y tardas un año en montar una exhibición, pero es algo que tengo que hacer. Un impulso. Si no lo hago me siento miserable. Crear arte es un proceso fantástico. Normalmente pongo música clásica. Pintar con música de fondo me transporta a otro plano, a otra vida, casi llegando a Dios. No siempre sucede así. Cuando ocurre un fracaso puede ser muy frustrante, pero lo veo como un proceso de aprendizaje, y cuando todo fluye un cuadro en el que esté trabajando funciona, merece la pena todos los problemas de sobrevivir como artista. De hecho es una sensación bastante gratificante. Pura felicidad. Entonces, cuando recibo críticas positivas; a alguien le gusta mi trabajo y me hace un cumplido, o aún mejor, compra alguna de mis obras, me siento espiritualmente nutrida durante una buena temporada.

Espero, que mis obras puedan aportar un poco de alegría a la vida de las personas Por esta razón nunca pinto nada didáctico ni deprimente. Si hay un mensaje en el que crea es que si realmente amas lo que haces, la vida merece la pena. La Herradura me ha ayudado a ver eso. En comparación con los EEUU, por ejemplo, donde a la gente se le juzga por su sueldo y posesiones materiales, aquí las personas no están siempre pensando en el valor económico de las cosas. Aprecian el carácter interno de sus conocidos y familiares. Siento que la vida aquí es muchísimo más compasiva y abierta. Vivir aquí incluso ha cambiado mi personalidad. Me ha hecho más feliz, más amena, más bromista y sin duda me ha hecho una persona más madura y comprensiva. Viendo como los españoles aceptan las idiosincrasias de la gente me ha ayudado a ver que es una buena forma de ser. ¡Así que gracias La Herradura!" Anna sonríe...

Anna DiGesu - www.annadigesufineart.com

Me dio una dirección en 2003

No podía dormir. Eran las tres, fuera estaba oscuro y hacía frío. Me dijo esa tarde que saldría luego a dar una vuelta con la bici. Mi corazón se hundió ya que sabía a qué se refería. Siempre esperando lo mejor y que vuelva sano, salvo y optimista. Pero no volvió a casa. Intenté dormir y no preocuparme pero era imposible. A la mañana siguiente, a las siete escuché una llave en la puerta. Apenas podía andar, intentó fingir que estaba bien, con una sonrisa forzada, entró al dormitorio y cayó en la cama todavía vestido, un fuerte y espeso olor a alcohol le rodeaba. Nuestra relación era extremadamente frágil. Su adicción al alcohol y mi incapacidad para tratar con ello no facilitaban las cosas.

Durante los buenos tiempos, y hubo muchos, soñábamos con dejar Holanda para empezar una nueva vida en España. Llegando ya a la madurez y dada nuestra situación a mi familia y amigos les parecía una locura, pero había una intención – tenía una increíble necesidad y fe de que era mi deber. Decidí marcharme de Holanda para venir a España, siguiendo una intuición tan poderosa que hubiera sido una locura no hacerlo.

Lo había hecho antes, dejarlo todo para vivir en el extranjero. Solo tenía 18 años cuando mis horizontes se expandieron durante una estancia de seis meses de voluntariado en un kibutz en Israel. Conocer a tantos jóvenes fascinantes de todo el mundo reunidos para hacer voluntariado era una forma genial de convertirse en una ciudadana del mundo; y gracias a numerosas excursiones me sentí bendecida de descubrir este increíble y controvertido país. Cambió mi punto de vista sobre la vida, política y personalmente e hizo que quisiera dejar Holanda para siempre.

Así que emigré a Nueva Zelanda, sola, cuando tan solo tenía 21 años. Resultó ser una experiencia interesante y educacional, pero no me sentía en casa en Nueva Zelanda, bello como es, regresé a los Países Bajos, solo para seguir otro gran deseo para dejar mi hogar seis años más tarde. Esta vez fui a Italia donde viví cinco maravillosos años. Fue en Italia dónde me convertí en una artista a tiempo completo. Las circunstancias me hicieron regresar a Holanda, donde continué mi carrera artística, aprendiendo escultura y desarrollando mis habilidades de escritura. Entonces llegué a la crucial edad de los cuarenta. Mi madre acababa de fallecer por medios de eutanasia, eligiendo acabar con una enfermedad terrible, que la habría dejado sin control ninguno sobre su cuerpo obligándola a morir ahogada. Fue un alivio verla liberada de su cuerpo, que se había convertido en su prisión, pero necesitaba un cambio de escenario. Fui a Inglaterra para unas vacaciones de escritura y conocí al hombre que fue mi pareja.

"¡Ve a La Herradura!", dijo tres años más tarde el dueño de la galería de arte de Amsterdam. "Una buena amiga mía está creando un grupo con otros artistas para hacer talleres y organizar vacaciones artísticas; aquí tienes su dirección." Se lo agradecí pero mi pareja de entonces y yo habíamos decidido ir a la zona de Barcelona para intentar empezar una nueva vida. Mi pareja se fue primero, para buscar trabajo como maestro de inglés, para lo que estaba muy cualificado. Encontró un empleo en Logroño, La Rioja y un mes después seguí sus pasos, viajando hasta ahí en coche con todas las pertenencias que pude embutir en el vehículo. España nos sentaba bien. Mi novio que era alcohólico y solo bebía los fines de semana y vacaciones, progresó en su trabajo. Los días entre semana eran geniales, pero las vacaciones y fines de semana estaban llenas de drama.

Me ofrecieron un trabajo a tiempo parcial como maestra de inglés y la vida iba bien. Durante los meses de verano, cuando su problema con la bebida se intensificaba y tomaba riendas de nuestras vidas, vi un anuncio online dónde se buscaban traductores de holandés a inglés. Solicité el puesto, en Torre del Mar al sur de España, y me contrataron. También cogieron a mi pareja que empezó a trabajar como corrector. El año siguiente fue un año feliz, el alcoholismo de mi pareja no dominaba completamente nuestras vidas. Los fines de semana cogíamos el coche para visitar los alrededores y en uno de esos viajes fuimos a La Herradura para intentar encontrar al grupo del artista holandés previamente mencionado.

Fue amor a primera vista desde el momento en que pisé La Herradura. Es una sensación intangible e indescriptible. Bajando la cuesta justo a la entrada del pueblo después del semáforo daba la sensación de que la orilla del mar me abrazaba con una energía mágica. Aunque un poco agreste con sus desparejados estilos arquitectónicos y sin una elegante avenida por la que patinar parecía un poco descuidado, pero de una forma encantadora y atractiva. La bahía escarchada con playas pedregosas, palmeras y agradables chiringuitos emergió en frente mía y supe inmediatamente... aquí *es donde quiero vivir.* Mi camino, sin embargo, me llevó por un viaje emocional durante años.

Nunca llegué a conocer a la artista holandesa ya que había seguido con su vida al igual que nosotros, de Torre del Mar a Alcaucín y luego Rubite, mientras continuaba trabajando desde casa para la misma compañía de traducción. En ese momento la adicción de mi pareja empezó a controlar nuestras vidas y tuvimos que separarnos aunque seguíamos manteniendo una estrecha e intensa amistad. Volví a alquilar un piso en Alcaucín y posteriormente me mudé a Cájiz y luego a Torrox. Me apunté a un club de escritura en Nerja y me sentí inspirada a traducir mi primer libro en inglés y publicarlo. Seguía soñando con vivir en La Herradura pero los alquileres eran demasiado caros. Aun así, volvía con frecuencia para empaparme de la energía, relajarme en la playa y visitar la galería Nexus donde tenía algunas de mis obras en exposición permanente. Poco a poco llegué a conocer el pueblo. La Herradura tiene una mezcla singular de etnicidad pura y un despreocupado aire cosmopolita. Me encantaba el hecho de que tiene un predominante aire español, a pesar de las veintidós nacionalidades diferentes que hay en la escuela primaria. La mayoría de los extranjeros que viven aquí hacen un gran esfuerzo para dominar el castellano y se animan a practicarlo en las tiendas y mercados. Personalmente creo que es importante como respeto hacia los españoles, quienes nos acogen sin titubear, permitiéndonos vivir nuestras vidas. Quería llamarlo mi hogar.

Dos años después por fin tuve un golpe de suerte al encontrar un ático asequible en la calle Rambla del Espinar. Estaba tan feliz; mi corazón cantaba mientras conducía con el coche lleno de cajas el día de la mudanza, entrando en la Rambla, frente a la estatua de hierro en la playa. Esta es la calle que amo tanto, con el cauce del rio a su izquierda, palmeras y plantas tropicales vistiendo la calle. Desde la terraza de mi ático se me ofrecía una vista a la fila de palmeras, ficus y adelfas a lo largo del rio seco. Por fin sentía en mi interior la paz que necesitaba para escribir el libro que debía ser escrito, A Tu Salud.

Paseaba a mi perro temprano por la mañana y luego me sentaba en una de las cafeterías del paseo con un café con leche para acompañar mi escritura. Me gusta escribir al aire libre para poder disfrutar de las vistas del mar y escuchar los ruidos mañaneros del pueblo despertándose. Escribir A Tu Salud para mí fue como una terapia pero a la vez era un grito de atención, no tanto para mí como para las personas que aún se encontraban en la situación de la que yo había logrado escapar. Dos de cada cinco personas experimentan los efectos negativos del abuso de alcohol en su vida y quería reflejar al ser humano detrás de esas historias, en ocasiones desgarradoras. Entrevisté a parejas, padres e hijos de alcohólicos, también a trabajadores sociales de toda Europa que trataban con alcohólicos y adictos, y compartieron sus historias en Inglés, *Cheers, the Hidden Voices of Alcoholism.(A Tu*

Salud). Mi ex pareja había vuelto a Inglaterra y la publicación de Cheers puso fin a una era para mí, a la vez que daba comienzo a una nueva. Estaba aliviada y orgullosa de saber que ayudaba a algunos de mis lectores, era una lección de humildad.

Ahora tenía que centrarme en sobrevivir – con el inicio de la crisis mundial. Ganarme la vida con el arte era prácticamente imposible y la empresa de traducción se estaba disolviendo, así que mi renta mensual se había reducido drásticamente, pero me sentía liberada, feliz y llena de esperanza.

Entonces le vi. *¡Hala qué guapo, probablemente esté casado, pero esa sonrisa... madre mía!* Pensé. Hacía poco que me había apuntado a un grupo de cánticos budistas en Almuñécar y no creía en las coincidencias. Leer *Synchrodestiny* de uno de mis autores preferidos, Deepak Chopra, solo confirmó lo que creía. Este hombre guapísimo estaba en todas partes; me pasaba con el coche, o paseando a su cachorro; siempre sonriente, siempre saludándome. Le veía cuando menos lo esperaba, en situaciones donde no me resultaba lógico que le viera. Me enamoré pero, ¿sería la sincronicidad mi destino? "¿Por qué no te apuntas a Tai Chi?" me dijo una amiga del grupo budista. "¿En serio, Tai Chi? ¿Aquí en La Herradura? ¡Siempre he querido aprender!" Fui a probar y ahí estaba él, un apasionado alumno de Tai Chi y una vez más, la sincronicidad. Me presentaron a Miguel y nos hicimos amigos.

Encontré un sitio más barato donde vivir y me ayudó con la mudanza; me ayudó con varias exhibiciones que tuve en esa época y un par de meses más tarde pasamos de ser amigos a pareja.

Mientras tanto mi vida artística seguía adelante, creando mandalas y pintando bailaoras de flamenco. Supongo que a mi estilo artístico se le podría llamar figurativo y expresionista, ya que me gusta usar figuras en mis obras, reconocibles pero no demasiado realistas, con unos toques abstractos y surrealistas. La mejor manera de describir mi trabajo en una palabra es colorido. Me encantan los colores. También empecé a trabajar en una serie de siete libros que contienen visualizaciones e imágenes de mis mandalas.

Volviendo la vista atrás, veo cómo La Herradura ha tenido un profundo efecto curativo en mí. Me siento más calmada, bendecida y más agradecida de lo que jamás me he sentido y mis aventuras artísticas y de escritura están floreciendo. Es una necesidad que tengo. Me siento inspirada por el mar, por las cosas que escucho o leo y por los transeúntes. Me inspiran las historias que observo en las calles. Cuando pinto o escribo siento una felicidad profunda. Me siento viva y a la vez en otro planeta, como si no existiera, como en un estado de meditación. Es quién soy y a lo que estaba destinada a hacer. Los cuadros que pinto con palabras y las historias que narro con mis pinturas no necesitan mucha explicación- lo que uno lea es su verdad y está bien. Solo espero que mis cuadros, mis mandalas* y mis libros tengan un efecto sanador y transmitan felicidad a otros a través del conocimiento, entendimiento o simplemente aportando un poco de tranquilidad.

También tengo un sueño, que La Herradura se convierta en un vibrante pueblecito rebosante de arte y cultura, que atraiga un turismo cultural que cree un futuro para los jóvenes sin perder su calma y su esencia española. Como nota personal, La Herradura seguía teniendo magia esperándome. Miguel y yo nos embarcamos en un nuevo viaje juntos empezando a renovar la antigua casa de su familia. Lo curioso es que previamente había sido alquilada por el carpintero del vecindario, quien en 2003 había vivido allí con su entonces pareja, una holandesa, artista. Miguel y yo nos casamos en junio del 2014 y nos mudamos a nuestro nuevo hogar, en exactamente la misma dirección que me dio once años atrás el dueño de la galería de arte holandesa. Sincronización del destino.

Renate van Nijen - www.renatevannijen.com

*Una mandala es un símbolo potente que se puede encontrar en muchas culturas. Es un diseño dentro de un círculo y generalmente hecho con colores, símbolos y patrones. Se dice que cada mandala contiene energía específica. Son utilizados para meditación y para sanación por ejemplo.

Un hogar apto para una nómada

"Hoy en día solo quiero seguir lo que me dicta el corazón y ser honesta con los demás, pero también conmigo misma. Me siento bien, estoy sentada en la pequeña playa de La Caleta, justo debajo de la Ctra. de la Playa que se enrolla hacia la Punta de la Mona. Da la sensación de ser una parte muy privada de la playa, resguardado por rocas. Disfruto mucho viniendo aquí porque me permite separarme un poco del pueblo y a la vez seguir siendo parte de él. Miro las rocas majestuosas de la punta que han caído al mar, separando el mar de la tierra durante muchos años, con tantas historias que contar. Hay silencio, calma y tranquilidad, a pesar del sonido de las olas rompiendo en la playa de guijarros y en las rocas del mar, el viento en los arbustos detrás de mí y una gaviota solitaria intentando gritar por encima del mismo. Hace tanto frío que llevo unos guantes negros y un jersey blanco de lana que compré en la tienda local de caridad contra el cáncer, situada en un lateral del mercado municipal. No esperaba que hiciera tanto frío en la Costa Tropical, pero no me quejo. Es invierno y es el tipo de invierno por el que vine – abundante sol, preciosas vistas y la paz y tranquilidad que necesito para escribir, pintar y reflexionar.

Mi mente regresa al momento en el que llegué aquí. Fui invitada por mi amiga Renate van Nijen, quien me habló de los artistas, músicos, guitarreros y de las cosas interesantes que ocurren en La Herradura. Inmediatamente me sentí tentada por la idea y decidí venir. Durante el primer año, en el 2012, me quedé un mes. Al año siguiente también pasé otro mes y este año he venido para cuatro. Sé que volveré el año que viene. Empiezo a sentirlo como mi hogar, a pesar de que llevo una vida bastante nómada ahora mismo, viviendo en un barco y residente en Holanda, visitando familia en Devon y pasando parte del invierno en La Herradura. Es acogedor y me siento en casa en todos estos lugares.

Soy británica y nací en Ripon, Yorkshire. Mi padre era piloto de la Fuerza Aérea Real así que nos mudábamos cada dos o tres años. Mi primer recuerdo de viajar fue yendo a Singapur con mis padres, donde vivimos desde que tenía siete años hasta los nueve y medio aproximadamente. Crecer en estas condiciones tuvo una gran influencia sobre mi energía creativa. No fue evidente desde el primer momento que mi carrera fuese artística, porque en la escuela me gustaban más asignaturas como matemáticas y deportes. Al acabar los estudios trabajé en un banco hasta que fui madre. A pesar de ello, siempre me gustó dibujar. Alguien vio mis dibujos y me sugirió que hiciera Bellas Artes y de ahí nació la idea. Aunque luego no se llevó a cabo hasta pasados unos años cuando estuve divorciada y era madre soltera. Decidí volver a la universidad en Doncaster, donde se me permitió asistir a dos facultades, una de ellas la de Bellas Artes. Para entonces ya tenía veintitantos años. Aprobé todos mis exámenes con buenas notas. Tenía una gran sensación de libertad al poder expresarme de forma artística... ahora sabía que el arte sería mi profesión elegida.

Al poco tiempo de haber acabado mis estudios, conocí a mi segunda pareja al que ofrecieron un empleo en los Países Bajos, así que al final mi hijo y yo acabamos mudándonos también. Cuando esta relación acabó decidí quedarme en Holanda y llevo allí treinta años. Tengo un estudio en una parte preciosa del país en el límite de un bosque nacional, donde tengo una exhibición permanente. Mis obras varían desde la escultura a la pintura e imprenta, pero normalmente pinto con acrílicos. También escribo y algunos de mis poemas están en mi página web, pero tengo que intentar publicar más historias.

Normalmente paso por fases de pintar un estilo u otro. Siempre me siento tranquila cuando pinto y nunca me quedo sin ideas. Debo de cogerlas del viento con imágenes espontáneas que me vienen cuando las necesito. Mi inspiración viene de estudiar sobre varias filosofías como el budismo y escuchar a personas como Mooji y Eckhart Tolle. El arte de estar tranquilo y calmado permite inspirarte. Siento que todos nos inspiramos por algo aunque fluya de nuestra subconsciencia.

No hago muchos bocetos antes de pintar, si lo hago simplemente es un boceto rápido. El proceso es muy espontáneo. Básicamente es una sensación, tan efervescente como el viento. No puedo verlo pero lo siento y luego transformo estas sensaciones en imágenes. Siento que lo que expreso es algo que fluye dentro de mí, me atraviesa y sale. No es fácil de explicar y puede que las explicaciones sean innecesarias. Si me piden que interprete mis pinturas soy consciente de que de cierto modo me gusta mostrar que todo está conectado físicamente y armónicamente. Con frecuencia se convierte en una conversación sobre mi filosofía, pero dejo que las personas interpreten ellas mismas mis obras, para que experimenten sus propias sensaciones y mensajes sobre mi trabajo, que no es necesariamente mi interpretación.

Siento que nací feliz y por ello en la mayoría de las situaciones en las que me encuentre, por difíciles que sean, puedo encontrar un modo de no hundirme en la tristeza y sentirme animada. Y he sido desafiada. Uno de los puntos de inflexión en mi vida fue la muerte de mi hijo hace veinte años y cuatro años más tarde la de uno de mis hermanos; ambos murieron en trágicos accidentes. Estos acontecimientos provocaron que dejase de pintar durante años, pero me propulsaron a un mundo de ayudar a otras personas y con ello me ayude a mí misma.

Cuando murió mi hijo estaba de vacaciones en Almuñécar con mi pareja de entonces que estaba haciendo parapente. Terminar disfrutando de un entorno a tan solo cinco kilómetros donde escuché la noticia más trágica de mi vida parece irónico. Aun así me ha llevado a un nuevo proceso de sanación. El primer año que vine a La Herradura pasé tiempo en Almuñécar caminando por la playa, cerca del lugar donde supe de la terrible noticia de la muerte de mi hijo... lidiando con sentimientos y recuerdos que provocaban y aún provocan cierta ansiedad por el lugar. La sanación para mí significa estar rodeada de paz y tranquilidad y saber que aprender a vivir en el presente es importante. Soy el piloto de mi propio viaje y La Herradura, sin duda es parte de ese viaje y continuará siéndolo. El pueblo me ha brindado la oportunidad de estar sola todo el tiempo que quiera, pero también de disfrutar pasando tiempo con otras personas creativas e inspiradoras. Es un sitio especial, no solo por una razón, pero por una combinación de cosas. Si tuviera que resumirlo diría que puedes sentirlo pero no encontrar todas las palabras para expresarlo. Allá donde vaya, me da una sensación en la tripa, que no es agradable, o siento algo en el corazón, que sí es agradable. Siento algo en el corazón cuando estoy en La Herradura, sentada en este pedacito de playa "especial", mientras escucho mi 'música favorita' de los sonidos de la naturaleza – el viento entre los árboles, la gente riendo en la distancia, pájaros cantando, las olas del mar rompiendo en la orilla de guijarros..."

Kerry Broomhead Brown - www.kerry-bb.nl

El pasado perfila el futuro

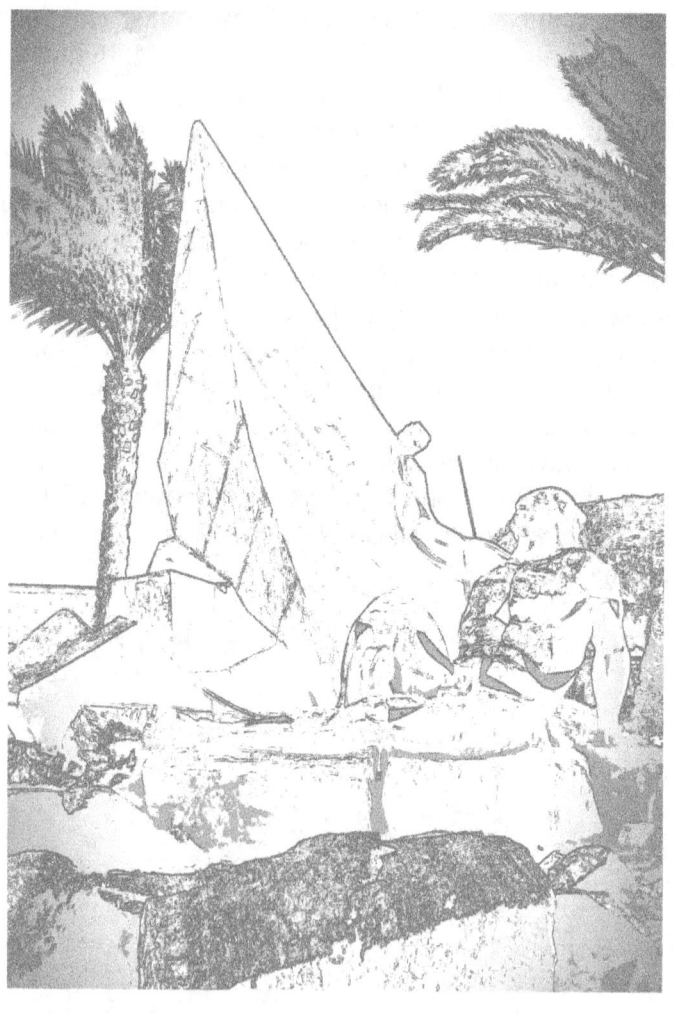

Descubriendo Andalucía

Solo tengo que cruzar uno de los últimos patios que quedan en la calle Rambla del Espinar. La mayoría de las casas con patios o corrales antiguos han sido reemplazadas por modernos bloques de apartamentos. Al cruzar el patio disfruto de vistas familiares como el níspero y otras frondosas plantas en pequeñas y grandes macetas o en una estrecha franja de tierra a un lado del patio; en el otro, que antes ofrecía espacio a vacas y gallinas, ahora hay tres casas para la familia. Yo soy una guiri, un término usado para indicar que una persona es evidentemente extranjera, pero me casé con un español; mi marido es agricultor y en la familia hay personas muy creativas: Rosario González Torres, la ceramista local, es mi cuñada; Reinaldo, maestro y poeta, es otro de mis cuñados; y ahora voy de camino a entrevistar a otro cuñado, Juan Franco Quirós, profesor jubilado, geógrafo y escritor.

Juan nació en Almuñécar y vive aquí desde 1995, aunque conocía La Herradura desde niño y solía venir caminando desde su pueblo con amigos a jugar algún partido de fútbol; al cabo de los años y tras estudiar en Granada, trabajar en Jaén, Málaga, Benalmádena y Fuente Vaqueros se vino a vivir de modo estable a La Herradura porque le gusta y su mujer, Mari Carmen, tiene casa aquí en este patio. Durante más de 30 años fue profesor de Geografía e Historia y habla con mucha pasión de su profesión. Su primer trabajo fue de geógrafo, de 1972 a 1979, en el Colegio Universitario de Jaén, donde nacieron sus hijos; luego pasó a Málaga, de1979 a 2003, y por último a Fuente Vaqueros, lugar de nacimiento del gran poeta Federico García Lorca: tras jubilarse se asentó en La Herradura.

Su pasión por la Historia y la Geografía se hace incluso más evidente al pedirle que explique algunos hechos históricos para utilizar en el libro sobre La Herradura. Recibo una explicación erudita y una interesante historia, además. Le pregunto por la producción de caña de azúcar en la zona y me explica que la mayor parte de la caña se cultivaba en las vegas de Motril-Salobreña, Almuñécar y La Herradura; también era muy importante el cultivo de caña y la producción de azúcar en Torre del mar- Vélez, Nerja-Maro e incluso en Málaga (zona donde se encuentra ahora el aeropuerto). Cuando Juan era muy joven, entre los 10 y los 12 años, trabajó en la temporada de las cañas en la vega de Motril-Salobreña; su trabajo consistía en llevarles agua o la comida, e incluso tabaco, al resto de la cuadrilla; era un trabajo duro para los jornaleros; y la producción era transportada a lomos de burros o mulos desde las hazas al carril más cercano, donde pasaba a camiones y era llevada a la fábrica para ser molida y elaborar el azúcar.

El cultivo de la caña fue introducido en estas costas mediterráneas por los árabes, y ya se refiere su importancia en el siglo X. La caña continuó cultivándose aquí hasta los años 60, cuando los costes de producción se hicieron demasiado caros. Aun así, se mantuvo una parte de este cultivo de caña y sobre todo la elaboración de azúcar en Salobreña hasta comienzos de los años 2000 y sigue elaborándose el ron con la caña que es importada.

La vida laboral cambió y también lo hizo el paisaje : El cultivo comercial del chirimoyo fue sustituyendo a la caña a partir de mediados del siglo XX, se mejoraron el cultivo y la comercialización de los nísperos, los aguacates se implantaron por los años 80 y bastante más tarde los mangos.

Juan también me habla de un hecho interesante del que yo no había oído hablar antes, de un acuífero en el subsuelo de la vega del rio Jate; en años lluviosos inunda sótanos y encharca algunas hazas bajas; y en años secos se saliniza el acuífero por intrusión marina y crea problemas a los árboles frutales. El acuífero es como un aljibe. El agua viene de la barrera montañosa caliza que se levanta al norte y se acumula sobre las rocas impermeables que se extienden bajo el valle y topan con el umbral que les separa de las aguas marinas: en la sequía continuada, al seguir extrayendo aguas por pozos, se crea un vacío que da lugar a la intrusión marina. El agua es un recurso muy valioso y necesario, especialmente en verano cuando no se recibe suministro natural por lluvias; el turismo causa estragos en las reservas subterráneas.

Me fascina todo esto, pero hoy vamos a hablar también sobre Juan: Un momento especial cambió su vida; tenía 12 años y volvía a casa y a la escuela tras la dura temporada de trabajo en las cañas por Motril-Salobreña: El miércoles por la tarde volvió con su buen maestro, don José Lorente, y con los demás niños a la catequesis; el joven sacerdote, tras hacerle unas preguntas, le sugirió que podría ir a estudiar para cura, planteamiento que aceptaron sus padres. Y en el Seminario Diocesano de Granada estudió, durante 10 años (1957-67), Latín y Humanidades y Filosofía. A continuación se licenció en Letras, Geografía e Historia, por la Universidad de Granada. Aquel cura le cambió la vida, ya que Juan pertenecía a una familia pobre con 7 hijos; el cura le buscó una beca e hizo posible que Juan llegara a dedicar su vida a lo que más le gusta, la educación. Pasados los años, ya entrado el siglo XXI, Juan fue coordinador y coautor del libro La vida en el Seminario. Fue maestro/profesor durante casi 35 años…incluso 2 de sus 3 hijos se dedican a la enseñanza. Además de su labor docente, Juan ha dedicado tiempo a escribir.

Su interés por descubrir y escribir sobre la tierra andaluza ya empieza en su memoria de licenciatura, *Modos de vida agrarios en el bajo Río Verde* (Almuñécar-Jete); sobre Jaén, su primer lugar de trabajo, escribió una serie de artículos, especialmente sobre la ciudad y la minería de Linares, pero también escribió sobre La Confederación Nacional del Trabajo (CNT). Además ha escrito varios artículos sobre el aprendizaje de la Geografía y la Historia en la Educación Secundaria. Tras jubilarse escribió, junto con el compañero Antonio Guzmán, la obra *Viajeros por Jaén* (9 volúmenes), que se compone de 36 rutas por toda la provincia del Alto Guadalquivir. Durante un año, Juan y Antonio dedicaban tres días por semana al trabajo de campo o recogida de información y otros tantos a elaborar las rutas; además de estudiar y hablar con sus gentes, consiguieron cientos de fotos cuya función en la obra es de suma importancia.

Junto a Antonio Guzmán y Antonio Salguero ha escrito también *El viajero romántico y la ciudad industrial. Málaga para niños (y mayores)*. Es un libro sobre Málaga en 1880 y en la actualidad, que está a punto de sacar su 2ª edición; los dibujos, aspecto muy importante en la obra, son de Antonio Salguero; y la versión inglesa, de su gran amiga Janet Henshall, que ha vivido en La Herradura hasta que murió en enero de 2015. Los escritos de Juan no acaban aquí. Ha escrito varios artículos sobre la Alpujarra y los moriscos, y actualmente trabaja en *El viajero morisco y la ciudad de la Alhambra*, un libro guía sobre Granada de estructura similar al de Málaga; en el que un viajero romántico inglés viene a Málaga buscando patrimonio musulmán y encuentra una ciudad industrial, ahora bien el morisco es un granadino que, tras la conquista castellana, tiene que irse de su tierra porque se les negaba la convivencia con su cultura y escribe para recordar su tierra y ofrecerlo como memoria a sus descendientes.

También está realizando, con su compañero Antonio Guzmán un estudio sobre *Aprovechamiento, elaboración y transformación de recursos naturales en la comarca malagueña de la Axarquía*; han publicado varios artículos y ahora trabajan sobre *Patrimonio y aprovechamiento del agua en la cuenca del río Vélez*. Han ido recogiendo información sobre la pasa y el vino moscatel, sobre aprovechamiento de minerales (tejares y canteras), caleras y hornos de carbón; entrevistan a mayores que les hablan sobre antiguos molinos de aceite y de harina, sobre fabriquillas de luz, sobre la producción de azúcar… y recogen toda la información gráfica que pueden conseguir sobre el terreno o en publicaciones acerca de la industria rural.

Pregunto a Juan porqué le gusta escribir este tipo de libros y contesta que están en la raíz de su profesión, que siempre ha disfrutado preparando textos para sus alumnos, no solo seguir los textos oficiales; y siempre le ha gustado visitar pueblo o aldeas y parajes, hablar con sus gentes, al modo antropológico. Estos libros de viajeros los lleva en el corazón, pues ha vivido años en Jaén, en Málaga y en Granada, a donde sigue yendo cada semana (lunes y martes) a trabajar (ayudar a aprender) como voluntario en el penitenciario Centro de Inserción Social (CIS) y para encontrarse con antiguos compañeros, con los que realiza caminatas y tertulias.

Juan tiene una visión muy social ante la vida, dice que los grandes valores son la libertad solidaria y la diversidad igualitaria. Además de todo esto, lo puedes encontrar la mayoría de las tardes junto a Mari Carmen, su mujer, trabajando en un huerto (un bancal) en el pago del Zapo, con impresionantes vistas a la bahía de La Herradura. Terminamos la entrevista y Juan, buen cocinero, se levanta y nos prepara uno de los mejores gazpachos que puedes tomar, hecho con tomates frescos cultivados por él. Me considero afortunada mientras lo degusto, antes de regresar a casa atravesando el verde patio.

Juan Franco Quirós

Imágenes que cuentan del pasado

"No he escrito nada ni tengo intención de hacerlo. Tampoco soy fotógrafo profesional. Soy un carpintero jubilado al que le encanta recopilar antiguas fotos del pueblo. He contribuido con fotografías del pueblo para un libro sobre La Herradura, llamado *La Herradura en Blanco y Negro* que se hizo en colaboración con el ayuntamiento. Creo que es un libro muy interesante. Ya había colaborado antes en otros dos libros publicados hace unos años – *Recuerdos del Pasado*, presentado en mayo del 1991 con la colaboración de Jan Kruse y el secundo libro hace diez años - *Almuñécar y La Herradura, Cien Años de Fotografía* con la colaboración de Jan Kruse y Jean-Louis Andreck. Yo proporcioné algunas de las fotos de esos libros."

Paco Alaminos habla con entusiasmo de la colección que reunió y resalta algunas de las fotos justo al lado de la vieja fuente en el Chorrillo de Casa Fuerte, cruzando la calle más o menos frente al bar El Salón. Hace más de diez años le pidieron a Paco que proporcionara algunas fotos para una recopilación de la vida en los viejos tiempos. Todas las fotos son de una época cuando la fuente funcionaba y dos grifos proporcionaban agua al pueblo. Antes era el centro del pueblo con la Casa Fuerte justo al lado. Era una gran casa antigua y parte de un grupo de edificios que alojaba a empleados de la Guardia Civil. En aquellos tiempos no había agua corriente en las casas así que las personas venían a la fuente para recoger su suministro de agua. Era el único suministro de agua en el pueblo. A veces había mucha gente esperando para coger agua. Toda agua sobrante iba a un abrevadero para los caballos y mulas. El nombre *chorrillo* viene del chorro de agua de la fuente. Encima de la pileta de la fuente con un solo grifo hoy en día, hay unos azulejos con el escudo de La Herradura y una inscripción que dice Chorrillo de Casa Fuerte año de 1922. Ahora es una plaza bastante tranquila, con un gran ficus rodeado por un banco de cemento que proporciona una agradable sombra durante los cálidos meses de verano, situado entre las vías de entrada y salida del pueblo. Desgraciadamente la Casa Fuerte fue demolida y con ella un trozo de la historia de La Herradura" dice Paco.

"Nací en La Herradura, aparentemente un diecisiete de febrero pero en mi DNI dice 20 de febrero de 1945. Tengo un antiguo libro de familia que dice que nací el diecisiete pero mi padre no me fue a registrar hasta el veinte. En el pueblo me conoce todo el mundo. He sido cómplice de los numerosos cambios del pueblo, algunos para bien, otros para mal pero lo sigo apreciando y estando orgulloso de él. Tiene un ambiente y una atmósfera maravillosa. Empecé de carpintero con doce años. Todavía me puedes encontrar en el taller que ahora lleva mi hijo en la calle Las Palomas, una bocacalle frente al centro cívico.

Me encanta el olor de la madera y poder ver las creaciones. Me introduje a la carpintería en el taller de mi primo. El taller estaba en un cortijo de Jose Arenos (El choto) situado en la margen derecha de la Rambla de las Tejas. Al tiempo, el taller se trasladó frente al hotel Almijara donde yo empecé de aprendiz. Tengo una antigua foto de la tienda en blanco y negro del año 1957. No me considero artista, pero soy creativo, lo que es necesario cuando eres carpintero. He realizado muchos trabajos a lo largo de mi carrera de cincuentaisiete años, desde ventanas y puertas a muebles de madera, que diseñé yo mismo. Siempre me ha gustado trabajar con madera, generalmente madera de importación y también de España, como de Soria y Galicia, en el norte de España.

Tengo cariño al pasado. Miro las fotos que he acumulado y siento nostalgia por aquellos días pasados cuando la vida era mucho más sencilla. Podrías preguntarte cómo he conseguido recopilar una colección tan grande de fotos del pueblo. Empezó en 1984. José Manuel López, el dueño del camping de la zona de Peña Parda, siempre estaba hablando de antiguas fotos del pueblo y me despertó un interés. Había algunas fotos colgando de las paredes en un bar que antes estaba en la playa donde ahora está el banco BMN. Se llamaba Las Flores. Este bar aparece en muchas fotos antiguas. Fue durante unas fiestas de verano en agosto cuando José Manuel me dijo 'tú vas a encargarte de montar una exposición de fotos antiguas de La Herradura.' Así que la primera exposición tuvo lugar en 1984. La ubicación de la exhibición ha cambiado en varias ocasiones, pero sigue siendo un evento anual en agosto.

Para el año 1986 ya tenía una amplia colección de fotografías, la mayoría en blanco y negro, pero también alguna en color. Bastantes personas del pueblo que vinieron a la exhibición me dijeron 'También tengo una foto' y me las dejaron para hacer copias. Sigue pasando a día de hoy. Supongo que siempre me han fascinado las fotos. No siempre tuve cámara y aún recuerdo cuando me compré la primera durante un viaje a Ceuta. Desde entonces he tenido varias cámaras de buena calidad y claro, hoy en día todo es más fácil con la tecnología. Me encanta sacar fotos de mi familia y especialmente de mis preciosas nietas. La colección de fotos del pueblo ha aumentado hasta unas 400 imágenes y las guardo en un CD. A veces combinamos la exhibición con una exposición de arte de artistas locales, como en el 2015.

También aparezco en una película (en DVD) de un fotógrafo local donde leo del libro *Recuerdo del Pasado*. El vídeo también muestra muchas de las fotografías. Se llama La Herradura *Paraíso Tropical* de Jose y Nihal y se puede ver en YouTube. No puedo dejar de agradecer, sin nombrar a nadie, a las personas que han colaborado con sus fotos (que son muchas) a los libros y videos donde se pueden ver estas imágenes preciosas, y a todas las que me han ayudado para conseguir que las fotos del pasado las disfruten ahora mucha gente. Esto para mi es una gran alegría. Haber contribuido con varios libros no me convierte en escritor, tampoco en fotógrafo, pero me encanta contar historias a través de imágenes, imágenes de mi pueblo. Así puedo mantener la historia de La Herradura de los mediados del s.XX viva para las generaciones venideras."

Paco Alaminos

La Historia como pasión

"Se podría llegar caminando, de hecho muchos lo hacen, pero hoy me llevo el coche. Giro a la izquierda en la rotonda, dejando atrás el pueblo, tomando dirección Nerja por la carretera antigua, espero el momento de contemplar uno de los mejores miradores del pueblo. Uno de mis sitios favoritos. Al pasar la salida de la urbanización de San Antonio veo el cartel de *Paraje Natural de Maro Cerro Gordo*. Justo antes del túnel de Cerro Gordo, giro siguiendo el cartel. La carretera serpentea por la montaña y poco después llego al restaurante *El Mirador* donde aparco. Haciendo lo de siempre, camino hacia la derecha para mirar el mar en dirección Nerja. Veo unas casas casi escondidas por una verdosa capa de árboles. El mar está calmado y sereno, tiene un efecto relajante sobre mí. Pasan unos coches y un par de ciclistas aparcan sus bicis delante del restaurante. Suben las escaleras y se sientan en una de las mesas de la terraza. Camino hasta el otro lado del restaurante para contemplar las vistas de la bahía de La Herradura. El pueblo donde nací y me crié se ve tranquilo en la distancia, con un mar turquesa tocando su playa. Sigo el camino hasta la vieja torre de vigía, ahora mirador favorito de muchos turistas y vecinos. Una vez arriba, toco el exterior de este antiguo e imponente edificio y respiro su historia. Imagino todo lo que habrá presenciado esta torre a lo largo de los años. Me recuerda mi pasión por la Historia, una de las razones por la que estudié arqueología en la universidad de Granada. Solo tenía diez años cuando leí *Nacho y sus amigos*. Era una historia de aventuras sobre un grupo de niños que se adentraban en una torre. Captó mi atención inmediatamente. Un arqueólogo estaba excavando y había encontrado unos huesos humanos. Me gustó mucho la historia y desde entonces quise convertirme en arqueólogo. Mi di cuenta de lo importante que era estudiar.

La arqueología es mi profesión, pero en España lo tienes que considerar una afición. Hay unos pocos que hacen de la arqueología su medio de vida. Me he dedicado a otras cosas para ganarme la vida, como trabajar de camarero en restaurantes o en el sector de la construcción. Desde el año 1995 hasta el 2000 viví en Ibiza y trabajé en una oficina. Aunque es una isla preciosa, añoraba mi querido Cerro Gordo, lo echaba de menos. Mi mujer es ibicenca y habla muy bien inglés, así que no fue difícil pedir un traslado. Me convertí en un padre que se quedaba en casa cuidando de los niños con algún que otro empleo ocasional cuando surgía la oportunidad.

He escrito tres libros y tres artículos sobre la arqueología de La Herradura. Uno de estos libros *Šāṭ – Jate, La Herradura. Aportación a su estudio histórico*, escrito en colaboración con Carmen Molina Poveda, mi esposa, contiene mucha información que recopilamos cuando comenzamos a investigar La Herradura. A veces me siento como Neil Armstrong, la primera persona en pisar la Luna, porque he descubierto cosas que hasta ahora no se sabían sobre la Historia de mi querido pueblo, aunque aún queda mucho por descubrir, tantas historias que contar, como si el pueblo pudiera ser reinventado. Desgraciadamente se ha construido sobre zonas que podrían contener información importante y se han destruido inmuebles históricos para construir edificios no muy estéticos para atender a los turistas. Todo esto me entristece.

Me ha resultado un proceso fascinante la escritura de mis libros y artículos. He obtenido mucha información de visitas a personas locales que me mostraron artefactos que ellos o sus familiares habían encontrado a lo largo de los años trabajando en el campo; objetos que han permanecido en la familia. Estos objetos nos permitieron trazar la historia de La Herradura hasta la época del Calcolítico o Edad de Cobre y descubrir una línea evolutiva de las distintas culturas que ocuparon la zona.

Otro hecho importante fue el naufragio de 1562. Es llamativo que después de la tragedia, todos los documentos se refieran a La Herradura como un lugar peligroso para refugiarse, por los impredecibles cambios en la dirección del viento, pero sin hacer mención alguna del naufragio. Esto continuó así hasta el s. XX. También sabemos, gracias a documentos, que antes de ese desgraciado evento la bahía servía como puerto y lugar de resguardo de temporales en los tiempos de los árabes. Aquí venían de los alrededores a limpiar y reparar sus barcos con madera. Toda esta historia me fascina y me encantaría que otras personas llegasen a conocer estos datos. Espero que algún día el castillo, que por sí solo ya es un Bien de Interés Cultural, se convierta en un museo donde la gente pueda sumergirse en un viaje de descubrimiento de la riqueza histórica y el patrimonio cultural de La Herradura.

La historia más reciente del pueblo también es interesante por el origen de su actual población autóctona, ya que la mayoría son descendientes de una familia italiana apellidada Garzolio. Vinieron desde el norte de Italia hasta las costas del sur de España, estableciéndose en La Herradura. Un libro que muestra esta historia más reciente es el que escribí en colaboración con Paco Alaminos y Francisco Barbero Domingo. Paco Alaminos ha recogido una gran cantidad de fotografías, la mayoría en blanco y negro, y estas fotos también representan una interesante parte del pasado reciente. El libro contiene sobre todo fotos pero también hay información escrita. Yo fui el encargado de encontrar esa información, por ejemplo un escrito de 1953 que habla de la historia del pueblo, escrito por un maestro que trabajaba en La Herradura. Se llamaba Eduardo Palomares. Este maestro contaba historias que supuestamente habían ocurrido. Una de ellas es la historia de una bruja que cogía un barco cada noche para regresar a tempranas horas de la mañana. Un día, uno de los pescadores le cortó un trozo de vestido sin que ella se percatara. Al día siguiente descubrieron así que la bruja era una mujer del pueblo. A pesar de ello, pronto supe que solo eran leyendas que se contaban en muchos pueblos y aldeas marineras. Eduardo también escribió sobre las familias italianas, pero pensaba que llegaron en 1812. Resultó ser que llegaron algunos años más tarde, pudimos saberlo gracias a un certificado de nacimiento de una de las personas que venían con el grupo, un hombre que murió en La Herradura y que había nacido en Noli, Italia en 1917. El libro también contiene anécdotas de personajes conocidos del pueblo que han dejado huella para futuras generaciones. Las fotos son del pueblo, del entorno natural, de los campos de cultivo y también del mar y de personas. Ha sido un placer formar parte de esto.

Me gusta investigar y descubrir la verdadera historia detrás de un objeto creado por el hombre, como por ejemplo, la torre de Cerro Gordo donde ahora veo ponerse el sol, creando un brillante espectáculo anaranjado en el horizonte. Me pregunto cuántos en el pasado habrán sido testigos de una vista similar..."

José Ángel Ruíz Morales

Objetos artísticos

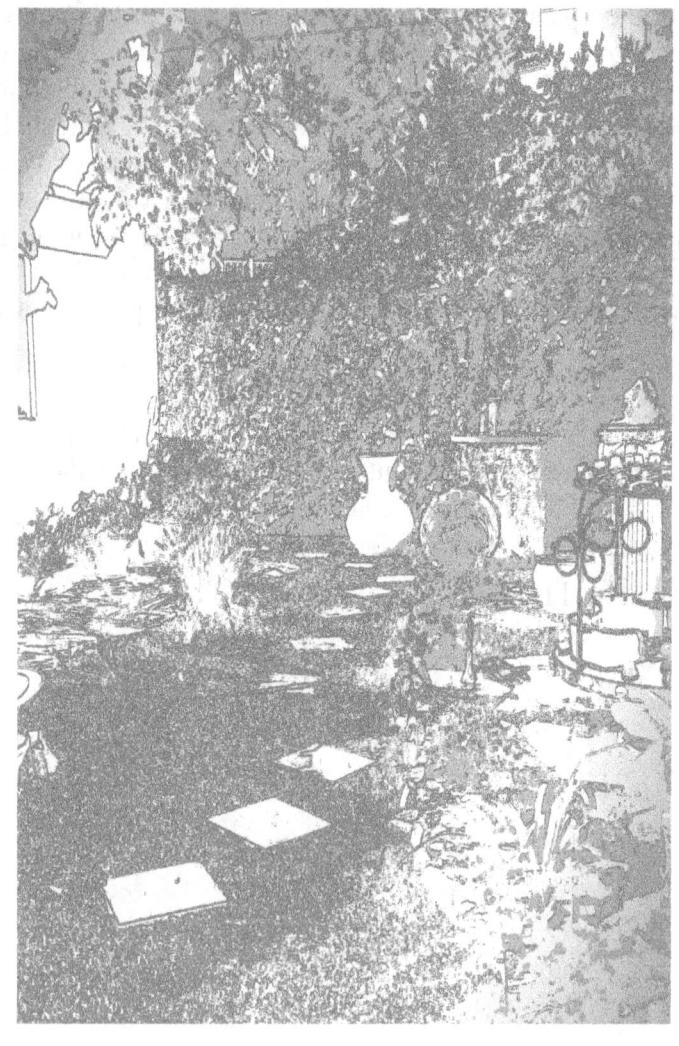

Aventura artística en un jardín encantado
Grandes y coloridas rosas de cerámica colgadas en la pared, flores de cerámica con tallos y un estanque pintado con peces de cerámica dan vida al pequeño jardín a la entrada de su estudio cerca de la iglesia. Su amor por la jardinería es evidente con las enormes macetas que contienen varios tipos de plantas muy bien cuidadas por Rosario. Un cartel pintado a mano en la verja te invita a entrar al *Estudio Rosario González.*
Rosi, como la llaman sus amigos, da la bienvenida a todos con una amable sonrisa. Es como adentrarte en un mundo distinto al entrar en su estudio. Es un espacio maravilloso, un lugar con el que muchos artistas sueñan. Puedes pasearte con libertad y admirar los muchos estilos de pintura de varios artistas, y también las creaciones de cerámica de Rosi. También vende las obras de otros artistas, así que su estudio se ha convertido en una interesante y colorida experiencia. Perla, una de sus amigables gatos quizás hasta se acerque a saludar. En la parte de atrás del estudio una puerta conduce al jardín encantado, tiene entre otros un naranjo y un gran árbol que da bayas. Aquí puedes encontrar más esculturas y objetos de cerámica en la pared y más macetas generosas llenas de verde y flores. Mesas que ofrecen un sitio para que la gente trabaje durante las clases de cerámica que imparte Rosario.
El jardín se utiliza también para reuniones de los amantes de la poesía, cuatro o cinco veces al año. Todo comenzó en el centenario de Miguel Hernández seguido del poeta Federico García Lorca. Se recitó poesía de poetas muy conocidos, del pasado y contemporáneos como Tomás Hernández y Reinaldo Jiménez. El amor de Rosi por la poesía y la amistad con numerosos poetas le animó a organizar estos eventos. Las reuniones suelen ser en español pero de vez en cuando hay una reunión bilingüe, en inglés y español donde también se leen poemas en distintos idiomas y traducidos verbalmente. Las sillas se

colocan en filas a lo largo del precioso jardín, creando una atmósfera íntima y maravillosa, y poetas y amantes de la poesía recitan sus poemas frente a un público entregado. Después los asistentes socializan mientras disfrutan de una bebida y una tapa.

Rosario nació y creció en La Herradura donde sigue viviendo con su hijo, encima de su encantador estudio. "No nací ceramista", dice. "Antes trabajaba en una oficina como administrativa. Luego cerró la empresa y me despidieron. Estaba harta de trabajar con la cabeza y sentía un intenso deseo de trabajar con las manos. Desde que tengo recuerdo me ha fascinado el arte, tanto la pintura como la escultura. Me encanta verlo, entenderlo y si puedo, comprarlo. Compré unos cuantos cuadros de Pepe Gámez, un artista local muy amigo mío. Admiro profundamente su estilo abstracto. Pepe solía trabajar en mi estudio; venía todas las mañanas a las once cuando abría las puertas al público y se quedaba hasta las dos. Se iba a casa mientras cerraba para comer y volvía a las cuatro, no acostumbraba a marcharse hasta llegada la noche. Trabajaba en sus cuadros o esculturas con un entusiasmo inagotable. Su paleta era una de las mejores que he conocido. Era un maestro de colores y un alma dulce al que le encantaba trabajar en mi estudio, normalmente acompañado de música clásica. También era muy gracioso y podía charlar durante horas sobre hechos interesantes y cómicos que habían tenido lugar en el pueblo a lo largo de su vida. Aún en sus últimos años seguía siendo un hombre guapo con sus ojos claros y su abundante melena plateada. Era grandullón ya que le gustaba comer y disfrutar un buen vaso de vino.

Un día, mientras yo trabajaba en un retrato en cerámica de él, lo golpeó con el cuerpo accidentalmente y lo tiró. Por suerte la arcilla aún estaba húmeda y cayó, pero fue la parte de atrás la que dio contra el suelo, así que no hubo muchos daños. Lamentaba lo ocurrido pero nos reímos y él no paraba de hacer bromas sobre los daños que había recibido su cabeza. Es el retrato que ahora se encuentra en una columna en la calle Canalejas en memoria de Pepe. Le echo muchísimo de menos. Después de que me despidieran empecé a estudiar el arte de la cerámica en Motril. Me encantaba cada minuto. Era afortunada ya que no había demasiados alumnos así que era casi como tener un tutor privado. Estudié ahí durante dos años para luego recibir clases privadas con mi profesor preferido durante un año más. Participé en muchos cursos y aún lo hago ya que creo que nunca dejas de aprender. Después de mis estudios tuve la suerte de que me ofrecieran un trabajo en la galería de arte Felicia's Hall aquí en el pueblo. Fue una bonita etapa en mi vida y fue genial conocer a gente interesante, preparar las exhibiciones para artistas talentosos y ayudar en la galería.

Desafortunadamente, la galería de arte cerró, debido a la crisis. Fue entonces cuando decidí utilizar el espacio bajo mi casa como estudio de cerámica. Invité a otros artistas a exponer también sus obras para que la gente siga pudiendo disfrutar de la experiencia de una galería de arte aquí en el pueblo. Aunque me encanta admirar el trabajo de otros artistas no me inspiro con un tema o estilo específico. Creo lo que se me ocurre conforme estoy trabajando. La arcilla me habla y las ideas simplemente se manifiestan. Tengo pasión por usar objetos ya existentes – un carrito viejo, una puerta antigua, una verja de hierro, cualquier cosa por el estilo. Suele pasar que veo algo en la calle, algo que han tirado o en el rastro. Me gusta ir a los mercadillos repletos de cosas que la gente ya no quiere u objetos raros. Estos objetos parecen llamarme. A veces no se qué hacer con algo que he encontrado o comprado pero me siento atraída por ello. Una vez en mi estudio puede permanecer en una esquina durante semanas sin que lo toque. Pero entonces, de la nada, brotan ideas en mi cerebro. Me gusta mucho ese proceso de inspiración.

Cada vez creo más cerámica de pared o fusiono objetos de pared con cerámica. Ahora soy ceramista a tiempo completo y doy clases a adultos y niños. Encuentro gratificante el trabajar con niños. Son creativos y llenos de ideas. Algunos de mis estudiantes tan solo tienen tres o cuatro años, son personitas muy activas pero capaces de sentarse durante horas, fascinados por la textura de la arcilla; moldeando sus fantasías en realidades con sus pequeñas manos. Es una existencia gratificante que me da mucha satisfacción.

Aparte de la cerámica y del arte en general, tengo una pasión por la literatura y el cine, para ser más específica... cine español. Hay un pequeño teatro en el pueblo y suelen poner películas interesantes que me encanta ver. Es una pena que otros no parecen saber nada sobre ello ya que solo vienen un puñado de espectadores. Ojalá esto cambie y más personas se esfuercen en leer la información de la oficina de turismo donde anuncian la cartelera y así ser más espectadores. Alguna gente me ha dicho que ni siquiera sabía de la existencia de estas instalaciones. Sería una pena que La Herradura perdiera su cine a consecuencia de la falta de interés.

Al nacer y haberme criado aquí es natural que sienta amor por este pueblo pero también me gusta el hecho de que atrae a muchos extranjeros. Es agradable relacionarse con personas de otras culturas y el turismo es bueno para la economía del pueblo. El turismo cultural sería incluso mejor. A veces la vida te lleva en un viaje con el que quizás no contabas. Al empezar mi carrera adulta en una oficina nunca deseé específicamente ser ceramista profesional. Pero ahora me alegro muchísimo de poder compartir mi trabajo y la de otros artistas con el público. Me gusta que otros disfruten y quizás incluso aprenderán a apreciar el arte, ya que en mi opinión el arte puede volverte más sensible y menos cabreado. Puede calmar tus sentidos. Siempre me ha gustado el arte, pero supongo que se podría decir que las circunstancias de mi vida me han convertido en la artista que ahora adoro ser."

Rosario González Torres - www.rosariogonzalez.com

La joyería de los círculos de la cosecha
"Me gusta venir aquí con mi hijo. Me siento relajado, una ligera brisa de mar suavizando el temprano sol veraniego. Para llegar hasta aquí paso por el chiringuito de la playa Marina en dirección a las rocas. Al final de la playa un camino conduce a un espacio abierto. Está bastante cerca de donde vivo actualmente en Marina del Este. Aprecio vivir en esta parte de La Herradura con su aire fresco, su tranquilidad y gracias a la cordillera, sus espectaculares puestas de sol.

Sirio, mi hijo, intenta llegar cada vez más alto en el columpio. Hay bastantes personas en la playa pero no aquí. El espacio abierto, con barandilla de madera que asoma a la playa de la Ensenada de los Berengueles, no suele atraer a mucha gente. De vez en cuando alguien paseando al perro, una madre con su hijo, yo... disfrutando de la tranquilidad mientras recuerdo el pasado, contemplo el futuro o simplemente disfrutando el ahora. Soy un soñador.

Nací en Brindisi, un pueblo pequeño del sur de Italia. Aunque definitivamente tenía un interés por el lado artístico y creativo de la vida, mis padres no me animaron. Incluso antes de que se me ocurriera contemplar asistir a la escuela de arte mis padres hubieran dicho que no. No había apoyo para una carrera artística. Dejé mi pueblo con veinte años porque tenía que alistarme al ejército, que era obligatorio. Después del servicio militar volví a casa, pero a los cuatro meses no podía soportar estar ahí más tiempo. No hacía nada, no estudiaba y tampoco trabajaba, así que volé a Londres donde encontré un trabajo como camarero en un restaurante italiano. Trabajé en varios restaurantes distintos y estudiaba inglés. Un par de años más tarde conseguí un buen empleo trabajando para una compañía aérea italiana en el aeropuerto de Heathrow. Trabajé en la industria del turismo dos años más, lo que hizo posible que viniera a España donde encontré un empleo en la industria hotelera en Barcelona. Tenía veinticinco años.

Tuve muchos trabajos diferentes, desde vender apartamentos, dar cursos de idiomas, montar conexiones de ADSL en hogares, a recepcionista de hotel. Ninguno de estos empleos estaban relacionados con el arte. Siempre empezaba con entusiasmo, aprendiendo todo lo que tenía que aprender y luego cambiaba de trabajo. Nunca sentí la necesidad de especializarme. La vida era buena; me encontraba en una situación cómoda, pero a los seis años, con treinta y dos años me fui de Barcelona. Anhelaba un cambio de escenario, una vida diferente.

Me inscribí en un curso de instructor de buceo en Asia pero no pude terminar el programa completo antes de quedarme sin ahorros, así que cuando conseguí mi certificado de asistente de instructor (un certificado reconocido mundialmente) fui a Menorca para buscar trabajo como instructor de buceo. No me gustaba mucho Menorca, y después de un mes busqué trabajos de buzo online y llegué a un acuerdo por teléfono con otro centro de buceo y así pude comenzar mi segundo trabajo como asistente de instructor en el Puerto Deportivo Marina del Este en La Herradura a principios de verano. Así fue como lo encontré. Fue un verano genial para mí. Me encantaba mi trabajo y mis compañeros. No sabía nada sobre el pueblo, pero me gustaba. Aun así la decisión de quedarme a vivir en La Herradura no fue instantánea. Sucedió gradualmente.

Al final de ese gran verano conocí a Elisa, la madre de mi hijo. Salimos mientras trabajaba la temporada de invierno en Sierra Nevada, a tan solo una hora en coche de La Herradura. Después de eso nos quedamos en Cabo de Gata durante un año y luego decidimos ir a Asia donde quería terminar mi formación como instructor de buceo y certificarme. Al acabar mi formación viajamos por toda Asia buscando un empleo como instructor de buceo, pero debido al monzón fue muy mala época para el turismo de buceo y no había mucho trabajo. Decidimos viajar por Tailandia, Myanmar, Malasia e Indonesia.

Al segundo día de estar en Indonesia, en Sumatra, conocí a un platero. Hacía trabajos de filigrana increíbles, muy auténticos. Me fascinaba y sentía el deseo de aprenderlo, pero en aquel momento estábamos bastantes obsesionados con la idea de ir a Bali para poder encontrar un trabajo como instructor. Nuestras fechas de visado estaban limitadas así que continuamos nuestro viaje. Recorrimos unos dos mil kilómetros sin éxito. Para entonces el visado de Elisa había caducado y al mío le quedaban diez días. Elisa regresó a España.

Decidí llamar al platero de Sumatra para preguntarle si estaría dispuesto a enseñarme su oficio. Llegamos a un acuerdo y volví durante ocho días para tratar de aprender todo lo que pudiera sobre la técnica de filigrana, un tipo de artesanía de plata muy detallada y particularmente fina. En un periodo tan limitado solo te da tiempo a aprender lo justo y mi maestro consiguió enseñarme las bases. Aunque me encantaba la técnica, la verdad es que no seguí usándolo. El aspecto más valorado de mi experiencia de aprendizaje fue que me entusiasmó a trabajar con la plata. Volví a Italia a buscar un trabajo para ganar algo de dinero y después de tres meses volví a La Herradura, donde vivía Elisa.

Me di cuenta de que como platero también estás condicionado por lo que exige el mercado. Ya había empezado a reunir cada trocito de información que podía encontrar sobre las diferentes herramientas, técnicas y ejemplos sobre si usar productos químicos en lugar de naturales. Iwan, mi maestro de Sumatra, aparte de comprar la plata, no tenía que comprar ningún otro producto. Solo usaba productos naturales fáciles de encontrar en sus alrededores, como la fruta de un árbol específico, pero esos materiales eran difíciles de encontrar en Europa. Tenía muchas ganas de hacer de la joyería mi profesión, aún sin saber realmente o discernir alguna técnica específica y mi reto era como implementar lo que había aprendido con diferentes técnicas y herramientas.

Esperaba poder encontrar a alguien que tuviera la misma pasión por enseñar el oficio como Iwan pero no pude encontrar a nadie, así que aprendí todo a través de información que encontré en internet. Iwan me dijo en su inglés chapurreo: '¡Si tienes éxito, me llamas, si no tienes éxito, no me llames!' También dijo, 'Cuando algo no funciona, mantén la calma, tómatelo con tranquilidad, levántate y ve un poco de televisión, relájate y luego vuelve a ello.' Tengo esto en mente y ahora he encontrado mi propia forma de trabajar, muy específica.

De momento uso algunos productos químicos en mi trabajo porque puedo conseguirlos fácilmente. Algún día me gustaría poder trabajar sin ellos y eso lleva tiempo e investigación. Entonces usaré técnicas que me permitan evitar productos químicos para solo trabajar con productos naturales y enseñar a otros a hacerlo. Mientras tanto tengo que priorizar el marketing de mi arte.

Los productos químicos no son indispensables. La información y trucos de cómo hacerlo no son fáciles de encontrar ya que la mayoría de joyeros no comparten sus secretos y conocimientos en YouTube. Las personas que conocí en Indonesia no usan internet así que será un proyecto que requiera mucho tiempo y necesitaré muchos recursos. Es solo uno de los muchos proyectos que sueño realizar. Quiero dar más de mí. Tengo muchas ideas, muchas cosas en mi cabeza, pero tengo que meterlos en un cajón hasta que tenga tiempo para llevarlos a cabo. Ahora mismo necesito concentrarme en expandir mi trabajo actual.

El haber conocido a Elisa ha cambiado definitivamente mi vida. Tener una relación íntima con alguien que trabaja con esoterismo me ha dado la oportunidad de conseguir un conocimiento del mundo esotérico y de cómo funciona la energía y eso definitivamente ha influenciado mi arte y la persona que soy. Antes era una persona que solía pensar en tener cosas, ganar dinero, un modo de pensar un poco egoísta. Pero eso ha cambiado totalmente.

Uso este acercamiento esotérico en mi arte. La creación de mi joyería es como una forma de meditación. Es un momento de conexión con el universo. Cuanto más auténtica y espontánea sea esta conexión, más es una obra de arte. Cuanto menos sea contaminada la fluidez de la creación por la necesidad de ganar dinero de una pieza de joyería, más me acerco a la expresión perfecta del arte. Es un gran desafío poder dedicarte a tu arte sin tener que pensar en intereses económicos. Pero claro que como artista también tienes que sobrevivir. Aparte de mis piezas únicas y hechas a medida, he empezado a fabricar en serie para el mercado comercial. Comienza con un boceto o diseño original que se funde en un molde para su producción 'industrial'. Aun así, incluso crear un molde es un proceso bastante artesanal. Cada pieza se hace en arcilla, a mano, para que sea auténtica. Siempre son parte de una edición limitada de ciento uno, así que son bastante exclusivos y no solo uno de esos artículos fabricados en China que valen cincuenta céntimos. Ésta producción 'industrial' me permite bajar los precios haciéndose disponible para un público más amplio. Vendo estas piezas de joyería en madera y mis diseños artesanales.

Los clientes también pueden darme especificaciones sobre lo que quieren. Lo que es importante es que todas mis piezas son hechas con la consciencia total de la conexión con el universo. De hecho medito sobre esa conexión para que aporte buena energía y amor, compasión, prosperidad, paz y alegría. Canalizo estos tipos de energía a la plata cuando está todavía líquida, con la idea de que las cualidades de los electrones conserven esos poderes en el interior de la pieza para que luego pueda transmitir esta energía positiva a través de vibraciones.

Me inspiran las escuelas de pensamiento de científicos, como Masaru Emoto, que han tenido el coraje de desafiar la comunidad científica con nuevos descubrimientos de metafísica desvelando realidades muy reveladoras. Esto me fascinó y nació mi interés por la metafísica. Lo llamo 'la alquimia del amor'. La idea de canalizar energías positivas específicas a mi trabajo viene de los experimentos de Masaru Emoto que experimentó con agua. El resultado fue impresionante. Los cristales en las muestras de agua que se habían puesto en un congelador cambiaban completamente cuando se escribía un mensaje poderoso en la botella. Eso me dio la idea para canalizar un mensaje poderoso a mis creaciones artísticas cuando aún se encontraban en su estado líquido.

También me gusta utilizar el simbolismo en mi trabajo, como los círculos de las cosechas, formas de la geometría sagrada que tienen una interacción con el medioambiente y supuestamente tienen una influencia positiva sobre la armonía del espacio donde se encuentran. Siento que estoy en el camino adecuado para mí en este momento de mi vida. Siento que me he encontrado a mí mismo, pero lo que me puede gustar hoy, quizás no me resulte tan atractivo mañana y está bien. No tengo arrepentimientos. Todo lo que he hecho en mi vida me ha llevado a donde me encuentro ahora y me encanta lo que hago. Esto no quiere decir que será lo que haga durante el resto de mi vida; no quiero limitarme ya que me gusta hacer cosas nuevas. Habiendo dicho eso, en mi carrera laboral previa solía aburrirme después de un tiempo pero siento que la joyería es diferente. Cuando un cliente quiere algo específico me sitúa en un lugar fascinante. Tengo que conseguir la manera de crear lo que quieren. Puede que no gane mucho dinero pero me proporciona un sentido en la vida y realmente merece la pena.

Si tuviera que describir mi arte diría que algo tiene que ver con la transmisión de poder, en un sentido esotérico y también en el sentido de formas que tienen la habilidad de transmitir vibraciones. Realmente es eso. También, en mi expresión artística personal, me gusta un aspecto vanguardista. Me gusta crear joyas con un toque futurista, lo que me fascina. Es difícil definir mi arte en pocas palabras porque hago tantas cosas diferentes, hago lo que me pide la gente aunque siempre trato de darle mi huella personal, fundamentalmente siempre relacionado con el esoterismo. Siento que es importante estar conectado con el todo y no preocuparse por nada ya que todo va a salir bien. El concepto clave de mi arte es la interacción dentro de la cual puedes crear tu propia realidad. Si puedes pensar y actuar con una actitud positiva obtendrás una buena respuesta en la vida.

Mi vida como artista profesional es bastante buena de momento. Disfruto haciendo lo que hago y ya que puedo organizar mi agenda puedo crear tiempo para dos cosas que también son muy importantes para mí. Uno es pasar tiempo con mi hijo, quien me ha enseñado por primera vez en mi vida que es posible amar incondicionalmente, un sentimiento muy intenso pero bello. En mi opinión es una de las cosas más bonitas que te puede dar la vida. Te hace seguir hacia adelante. La segunda cosa tremendamente importante para mí es soñar. Necesito soñar. Me gusta soñar, como aquí, ahora, viendo a mi hijo pasándolo bien en el columpio, contemplando mi vida. Soy un soñador."

Paolo Sgura

El olor a cuero

Viven encima de su taller/tienda, en una de los edificios más antiguos de La Herradura, en la calle Príncipe. Un cartel de madera en el que se lee 'Lilian Urquieta' indica la entrada a la tienda. Entro por la puerta y noto un leve olor a cuero. El taller se encuentra en la parte de atrás del acogedor local lleno de artículos de cuero, joyería y algunas prendas de ropa. La casa tendrá cerca de cien años. Donde ahora está el taller antes era una cuadra donde había burros y mulos. Hay algunas fotos antiguas de la calle que muestran que no ha cambiado mucho. Todavía puedes empaparte de la antigua atmósfera y tradición de épocas anteriores, especialmente durante las fiestas locales, como Las cruces y el día del Señor (véase también el capítulo de los festivos). La calle Príncipe está justo a la vuelta del Hotel Almijara . Quedamos en la tienda para la entrevista, Lilian e Iñaki se están preparando para un mercado de diseño y deben tenerlo todo listo para la fecha de entrega. No pueden dejar la tienda para una entrevista. Iñaki está en el taller y Lilian está sentada detrás de su mesa junto al mostrador de la tienda. Una luz brillante ilumina unos zapatos de boda blancos que ingeniosamente se convierten en un diseño temático, esto en solicitud de una prometida. Lilian no puede dejar de trabajar, incluso sigue pintando durante la entrevista. Lilian es la diseñadora e Iñaki el artesano. Ellos mismos crean las joyas, bolsos de cuero y demás artículos de la tienda. Lilian sigue reinventándose. Le encanta probar cosas nuevas y pintar zapatos es una de ellas.

Una mujer creativa, Lilian no es de La Herradura. Su padre es de Chile y su madre de León, pero se mudaron a Dinamarca donde nació Lilian. Sus padres decidieron regresar a España en 1989. Vinieron a La Herradura porque la hermana de su madre, Elena, es la directora del colegio local. Iñaki nació en Madrid y trabajaba como ayudante de cámara. Vino a La Herradura en el año 2000 para pasar el verano y se enamoró del pueblo. Decidió quedarse y empezó a trabajar como camarero. Se conocieron en el pueblo, en Marina del Este. Lilian estaba realizando un curso de orfebrería en Córdoba en aquella época y bajaba a visitar a su familia. Era el año 2007. Se hicieron amigos pero su amistad floreció en un romance que en el año 2015 se ha sellado con un certificado de boda. Cuando empezaron estar juntos se fueron a Madrid donde Iñaki de nuevo trabajó en televisión, pero a consecuencia de la crisis después de unos meses no había más trabajo. Volvieron a La Herradura y abrieron una tienda. Al principio vendían ropa, joyería artesanal y algún que otro bolso, pero ahora se ha convertido en un negocio serio y exitoso. A Lilian le gusta trabajar y sigue generando nuevas ideas que luego puede plasmar en estupendos complementos y diseños. Les encanta trabajar y vivir en La Herradura, aunque como ahora que su negocio se ha desarrollado y tienen clientes de todo el mundo sería más lógico que tuvieran una base en Madrid u otra ciudad grande. Pero … les gusta la atmósfera y la tranquilidad del pueblo. Es la calidad de vida lo que les hace seguir aquí, lo sienten como un nido hogareño y a ambos les gusta vivir cerca del mar; necesitan sentirse libres para ser creativos. Llevan sus creaciones regularmente a importantes mercados de diseño como Madrid y Barcelona para llegar a sus clientes. La Herradura es su base, con Granada y Málaga tan cerca es el sitio perfecto. Los contactos se hacen a través de internet.

Su trabajo, ha sido publicado entre otros en Vogue y en Elle, también cuentan con algunas celebridades españolas entre sus clientes. Fueron capaces de expandir su mercado gracias a las redes sociales. Es una intensa labor de diseño y creación de siete días a la semana y deben pasar mucho tiempo en internet para mantener el contacto con sus clientes actuales a la vez que buscan nuevos, para promocionar sus productos. Lilian explica que su trabajo es más que un empleo a jornada completa porque tienen que hacerlo todo ellos mismos, la comunicación, el marketing, las ventas, tomar fotografías de sus creaciones y publicarlas en la web... la lista es interminable pero por otro lado se sienten afortunados.

Lilian se inspira de lo que le rodea en ese momento. A veces se despierta con el diseño de un bolso en la cabeza, que rápidamente lo plasma en papel. Cuando encuentra tiempo para relajarse, por ejemplo, durante un concierto o una obra de teatro, es cuando se le ocurren muchas ideas. Tenía solo cuatro años cuando venía a La Herradura y siempre ha tenido interés por la moda. Recuerda que solía hacer collares de piedras de la playa cercana a su casa. Pintaba las piedras a mano de multitud de colores. Hubo un tiempo donde sintió la necesidad de encontrar su verdadera vocación en la vida y estudió quiromasaje en Granada, pero no le satisfacía y decidió estudiar joyería artística en Granada. Después fue a Córdoba para realizar el grado superior de joyería artística.

Cuando conoció a Iñaki, él empezó a ayudar con la joyería y comenzaron a introducir el cuero. Era lógico que el siguiente paso fueran los bolsos. Compraron una máquina de coser profesional y aprendieron mediante la experiencia. Fue una evolución personal y profesional. Ahora están orgullosos de que muchos hayan comprado sus diseños y fue una noticia fantástica cuando aparecieron por primera vez en una revista, fue en Vogue y la revista recomendaba su bolso. En ocasiones, gente que viene a La Herradura de visita sigue comprando sus productos online. Algunos de estos clientes, incluyendo algún que otro actor conocido, se han convertido en buenos amigos. Para proteger su intimidad, Lilian prefiere no dar nombres. Su clientela es una mezcla de personas generalmente madrileñas y extranjeros que visitan el pueblo. Tienen un puesto para promocionarse y vender sus diseños en el Mercado central de Diseño de Madrid. No se acepta a todo el mundo allí, solo a algunos diseñadores. No es un mercadillo artesanal aunque hay diseñadores de todo tipo de productos, lámparas, muebles, bolsos, lo que se te ocurra. Es una oportunidad fantástica para ampliar su negocio a la vez que viven en el pueblo que aman, rodeados de amigos afines.

A Lilian no le gusta repetirse, así que está constantemente buscando nuevas ideas y espera poder combinar pronto el trabajo con su amor por viajar, comprando tejidos en India y piedras en Tailandia entre otros. Siente que su trabajo transmite un modo de vida, una forma natural de vivir. Los materiales que usan son lo más naturales posible y apenas están tratados. Cuando utilizan una perla, utilizan una perla Barocca, que es una perla irregular. Solo usan cueros españoles, por encima de todos los cueros de vacuna. El cuero español es de muy buena calidad. Suelen comprar cierres o colaborar con diseñadores para crear una serie de cierres que sea solo suya. A veces encuentran cierres antiguos de alta calidad en mercados. Es fantástico, dice, cuando hacen un hallazgo de este tipo, que pueden incorporar a sus diseños. Su estilo y marca siempre tratan de conseguir crear algo especial. A Lilian le gusta seguir la moda y estar al día de las nuevas tendencias. El siguiente paso será una nueva colección cada seis meses. Parece tener una energía imparable y me ha sorprendido como ha podido contestar todas mis preguntas sin apartar la vista de su tarea que mientras tanto está casi acabada. Le agradezco la entrevista y me despido. Al caminar hasta la puerta me percato de que ya no noto el olor a cuero, pero me siento inspirada para reinventarme a mí misma gracias a una talentosa pareja.

Lilian Urquieta - www.lilianurquieta.com

Un enfoque diferente

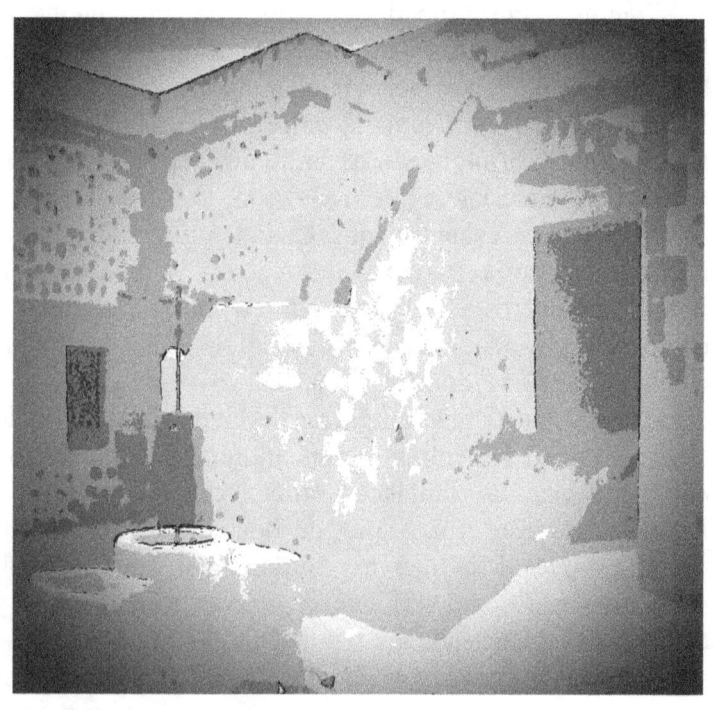

Culto, religión y arte

Un fuerte viento parece empujarnos mientras caminamos por la estrecha calle de Las Palomas para visitar el viejo vivero situado en la proximidad del mar, entre el alboroto de colegiales, rumor de gaviotas, olas y conchas mediterráneas, donde hace bastante años atrás se desbocó el vivero en una máxima producción de plantas ornamentales lo que favoreció económicamente a muchas familias de La Herradura. En los actuales tiempos tomado y adaptado en sus funciones como un lugar de estudio donde se desarrolla la creación artística de Juan Manuel Calvache.

Mario Aguilar me acompaña a la entrevista con Juan Manuel. Conforme llegamos Juan Manuel sale y nos pide que esperemos unos minutos. Se encuentra en mitad de una de sus creaciones artísticas y no quiere que nadie la vea todavía. Su estudio es privado y no está abierto al público ya que necesita la paz y tranquilidad para producir sus obras. Con su permiso entramos en la mayor estructura plástica que sigue mostrando rasgos de lo que un día fue, con algunos ornamentos, macetas y muebles de jardín pero con un atmósfera sorprendentemente alegre gracias a algunas de las interesantes obras de Juan Manuel. Hoy reina un ambiente aún más místico mientras el viento, que agita la estructura de plástico, de alguna manera acalla la agradable música clásica de fondo que viene de la dirección del antiguo mostrador.

He visto a Juan Manuel muchas veces mientras pasa por la calle Real camino del vivero. Una figura excepcional con sus gafas de sol redondas, un sombrero que parece oriental tipo fez y un chaleco con bordados llamativos y pequeños abalorios, aplicados cuidadosamente por sí mismo. Me presento y soy recibida con una cálida sonrisa tanto en sus brillantes ojos azules como en su rostro. Nos sentamos entre algunas de sus obras 'en proceso'.

Juan Manuel vive en Almuñécar, pero cada mañana viene

andando desde Almuñécar a La Herradura para crear sus obras de arte en el antiguo vivero, ahora su estudio, y por la tarde vuelve andando a casa. Lo llama un paseo meditativo. Un paseo donde también contempla su próximo trabajo, sintiéndose inspirado por lo que se encuentra.

La historia de la creatividad de Juan Manuel comienza cuando era un niño pequeño. Nacido en una familia sin ningún tipo de interés especial en el arte o el teatro, la creatividad no era evidente en sus genes, pero definitivamente estaba en él. Desde una edad muy temprana le gustaba destacarse y organizar eventos teatrales. "¿Hacemos una obra de teatro?" les preguntaba a los demás niños del barrio, pero todos preferían jugar al fútbol. Al llegar la Semana Santa, Juan Manuel creaba imágenes del material que pudiera encontrar y hacía exhibiciones de su particular y peculiar S. Santa.

"Dicen que Lorca, cuando era niño, se impresionó y fascinó ante la visión de un teatro de marionetas. Pues lo mismo me pasó a mí" dice Juan Manuel llegando a crear y desarrollar su exclusivo teatro infantil de títeres y marionetas, con obras de su propia fantasía e imaginación. Sin apreciarlo ni sospecharlo, con el paso de los años llego a ser y convertirse en todo un miembro y profesional de tales actividades teatrales. Entabló y frecuentó gran compañerismo y amistad con Robert Lenton, llegado desde su país, Estados Unidos, concretamente desde Filadelfia".

Conocí a Robert Lenton por obra y gracia de Federico García Lorca, por el cual sentía una total y verdadera pasión. Trabajar con Robert, integrado como uno de los titiriteros, fue algo como un prodigio mágico y fabuloso, un viaje fuera de este mundo y la realidad", comenta Juan Manuel."

Sus obras de arte tienen una relación íntima con la religión. Le pregunto a Juan Manuel qué le fascina de la religión y por qué se siente atraído hacia ella. Explica que es un asunto de estética de la imagen. No tiene nada que ver con la fe. No practica la religión, no va a la iglesia y siente que tiene sus propias convicciones. Habla de un amigo al que le fascinaba el mundo del Vaticano. Lo amaba como si fuera una función de títeres. Para Juan Manuel es principalmente estético, lo que él ve sobre todo, es el arte. Le encantan las imágenes católicas pero para su propio arte los transforma con pintura en collages. Sus obras están continuamente en proceso ya que sigue añadiendo y sustituyendo partes de la obra. Explica:

"Intento hacer las cosas aún más coloridas pero siempre con respeto. Hago principalmente collages y utilizo muchas aplicaciones de oro y lentejuelas. Mi inspiración simplemente aparece, no está relacionada con un lugar o una persona en particular. Pero sí que hay cosas que me dan ideas, como las *femmes fatales* en las películas, la religión pero con un poco de provocación, lo prohibido y letal, todo muy colorido. Es arte transformacional. Algo ya existe, como una estatua de la Virgen María que luego pinto y añado materiales específicos. Es una mezcla de arte pop y kitsch. Me considero un artista versátil, autodidacta, pero es todo muy andaluz. Cuando trabajé en teatros a lo largo de mi vida, solía crear vestuario y decoración. Me encanta el proceso de transformación. Cambiar ropa, cambiar objetos. Creo mi obras porque me gusta el proceso creativo con una pieza de arte como resultado y, aunque me gusta presentarle a la gente una imagen agradable que mirar, suelo crear para mí mismo."

En esta etapa de su vida siente que aquí encuentra todo lo que podría necesitar. Lo que llevaba buscando toda la vida lo ha encontrado en Almuñécar y La Herradura, es decir la paz interior. Ha viajado mucho en busca de ese estado de ánimo particular, siempre buscando el sitio ideal, sin darse cuenta al principio que el lugar perfecto era el mismo lugar donde nació.

Cuando murió la madre de Juan Manuel, la casa familiar pasó en herencia a sus hermanas y a él. Como Juan Manuel tenía la intención de comprar la casa de sus hermanas decidió vivir en ella y convertirla en una especie de historia artística, como un museo, un museo que no recibiría publicidad. No la necesita. En verano las ventanas y puertas a veces están abiertas para que la gente sea invitada a pasar. Invitados por Juan Manuel, cuando a él se lo parece. Es su mundo, la historia de su vida. Es una recopilación de todas sus vivencias, como un álbum creado por esculturas, cuadros y collages. Me explica qué significa su casa para él, "Estoy sentado en el salón, en la oscuridad, sin luz, solo el brillo dorado de la luz de las farolas filtrándose por las ventanas. Sentado en mi silla, con una copa de vino tinto, contemplando lo que me rodea que es como mirarme en un espejo. Un espejo interno. Estoy rodeado por mi vida, es una historia y un cabaret."

La Herradura es su estudio, donde crea su arte, pero antes de que su arte esté terminado, ya sabe dónde irá en su museo privado. Juan Manuel explica que cuando comienza una obra tiene el tema en mente pero no sabe cuál será el resultado final. Le pregunto cómo sabe cuándo una pieza está terminada. Dice que es algo que siente, pero que es muy posible que una vez que lo tenga en casa sienta la necesidad de añadir algo. Es como un proceso interminable.

Juan Manuel lo recicla todo. Encuentra materiales en cubos de basura, en rastrillos y cuando la gente deja cosas en la calle para ser recogidas por el ayuntamiento a horas específicas. Tiene una ruta especial que toma en su paseo diario de Almuñécar a La Herradura. Encuentra todo tipo de cosas, como viejos maniquíes de tiendas y torsos que luego transforma. Nunca tiene prisa porque ni su arte, ni su casa-museo llegarán a estar completadas. Ambos están en continua evolución. Están vivos.

Juan Manuel siente que incluso es ayudado por una extraña fuerza para encontrar las cosas que necesita. Explica, "Cuando pienso en algo que necesito, lo visualizo en mi cabeza, me imagino trabajando en ello y luego siempre lo encuentro en la calle. Por ejemplo, había creado un personaje, un señor feudal, sentado en su silla. Pero necesitaba algo para soportarle las piernas. Estuve pensado en ello y tenía planeado ir al rastro de los domingos en Almuñécar para buscar la pieza que me faltaba. Unos días antes del rastro, paseaba por Almuñécar y planeaba hacer mi ruta usual. Por alguna razón decidí tomar una ruta diferente. Nunca antes había tomado esta ruta y entonces, en el fondo de un gran contenedor, encontré el pequeño taburete perfecto. Era exactamente como lo había visualizado en mi mente. Esto me pasa a menudo, y para ser sincero, también me asusta un poco."

Juan Manuel sonríe y dice que sucedió una cosa parecida cuando necesitaba decoración para una de las habitaciones de su casa, que está dedicada a Méjico. Le fascina la cultura mejicana. Ese domingo en particular fue al rastro y ahí estaba. El primer puesto tenía exactamente lo que necesitaba. Un trozo de tela con un dramático estampado de flores. Lo cogió y miró por detrás. ¡Decía Méjico! Estos momentos todavía le resultan difíciles de creer pero igualmente los acoge bien.

La casa en que vive ahora también fue el resultado de uno de esos momentos. Juan Manuel vivía en un apartamento en Almuñécar y no tenía ningún deseo de comprar la vivienda familiar. Una noche mientras volvía caminando de La Herradura, contemplaba la luna llena sin mirar a donde iba. Se tropezó y se hizo daño. A la mañana siguiente apenas podía levantarse y su hermana dijo, "¿Por qué no te quedas en la casa de nuestros padres que será más fácil para ti?" Juan Manuel hizo lo que le sugirió y pasó la noche en la habitación donde solía dormir su madre. Era como si ella le hablara. A la mañana siguiente se despertó y lo tenía todo claro: ¡*voy a comprar esta casa!*

Y así fue. Habla con cariño de su madre y de la energía especial de esta casa. Fue un cambio radical para él y se alegra de haberlo hecho. Se siente protegido por su madre y le gusta hablar con ella.

Juan Manuel está en paz y contento con su casa, su arte y su vida. Describe su casa como inspirada por Visconti, con un sentido barroco y muchos candelabros, cortinas y alfombras. Es un proyecto especial. Una interacción de instalación teatral. La historia de su vida.

Cuando habla de La Herradura también es con cariño, pero le gusta recordar los viejos tiempos. Cuando todavía se llevaba a los caballos a la antigua fuente del Chorrillo a beber agua bajo la luz superficial de las farolas, "era muy bonito, muy auténtico" dice Juan Manuel.

"Me gustaría que La Herradura volviera atrás en el tiempo. No hay ninguna realidad en eso, pero tengo mi propia realidad cuando le doy un sorbito a una excelente copa de vino tinto, iluminado por el brillante y dorado resplandor de mi vida representado en collages, como la vida misma, capas de experiencias, atrapadas y traídas a la existencia por las farolas amarillas frente a mi hogar."

Juan Manuel Calvache (Tito)

Un castillo pintoresco

Ojos amistosos y risa contagiosa, palabras sensibles que fluyen como una cascada, seguidas de un espontáneo río de pensamientos provocando ideas, no siempre fáciles de comprender. Amable, de voz suave, ingenioso, solo puedo describirlo como algo trascendental, como si fuera de otro mundo, envuelto en una ola meditativa o, quién sabe, quizás en un viaje astral. De algún modo todo tiene sentido y a la vez nada lo tiene. Actualmente es todo sobre las ondas... las ondas energéticas, ondas de sonido, ondas cuánticas, invisibles al ojo humano, las ondas visuales, las infinitas y de lo micro y lo macro, todo está capturado felizmente en el moderno medio de YouTube donde su presencia siempre está creciendo. Sus intereses y prolífico cuerpo de trabajo pintan un cuadro fascinante del artista que de alguna manera ha perdido su página web, pero no le importa. Solo tienes que añadir su nombre a un motor de búsqueda y te encontrarás con un mar de elecciones para saber más sobre Manuel Lecrín. Toma asiento y da un sorbo de su té de anís.

Manuel Lecrín explica que nació en Dúrcal, en el Valle de Lecrín. Por tanto no es su nombre de nacimiento. Es su nombre artístico y todo el mundo le conoce como Manuel Lecrín e incluso lo ha llevado en su carnet de conducir los últimos dieciséis años. Dúrcal es la capital del Valle de Lecrín y uno de los mayores pueblos. Este valle es referido como *Valle de la Alegría del Árabe* y conocido por sus naranjos y almendros, así como por sus montañas y ríos.

Manuel lleva viniendo a La Herradura prácticamente desde que nació ya que sus padres pasaban aquí las vacaciones. Les encantaba este lugar. A sus padres les gustaba la playa y el mar. De hecho se plantearon instalarse en el pueblo, pero acabaron comprando una casa en Torre Nueva. Aun así, cada año venían tres o cuatro meses en verano y los fines de semana a la zona de Almuñécar y La Herradura, pasando tiempo con amigos y, durante el verano, pescando con su padre y comiendo chumbos. Era una época genial para el turismo en la época cuando España comenzó a abrirse al mundo.

Manuel continúa: "Crecí en el campo alrededor de Dúrcal y Marchena, pero fui a Granada para estudiar, haciendo un preparatorio de bellas artes. Tenía veintidós años cuando decidí abrir una galería en Almuñécar. Me encantaba el arte y siempre había pintado y hacía cosas creativas desde que era un niño pequeño. La galería estaba en un espacio detrás del ayuntamiento. Era un lugar para exhibiciones y ferias de arte pero también era mi estudio, donde creaba mi arte. Juan Calvache fue uno de los primeros artistas en exhibir en esta galería. Lo conozco desde hace treintaidós años, desde que vine al pueblo. Hacía sus espectáculos de marionetas. La escena del arte era interesante en aquellos tiempos y de 1985 a 1990 organizamos una feria de arte internacional cada año. Yo ayudaba con el montaje y la instalación. Coincidía con la misma época del año que el festival de jazz en el Parque del Majuelo, en Almuñécar. El festival de jazz y la feria de arte también ocurrían a la vez que muchos eventos culturales.

En 1987 abrí una galería en Marina del Este, en La Herradura. Jorge Graver me ayudaba allí cuando salía de viaje, Jorge es un alemán que antes tenía una galería de arte en Freiburg, Alemania. Murió hace ya muchos años pero era un buen amigo. Con los años la galería ha visto pasar a artistas realmente buenos. Algunos de ellos desgraciadamente han fallecido. Era divertido y es un buen local en la marina. Siempre había movimiento y muchas actividades culturales. En 1991 también monté el estudio de arte en Marina del Este.

Ahora tomo otra ruta, voy a otras partes. Espero poder moverme con las exhibiciones de otros artistas para crear una especie de museo con diferentes espacios culturales. Actualmente estoy involucrado en discusiones sobre instalaciones, nuevas alternativas y nuevas ideas con un grupo de artistas en Granada para crear proyectos internacionales por todo el mundo."

Manuel también ha firmado un contrato con el ayuntamiento para exhibir su arte en partes del castillo de La Herradura. Inicialmente el contrato era para un año, pero ahora le han concedido más o menos una base permanente. Así que las obras de Manuel pueden verse mientras visitas el castillo.

El castillo fue construido como parte de una estrategia de defensa de la costa por el antiguo reino de Granada, durante el reinado de Carlos III. Su nombre original era *Batería para cuatro cañones de La Herradura* y se completó en 1771. Está situado a aproximadamente 120 metros de la playa, situado intencionadamente para proteger el río Jate. A comienzos del 2005, el castillo fue adquirido por el ayuntamiento de Almuñécar para poder restaurarlo y dedicar el castillo a eventos culturales. No ha sufrido ninguna acción militar grave y también fue utilizado como Cuartel de la Guardia Civil. Por esta razón, se había llevado a cabo el mantenimiento regularizado y gracias a ello se encontraba en bastante buen estado. La primera fase de la restauración empezó en marzo del 2007 y durante las excavaciones pudieron recuperarse los antiguos cañones. Como centro cultural, el castillo es muy flexible (acoge un festival de blues y otros eventos durante el verano) y se adapta a las características del edificio. Las obras de Manuel Lecrín forman parte de ello.

"Actualmente estoy creando mucho arte digital. Esto se vende a través de un disco o vía email, por la cual las personas pueden pinchar en un enlace a la obra, como si fuera un cuadro real, el cual puede ser proyectado en una pared. Es una película y me interesa darles mucho movimiento siendo su propósito principal la estética. Así que no contiene información. Estas piezas de arte son por el puro placer de la contemplación, por el placer de la técnica, una explosión de color, un mundo que te puede envolver. También es una atractiva decoración que puedes adquirir por un poco de dinero a través de internet y ser disfrutado por muchos. Es como comprar un CD con música o una película en DVD, pero en vez de ello compras un CD con arte.

Tengo tantas ideas que a veces es confuso. Quiero pintar, quiero hacer arte digital, quiero comprobar cosas en internet. Tienes que mantenerte al día con la vida moderna como YouTube y Facebook. Quiero hacer tantas cosas pero no puedo estar en todas partes a la vez. Hay que organizarse ya que hay tantas cosas interesantes y posibilidades ahí fuera. De hecho tengo que eliminar muchas ideas o dejarlas pasar por razones al analizarlas, pero sí que pretendo comunicar algo.

Siempre estoy investigando mi origen, es un juego al que me gusta jugar. Me gusta hacer lo que hago. Me he enamorado de cada obra, cada colección. El arte lúdico me interesa mucho y hacer nuevas colecciones cada cuatro años me divierte y siempre estoy explorando nuevas tendencias. Siento que la gracia del arte es la imperfección, nadie es perfecto. El arte no es perfecto, es una investigación para algunos. La gracia también crea espontaneidad y pequeños defectos pueden ser encantadores, es humano. Esta es la diferencia con los productos industriales. Un vaso o una taza tienen que ser perfectos. Ahora vivimos en tiempos más tecnológicos y nos estamos convirtiendo todos en pequeños androides, con nuestro WhatsApp. Todo esto es genial, pero en mi opinión se trata de encontrar el equilibrio, el Ying y el Yang.

El equilibrio es muy importante para mí. Practico yoga todos los días. Hago ejercicios saludables. Me gusta mantener mi cuerpo y mente sanos. Hago ejercicios clásicos de gimnasia y me ducho con agua fría todos los días. Después de eso hago algo de relajación y meditación. Encuentro todo esto muy interesante y lo incluyo en mi trabajo. Nosotros, los artistas visualizamos

mucho, también nuestro propio mundo interior. Necesitamos crear una escena o atmósfera. Me considero sinestésico.
Lo que también es importante en mi opinión es la respiración. Ser consciente de tu respiración. El oxígeno alimenta todas las células de tu cuerpo. Esto es lo que me gusta de Hatha Yoga. Tienes que aprender a concentrarte y cuando se te da bien incluso puedes hacer un viaje astral. Viajar gratis al infinito..." Manuel se ríe y añade que no a todo el mundo le interesa este tema y no todo el mundo lo necesita. Pero sí que siente que la gente debería dedicar tiempo a relajarse, que es muy importante. Respirar correctamente forma parte de ello, según Manuel. "Necesitamos aire fresco, necesitamos respirar y este plano terrestre es todo lo que tenemos. Con solo subir a 5000 metros de una montaña, la mayoría de las personas ya no pueden respirar. Solo tenemos 5 km de aire respirable y deberíamos ser más conscientes de ello".
"Creo que todo está relacionado" continua. "Las estrellas y el micro y macro. Solía usar eso mucho en mi trabajo. Es todo sobre la energía. Nosotros somos energía y todo lo que nos rodea es energía. También me gustan las plantas, los pájaros, los colores de las flores, el olor de la fruta. Estas cosas pueden despertar la sensibilidad en una persona. Tengo muchas plantas en mi casa y siempre me ha gustado vivir en el campo. Me gusta crear un arca de Noé para plantas desde pequeño. También tengo fuertes puntos de vista sobre la conservación y me entristece que tantas especies animales y de plantas se hayan extinguido. El humanismo es muy importante para mí y creo que se refleja en mi trabajo y personalidad. Tiendo ser primigenio y futurista.
Principalmente el mensaje de mi arte es invocar belleza y actualmente lo hago interrelacionando el micro con el macro, de lo que ya he hablado antes. La colección en la que estoy trabajando trata sobre ondas invisibles. Todo se mueve por medio de ondas, nuestras voces, imágenes, la

luz, el sonido, la televisión, lo que se te ocurra. Reproduzco estas ondas estéticamente, siempre buscando la belleza. El mensaje es la relación que se encuentra entre el mundo visible y el invisible, y la comprensión de que ambos mundos son inteligentes. Trabajo con células y planetas, con galaxias y con la infinita mente, porque la mente es infinita. Buscando infinitas formas de ver el arte porque el concepto de arte ha cambiado mucho desde los años setenta. Hoy en día todo puede ser arte. El arte de narrar, teatro, el arte de cocinar, el arte del movimiento. Todo tiene una forma de arte... una película, la arquitectura y la botánica por ejemplo, incluso para crear un jardín necesitas una sensibilidad especial y vocación. Soy panteísta donde se considera que todo es parte divina y todo se interrelaciona.

El proyecto en el que estoy trabajando ahora mismo trata de intervenir con arquitectos, diseñadores y decoradores para crear un equipo. Con este equipo podemos encontrar localizaciones donde personas puedan interactuar con diferentes artes, cada uno con su propia especialidad. Siento que sería bueno si arquitectos colaborasen más con artistas, porque con los mismos materiales, el mismo cemento y los mismos colores puedes crear un 'cuadro' precioso o un 'cuadro' no tan bonito. Hablamos de hacer un mundo más harmónico e interesante.

Aunque paso mucho tiempo en Granada mi corazón sigue en La Herradura y Almuñécar, donde está mi hogar. Siempre he hecho cosas en La Herradura y tengo la imagen de un lugar donde la gente vivirá para siempre, donde la gente puede apreciar a los artistas, donde el estrés desaparece y donde todo el mundo está protegido por los ríos y las montañas, un paraíso, y ¿no sería bonito poder crear un centro cultural con sabor a contemporáneo, un espacio para disfrutar el arte pero también una taza de café?" Resulta fácil estar de acuerdo. Agradezco a Manuel la entrevista y le acompaño hasta la puerta donde terminamos con un *encantado de haberte conocido* y un beso de despedida. Entonces es cuando vuelve esa encantadora risa.

Manuel Lecrín

La vida es teatro, el teatro es vida

"Vivo en la preciosa Herradura, pero nací en Bilbao en el norte de España. Mi nombre lo delata. Josune es un nombre vasco y es el equivalente femenino de Jesús. Mi nombre completo es Josune Sáinz Santana. He estado viviendo en La Herradura con mi hija, que ya es casi adulta, desde el 2004. Vivimos en una casa con maravillosas vistas al mar.

Es una zona muy tranquila, a solo 20 minutos caminando hacia el centro del pueblo, y me encanta. La Herradura tiene varias urbanizaciones en sus alrededores, entre otras San Antonio al lado oeste de la bahía en la zona de Cerro Gordo, San Nicolás en el centro y al lado este San Carlos con algunos racimos de casas en el medio. Tranquilidad es la norma en estas urbanizaciones con casas en un estilo típico del sur, situadas perfectamente para sacar el máximo de las vistas del mar y las montañas cercanas. Zonas verdes, jardines y macetas con plantas y árboles se añaden a la atmósfera idílica.

La Herradura, en mi opinión, tiene una energía muy especial. Conozco a gente a quien no le gusta en absoluto, pero hay otros que se enamoran a primera vista, como lo hice yo. Algunos vienen solo a pasar un mes y acaban quedándose años. Para empezar no sabía cuánto tiempo me quedaría, pero el pueblo me acogió. Dejé Bilbao porque me gusta viajar. Viajé por toda Sudamérica y luego por Europa y conocí a alguien del sur de España. Así me decidí mudarme a Andalucía. Viví en Cádiz durante tres años y luego en Las Alpujarras otros cinco. Conocía la zona de La Herradura porque tenía amigos que se dedicaban al teatro en Almuñécar. Comencé a asistir a clases de teatro en Almuñécar, y después de dos años me di cuenta de que el teatro forma una parte importante de mi vida. A partir de eso, junto a otros entusiastas del teatro, alquilamos un local y creamos una asociación llamada *Comunicarte*. Para entonces ya tenía claro lo que quería y había decidido dedicar gran parte de mi vida al teatro. Ya me había mudado a La Herradura hacía un tiempo. Hasta el día de hoy, Almuñécar significa mucho para mí, tanto a nivel laboral como culturalmente, pero me gusta mucho vivir en La Herradura. Me ofrece todo lo que podría desear y ha sido el lugar perfecto para criar a mi hija que solo tenía seis años cuando llegamos aquí. Hay muchos niños en el pueblo incluyendo diversas nacionalidades. Eso me gusta y ha proporcionado a mi hija la oportunidad de conocer otras culturas, lo que considero muy importante. La paz de vivir en un pueblo pequeño y las comodidades de pueblos más grandes cercanos está muy bien.

Mi vida sigue centrándose en el teatro. Actualmente formo parte de otra asociación llamada *Dionisio Theatre*, que es un grupo teatral de Almuñécar. También sigo dando clases a niños y adultos por igual en La Herradura. Tengo un punto débil por los niños, me encanta trabajar con ellos. El primer curso en el que participé fue un curso de clown, con el objetivo de poder trabajar con niños. Desde entonces he asistido a muchos cursos de payasos y animación, y después continué con la formación teatral. Estuve durante unos cuatro años con un grupo teatral de Madrid que realizaba espectáculos, que vivían en las Alpujarras y actuaban a nivel nacional. Trabajar con ellos me enseñó una barbaridad ya que eran muy profesionales. Hicimos diversas cosas incluyendo baile y actuaciones de payaso. Al principio, mi trabajo consistía en mucho teatro de calle, pero hoy en día suelo trabajar en teatros. Aun así, mucho del teatro que suelo hacer es improvisación y varía constantemente. A veces escribo obras de teatro con los niños mismos, es un proyecto conjunto, ellos dan sugerencias que luego apunto y en unos días tenemos una obra lista. A menudo utilizo obras ya existentes, de Reinaldo Jiménez Morales por ejemplo, un poeta y dramaturgo de obras para niños de aquí del pueblo. También transformo sus cuentos infantiles en obras de teatro.

Las clases son para niños de cuatro a doce años y ahora mismo tengo tres grupos. Tienen lugar en el centro cívico de La Herradura. Desde que vivo aquí he participado en muchos proyectos y he dado actividades extraescolares haciendo artesanía y teatro. El ayuntamiento me permite ofrecer clases de forma gratuita. El departamento de cultura de Almuñécar, al que pertenece La Herradura, ofrece muchas oportunidades desde mi punto de vista, a la música, al teatro, al arte, etc.

Existe una profunda tradición teatral, también en La Herradura, y un buen ejemplo de ello son los carnavales. La primera toma de contacto es a una edad temprana y ponen mucho detalle a la preparación. Como artista diría que adoro transformar y transmitir algo a la gente. Eso es teatro. Es como un juego y me gusta 'jugar' en el teatro. Es algo que intento comunicar a los niños, deshacerte de los miedos y jugar, jugar, jugar. Es como la vida, pero aparte puedes ser el personaje que elijas. Una vez que estás sobre el escenario, junto a otros actores, te conviertes en un medio de expresión y cualquier miedo desaparece. Siempre les digo esto a los niños... 'cuando te preparas bien, aunque estés un poco nervioso, durante la obra te olvidarás de ti mismo y te meterás en el papel, dejas de ser tú. Entonces todo sale bien y se disfruta.'

Una vez al año presentamos el trabajo del grupo de teatro de los niños mayores en el concurso teatral de Almuñécar, Certamen Martín Recuerda. Siempre en el mes de mayo. La decoración del escenario y los disfraces los diseño yo. Intento involucrar a los padres todo lo posible pero siempre guardo cosas de actuaciones anteriores para tener una amplia colección de la que elegir. Lo guardo todo en mi casa, lo que conlleva, como podrás imaginar, ocupar todos los armarios y cómodas. A veces me olvido de que tenía algo en concreto, lo que se convierte luego en una grata sorpresa.

Después del certamen, a finales de mayo, solemos representar las obras en La Herradura. Por la mañana se

representa para los niños de primaria de la escuela local y por la tarde para los padres. Siempre estoy activa a nivel local haciendo animaciones teatrales, normalmente por una buena causa. Por ejemplo, hicimos representaciones en el paseo y en las playas. Nuestro principal mensaje era concienciar a la gente de que no consuma peces demasiado pequeños. Nos disfrazamos de peces. Éramos un grupo de seis o siete personas. Yo era la reportera y entrevistaba a la gente. Hicimos esto en La Herradura también. Me gusta este tipo de actuación.
También echo una mano durante los carnavales y eventos escolares. Supongo que se podría decir que el teatro es mi vida a pesar de que soy muy tímida en el fondo, por esta razón, también es un reto para mí, un reto mágico y fantástico. La vida me lo ofreció y está en lo más profundo de mi corazón. He tenido el placer de trabajar con personas que también viven el teatro desde el corazón y lo llevan en la piel. Algunos de mis profesores han dedicado cuarenta años de su vida al teatro. Cuando dejaron de ser activos como actores quisieron transmitir su amor por el teatro así que se hicieron maestros.
Aunque ahora soy una persona dedicada profesionalmente al teatro mi vida no fue siempre así. Tengo un grado en diseño técnico y artes gráficas. Me viene bien porque puedo diseñar nuestra escenografía. Siempre me ha gustado trabajar con las manos y he hecho todo tipo de talleres en este campo, como por ejemplo trabajar con madera y cuero. De hecho, desde los diecisiete años hasta los treinta me gané la vida creando artículos de cuero, pequeños objetos y bisutería que luego vendía en ferias medievales y mercadillos de verano. En cierto modo, siento que todo está relacionado. Puedo dar forma a un objeto que cuenta una historia con mis manos, o contar una historia con mi cuerpo y mi voz. Hoy en día mis estudios artísticos siguen siendo útiles en los tiempos de crisis. Puedo crear joyería artesana y otros bonitos obsequios para vender en mercados. Durante los meses de

verano cuando el trabajo teatral se calma un poco, trabajo por las mañanas en la escuela de verano y tengo un puesto en el mercadillo artesanal por las tardes en la Plaza Nueva.

La vida me parece muy especial, cada momento. Estoy muy agradecida por ello. Desde que era joven siempre vi a mis padres trabajar duro en trabajos que no eran los de sus sueños. Decidí que solo trabajaría en cosas que me gustasen. Por eso escogí este camino, por eso me dedico al teatro y a la artesanía ocasionalmente. Es una bonificación cuando recibes esa agradable sensación de que a alguien le gusta algo que has creado. No intento transmitir un mensaje específico con lo que hago, pero cuando trabajo con niños intento ser muy objetiva. No siempre es fácil.

Me encanta trabajar con niños, enseñarles lo que sé y transmitirles mi amor por el teatro. Mi objetivo siempre es el trabajo en equipo y dejar los prejuicios. Tratar de eliminar los miedos y de respetarse los unos a los otros. Cada uno tiene un papel importante en esta obra de teatro, no solo el protagonista. En el grupo, todos son iguales e importantes. Estamos todos en ello y hay que trabajar juntos, que, desde mi punto de vista, es una lección muy valiosa. Todo esto es muy satisfactorio. Me parece que La Herradura ya es, pero podría ser un lugar incluso más maravilloso e inspirador donde las personas puedan acudir para experimentar el arte, la cultura, literatura, música y teatro, donde se reúnan los artistas para conocerse y colaborar. Personalmente... me encanta mi trabajo. Amo mi vida, me encanta donde vivo, aquí, en la preciosa Herradura."

Josune Sáinz Santana

El mágico camaleón de la playa

Es como entrar en una obra de arte, este bar singular con un toque oriental y muchos colores cálidos abrazándote de forma acogedora con un sentimiento de bienvenida. Hay abundantes objetos que podrían dar la sensación de no encajar, pero aquí todo funciona de maravilla. Una vieja armadura medieval, paredes con temática de fauna salvaje en coloridos estampados de leopardo te toman por sorpresa cuando entras. Unas cuantas mesas y sillas adornan el pequeño escenario que presenta espectáculos de música en directo. Desde aquí, puedes asomarte por la ventana y disfrutar del mar enmarcado por dos conjuntos de palmeras, estirándose con orgullo hacia el cielo.

Cada pequeño espacio está cubierto por curiosidades artísticas, como una gran jaula con marionetas asiáticas, una pequeña figura de disco sobre una oscura mesita de noche de madera y una obra de arte hecha de vidrio pintado, todos se complementan entre sí. Hay extraordinarios toques indios, indonesios y árabes por todas partes.

Al fondo del bar hay un patio encantador que es igual de artístico con objetos de kitsch y de arte, todos delicias para la vista. Coloridos bancos de cemento, sillas y mesas de plástico, madera, hierro y de mimbre están juntas armoniosamente, como la mezcla de los diferentes tipos de personas que vienen al establecimiento. Hippies, políticos, empresarios, jóvenes y mayores, todos son bienvenidos en La Cochera. Es uno de los bares más conocidos de La Herradura y es famoso por su oferta excepcional de música, particularmente los fines de semana. Es muy querido tanto por los herradureños como por los turistas y así lleva siendo desde hace muchos años. "Incluso apareció en algunas escenas de una famosa revista de cómics de los ochenta llamado El Víbora, el dibujante de esta historia fue Juanfran Cabrera que es un herradureño", dice el carismático dueño, Antonio.

Antonio creció en La Herradura y habla con cariño de los años sesenta y setenta del pueblo que le vio nacer. Recuerda que aún era un niño cuando un amigo y él fueron a la calle Real a absorber la extraña y maravillosa atmósfera del bar El Sombrero, que estaba situado donde ahora hay un pequeño supermercado. A las tres de la mañana las mujeres aún estaban sentadas en las calles para tomar un poco de aire fresco en las puertas de sus casas. El Sombrero era una antigua casa donde guardaban las mulas, antes de convertirse en bar. Antonio y su prima, María Mercedes, a la edad de cuatro y cinco años, se escondían tras la puerta para espiar a los extranjeros y escuchar música.

La Herradura era muy moderna para sus tiempos y atraía a personas muy interesantes. Durante los años sesenta, setenta y ochenta abrieron más chiringuitos. Antonio recuerda La Pelillera antigua en particular, abierta por un sueco llamado Sven. Por entonces Antonio ya tenía unos catorce años y le impresionaba este 'nuevo mundo' creado generalmente por personas de Madrid, París y otros lugares. El turismo llegaba a su auge durante los meses de verano. Junio, julio y agosto era la época para conocer a otros niños franceses, holandeses, alemanes e ingleses que venían a pasar el verano con sus familias. En aquellos tiempos, las familias del pueblo eran pobres y muchos alquilaban habitaciones a turistas extranjeros. Esos fueron tiempos llenos de alegría para Antonio, pero en septiembre, se marchaban todos y se sentía triste.

De jovencito siempre estaba dibujando y le gustaba sobretodo hacer figuras. No era un estudiante aplicado, pero sus padres querían que estudiase fuera de La Herradura y le obligaron a estudiar dibujo técnico en Granada. No era realmente lo que le interesaba, pero lo hizo por obligación. Tenía diecisiete años cuando le dejaron vivir ahí solo. Entonces encontró un amigo en Granada. Este amigo era considerablemente mayor que Antonio y le introdujo en los bares con música en directo.

Recuerda un bar llamado La Garnacha donde se tocaba música jazz y fue este ambiente especial del que Antonio se enamoró.

La Cochera abrió hace treinta años en una plaza de garaje que no se usaba, para recrear un ambiente especial, mezclando todo tipo de personas, divirtiéndose y escuchando buena música; durante los fines de semana música en vivo. Antonio fue inspirado por lo que había visto en Granada años atrás, pero siempre le gustó la hospitalidad y llevar un bar le venía como anillo al dedo. Su creatividad brilla a través de lo que ha creado. Aparte de su amor por el dibujo también pinta, pero es una afición. Siempre que ha creado una pieza de arte y hay alguien a quien le gusta, se lo regala. Antonio es el artista que ha creado una obra de arte en La Cochera.

Hace treinta años la decoración estaba en la misma línea que ahora, pero ha ido cambiando continuamente. La ′paleta′ de Antonio viene de la vida misma, de conocer a gente, viajar y conocer otras culturas. Se inspira y luego usa las ideas que le gustan. A veces recupera objetos que las personas tiran y les da una nueva vida. Aun así, siente que no podría haberlo hecho sin toda la ayuda que ha recibido- los bancos de cemento fueron pintados por amigos creativos, al igual que el interior del bar. También le han regalado muchísimas cosas y de hecho es una obra de arte de muchas personas.

A Antonio le gusta particularmente el haber podido crear un bar singular con una actitud tan liberal. No hay prejuicios. Todo el mundo es bienvenido y esto está simbolizado con la bandera que colocó en el tejado del bar el día de la inauguración. Esto indicaba que este no sería un bar específicamente para personas gays, sino un bar que está abierto a todo el mundo. Le da mucha satisfacción haberlo podido realizar. Todos son bienvenidos siempre que no les importe respetar a los demás. Es una regla que funciona. Lo notas cuando experimentas su singular atmósfera a la vez que disfrutas de una bebida entre personas de distintas generaciones escuchando la misma música y compartiendo el mismo espacio. Refleja perfectamente el punto de vista de Antonio sobre la vida mientras dice: "Tenemos que vivir aquí todos juntos y por ello debemos respetarnos los unos a los otros."

La Cochera es como un camaleón en el sentido de que siempre cambia. Las cosas no paran de moverse y de ser reemplazadas. Así que de una semana a otra su belleza artística y rareza puede haber variado. Es una continua obra de arte orgánica en progreso constante, que puede o no desaparecer en la inexistencia. La Cochera vive en el momento a la vez que muestra un pasado construido por su carismático dueño, Antonio. Hay belleza en el camaleón mientras recrea continuamente el misterio de lo desconocido, y deja a uno preguntándose si se convertirá en una memoria artística o formará parte de esta continua atracción artística y musical en su evolución eternamente mágica en el pueblo de La Herradura.

Antonio Cochera -
https://www.facebook.com/lacochera.laherradura

Atracción e inspiración

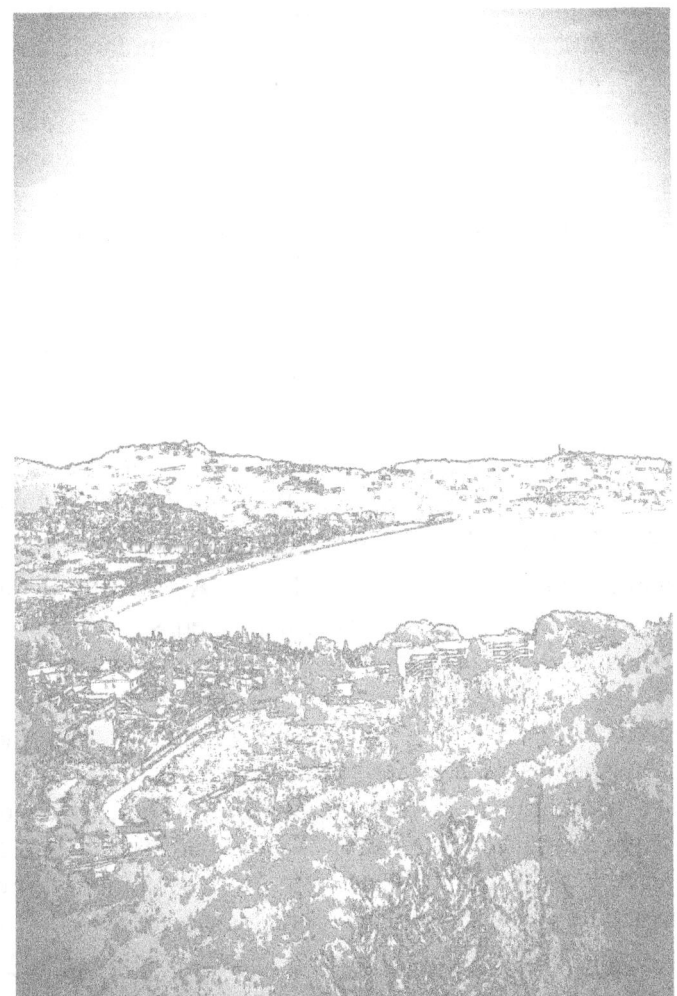

Soñando a lo grande- La Herradura, un gran espacio cultural

"Nací en París pero mis padres son de Andalucía. Conozco la zona de La Herradura desde que era un niño ya que mis padres solían venir hasta aquí en coche desde París. Mi madre nació en la provincia de Granada y veníamos a la costa para pasar las vacaciones. Cuando tenía doce años nos mudamos de París a Madrid. Conocí a Fabiana en Madrid en 1998, se convirtió en mi mujer y la madre de nuestros dos hijos. Es de Uruguay pero se vino a vivir a España con 26 años. En Madrid es muy fácil conocer a gente de otras culturas. Creo que es un plus ya que cambia tu perspectiva sobre la vida a través de conocer los hábitos, artes y formas de vida de otras personas.

Trabajé muchos años en Antena 3 en un programa de televisión. Era un empleo muy creativo y aprendí sobre muchas cosas, entre ellas decoración."

Mientras continúa su historia Mario Aguilar añade un poco de azúcar moreno a su café recién servido por la camarera del Califa, uno de los bares en primera línea de playa. En el bar Califa hay exposiciones con regularidad, eventos musicales y a veces baile durante el invierno. Además de disfrutar de las vistas del mar mientras charlas con un amigo en la terraza, puedes ser deleitado con eventos de música en directo. Varios bares en el pueblo ofrecen espacio para artistas tanto músicos como pintores creando un escenario artístico para sus visitantes.

¿Así que cómo acabaste en La Herradura? Pregunto y Mario continúa. "Durante muchos años en Madrid siempre soñé con venir a vivir a un pueblo tranquilo de la costa andaluza para comenzar nuevos proyectos en el mundo del arte y la cultura para niños y jóvenes. Hace más de quince años mi mujer y yo bajamos a Almuñécar de vacaciones. Ambos nos enamoramos y cuando nació nuestra hija decidimos mudarnos. La madre de mi mujer también vino para ayudarnos a cuidar del bebé mientras yo subía a Madrid entre semana para trabajar. Después de ocho meses resultó ser demasiado difícil estar separados y Fabiana y nuestra hija Julia volvieron a Madrid para estar conmigo. Mi suegra se quedó en Almuñécar y seguíamos volviendo de vacaciones. A mi mujer le ofrecieron un trabajo en un herbolario en Madrid y comenzó a desarrollar un gran amor por la medicina natural y alimentos ecológicos, e inició un camino para ella que nunca pretende dejar. Desarrolló un interés en la sanación con los sonidos de cuencos tibetanos y empezó a estudiar en Madrid y Serra de Grego Diafanum para convertirse en una maestra de meditación y fitoterapeuta, y también en una sanadora con sonido, usando entre otras cosas cuencos tibetanos y cuencos cantores de cuarzo.

Pero en el 2011, hubo un 'golpe del destino'. La crisis económica derivó en la cancelación de mi programa de televisión y me quedé en el paro. Además, con cerca de cincuenta años me resultó extremadamente preocupante y estresante. Intentamos reducir gastos mudándonos a una casa más barata, pero seguía siendo demasiado caro para nosotros. Entonces nació nuestro hijo y decidimos volver a la costa, encontramos un apartamento precioso en La Herradura y nos enamoramos de este estrafalario pueblo costero.

Perder mi trabajo fue muy duro y cuando ocurrió, sacudió mi total existencia, pero ¡no hay mal que por bien no venga! La Herradura le abrió puertas a mi mujer permitiéndole desarrollar su trabajo de curación por sonidos. Imparte clases de meditación y tratamientos de curación. También da conciertos meditativos con una amplia selección de instrumentos ancestrales, como solista o acompañada por diferentes músicos del este y del oeste y yo le ayudo a organizar estos eventos.

He vivido la mayor parte de mi vida adulta en ciudades grandes y al haber nacido en París siendo hijo de españoles me siento afortunado de haber recibido una abundante educación cultural con la maravillosa mezcla de dos grandes culturas, la española y la francesa. Soy consciente de ser francés, pero también soy consciente de ser español y andaluz. La cultura andaluza es muy rica. Por una parte es muy religiosa y por otra muy libertaria: una mezcla de lo oculto y lo vulgar, lo modesto y lo extravagante. También es una cultura muy acogedora. El tener que vivir en un pueblo pequeño requirió algunos ajustes y un cambio de mentalidad, que no fue necesariamente algo malo. La vida es mucho más tranquila por aquí, la gente está más relajada, pero también es más difícil innovar. Creo que el hecho de que mis padres fueran andaluces me ha ayudado a integrarme. Entiendo la mentalidad mediterránea y su particular sentido del humor. Para mí La Herradura porta la esencia de un típico pueblo andaluz con sus casas encaladas, sus estrechas calles, el paisaje mediterráneo y el carácter de la gente. Aparte de la belleza natural que rodea el pueblo tiene una atmósfera especial con su mezcla de habitantes españoles y turismo español por un lado y por otra parte una cantidad significativa de personas extranjeras que se han establecido aquí.

Siento que es un sitio ideal para plantar semillas de varias ideas que tendrán la ocasión de germinar y convertirse en algo valioso para el pueblo. Mi sueño es compartir mi conocimiento cultural y experiencias de vida con los jóvenes del pueblo. Hasta ahora he hecho contactos y plantado muchas semillas que espero que florezcan algún día en un futuro cercano. He creado una asociación con ideas de desarrollo cultural y social para ayudarme a realizar este sueño. El nombre de la asociación es *La Hoja Viva*. El nombre fue inspirado por un poema francés de Jacques Prevert que me gustaba mucho, llamado *Les feuilles mortes* (las hojas muertas). La Hoja Viva significa lo contrario y para mí es inspirador, vivo y lleno de esperanza. Desde que vivo en La Herradura he organizado varios proyectos culturales y ahora con la asociación organizamos los conciertos que da mi mujer en solitario y junto a otros músicos. Dar charlas en los institutos también es parte del proyecto. Tanto la concejalía de La Herradura como la de Almuñécar han sido muy serviciales y han ayudado cuando han podido. Otra cosa que me gusta de La Herradura es que he conocido a bastantes personas, tanto extranjeros como españoles que son apasionados por apoyar el cambio positivo y ayudar a convertir este pueblo en un brillante ejemplo de desarrollo basado en enfoques culturales y medioambientales. Este enfoque pretende crear una economía sana y un futuro para los jóvenes de La Herradura.

De no haber conocido a estas personas, esta atmósfera alternativa, probablemente no me hubiera quedado. Estas personas me inspiran con energía para hacer cosas. La vida sigue siendo un reto ya que las semillas que se han plantado tardan en germinar y algunas quizás se pierdan en el proceso. Mientras tanto tenemos que sobrevivir y criar a nuestros hijos, lo que significa que tengo que aceptar trabajos eventuales en el extranjero y Madrid para intentar llegar a fin de mes. Mi sueño es tener un local permanente para actividades culturales donde la gente pueda participar en talleres de todo tipo de arte y ayudarles a aprender y abrir sus horizontes. Sería un lugar para aprender de forma agradable como quizás con talleres de fotografía, pintura o música, etc. Sería un lugar donde dar presentaciones de libros de escritores locales y facilitar charlas sobre documentales o libros etc., sin agendas políticas.

La intención de la asociación es democratizar el arte e inspirar todo tipo de esfuerzos artísticos. Me gustaría que los niños comprendieran el arte contemporáneo y entren en contacto con la música, arte y literatura de otras culturas. La Hoja Viva ya ha atraído a gente al pueblo a través de su asistencia a nuestros eventos musicales de todas partes del mundo, como Hip Hop y sonidos de la

India.

Me gusta creer que La Herradura puede ser aún más especial de lo que ya es para la gente del pueblo y los turistas, ya que tiene muchos artistas brillantes que viven y trabajan aquí y su historia es fascinante. La idea es volver a despertar el amor de las personas de La Herradura por su pueblo y su historia, y que la gente de fuera pueda conocerlo mediante interesantes exposiciones, eventos musicales y quizás rutas guiadas llenas de historia mientras disfrutan de la excelente hospitalidad ofrecida en los numerosos bares y restaurantes.

Me siento afortunado, ya que fui introducido a la cultura, al arte y la literatura a una edad muy temprana. Tenía mucha suerte de poder conocer tantas culturas diferentes en Madrid – de Uruguay, Argentina y Colombia. He conocido aquí en La Herradura a personas maravillosas de otras partes de Europa -holandeses, irlandeses, italianos, británicos, alemanes, suizos, suecos etc., también de sitios más lejanos, que tienen un gran aprecio por este precioso lugar. Para mí esto es increíblemente enriquecedor y algo que quisiera compartir, especialmente con niños. No digo que la gente debería dejar de ser andaluza o española, sino más bien deberían abrirse a otras maneras de pensar que podrían ayudar a cambiar sus vidas para mejor.

Una parte de mi corazón permanecerá siempre en Madrid, pero ya no me gusta vivir allí. La Herradura tiene algo especial difícil de describir y ahora quiero estar aquí. Espero que algún día se cumpla mi sueño de tener un espacio cultural. Todo está listo para empezar ya que he desarrollado algunos proyectos y está todo preparado. Me gusta organizar fiestas temáticas, eventos y conciertos, todos con el objetivo de poner a La Herradura en el mapa culturalmente, pasito a pasito, seguro que llegamos. La Herradura es un lugar único y su arte, cultura y literatura pueden hacerte feliz. Puedo y espero hacer La Herradura 'feliz' atrayendo a más personas conscientes de la cultura, ayudando así a la situación social y económica de esta bahía encantadora."

Mario Aguilar

Creando un interés

"Supongo que esto es lo que hago hasta cierto punto, crear un interés en otros sobre lo que me interesa. Espero que no suene presuntuoso ya que no es mi intención. Me apasionan las cosas que considero importantes y me gusta transmitirlo. Ya sea cuidar tu cuerpo, dar a niños desfavorecidos la oportunidad de crear música, mostrar a la gente diferentes formas de acercamiento a la vida o apreciando la música clásica.

Mi vida trata sobre muchas cosas, entre las cuales el ser madre. Estoy casada con Stephen Hill y tenemos cuatro hijos. Yo tengo tres y él dos, uno de ellos juntos. Stephen es inglés y yo soy holandesa. Nací en La Haya en los Países Bajos pero las circunstancias me llevaron a La Herradura. La relación con el padre de mis dos hijos pequeños no era perfecta y como necesitaba un tiempo para aclarar mi cabeza decidí tomarme un tiempo con los niños. Además quería aprender español y una amiga me recomendó La Herradura, donde vino seis años atrás. No quería acabar en una ciudad grande, así que vivir en un pueblo de la costa con cuidado infantil disponible sonaba perfecto. Vinimos en agosto del 2006. En principio había planeado hacer una especie de vuelta al mundo con los niños durante ocho o diez meses, a Portugal antes que España y luego a Asia o Australia. !No llegué muy lejos ya que decidí quedarme aquí! Me di cuenta de que la ausencia de integración social con gente de su propia edad no sería buena para mis hijos por lo que sería mejor quedarme ocho meses en La Herradura. Su padre estaba de acuerdo. Necesitaba distanciarme de él para poder aclararme y saber si nuestra relación se podía salvar. Vino a España en noviembre para hablar, pero él sentía que ya no podía funcionar. En enero él ya tenía una nueva pareja y decidí quedarme en La Herradura. Poco después conocí a Stephen.

Era el año 2007, un año ajetreado para mí, un año de numerosos cambios. De alguna manera, ese primer año en

España había sido una especie de año catalizador al ser aquí donde encontré la libertad para pensar en cómo quería vivir la vida. Me di cuenta de que quería salir de la rutina de Holanda en la que todos parecen estar metidos – presos por las hipotecas y empleos, dominados por prisas; una vida dirigida por obligaciones, agendas llenas de citas, todo excesivamente organizado y donde las amas de casa no estaban bien vistas. Necesitaba encontrar una vida diferente para mí y mis hijos.

En el verano del 2007 fui a Suiza, durante dos semanas, a un retiro con el monje tibetano Tulku Lobsang. Conocer a Tulku ha tenido un gran impacto sobre mí. Me ha ayudado a dar forma a mis opiniones e ideas sobre la vida, sobre la tierra. Es como una infraestructura, como una filosofía. Un poco más tarde del taller en Suiza murió mi padre después de una dura batalla contra un tumor cerebral. Estábamos muy unidos y fue casi como si hubiera esperado a que volviera a encontrar 'mi camino'. Había sido ingeniero civil y su enfermedad le hizo reflexionar sobre su vida. Decidió que quería aprovechar el tiempo que le quedara y volver a encontrar la conexión con su lado espiritual que sentía que había perdido. Empezó a hacer meditación y arte, creando cosas de madera. Cerca del final de su proceso de muerte, que duró seis años, estaba en paz, como tocado por 'la luz' o el otro lado. Esto era palpable cuando estaba con él. Sabía que era feliz y que había encontrado otra dirección en la vida y la meditación formaba parte de ello. Con los años me convertí en una maestra profesional de yoga tibetano Lu Jong y volví a ser madre de una maravillosa niña. Stephen y yo éramos felices y decidimos casarnos.

Nos encanta vivir en este pueblo ya que hay tantas personas con ideas afines. Aquí es como formar parte de una gran familia, todo el que ha venido buscando una nueva vida; un modo de vida en el que puedes vivir tu propia libertad, llenar tu vida del modo que creas mejor y también trabajar juntos por un mundo mejor a través de varios proyectos y actividades. También es genial para que los niños crezcan sin demasiadas distracciones de la cultura moderna como pueden ser equipos electrónicos, estando en contacto con la naturaleza y en equilibrio con uno mismo y la tierra. También creo que es beneficioso que estén expuestos, a diario, a una gran variedad de culturas.

También encontramos una maravillosa casa en la que vivir y criar a nuestros hijos, en Punta de la Mona. Cada día al volver a casa después de dejar a los niños o de una clase de yoga, siento una chispa de gratitud en mi corazón, tomando la salida de Punta de la Mona y siguiendo recto, pasando la Flor de Hierro, escultura de Feliciano Hernández, conduciendo cuesta abajo hacia el corazón de la Punta. Es como estar atrapado en un cuento de hadas hecho realidad. Grandes pinos verdes, aparentemente los árboles más viejos del pueblo, aportando una sensación mágica. Giro a la izquierda en la rotonda en dirección al puerto y con una aguda curva hacia la derecha giro inmediatamente al Camino de la Ermita que ahora llamamos nuestro vecindario. Siguiendo la calle unos cien metros más abajo se encuentra la ermita de la punta, diseñada por el arquitecto Prieto Moreno que se llevaba muy bien con un cura de la congregación católica en Madrid. La capilla fue creada para permitir la celebración de las misas católicas en verano. Este santuario religioso es inusualmente moderno en el interior y exterior. Una preciosa escultura de hierro, hecha en 1992 por Feliciano Hernández es un recordatorio de la visión de Prieto Moreno, arquitecto y político que vivió desde 1906 a 1985 y se enamoró de La Herradura. Él fue el artífice de la urbanización de la Punta de la Mona. Su visión era crear una bonita área con casas y numerosas zonas verdes. Estaba terminantemente en contra de la construcción excesiva en la punta, como en tantas otras partes de la costa española. Al entrar en la ermita sientes que vuelves a un pasado bastante reciente. Un pilar moderno con una abstracta cruz blanca y un precioso mural representando a la Virgen María con el niño Jesús, bajo la atenta mirada de dos ángeles, son señales obvias de que es un santuario religioso. La sección hundida, de bancos de piedra blancos con cojines de tela azul para que la gente pueda sentarse cómodamente en las misas de fin de semana durante las vacaciones, tiene un distintivo aire de los setenta. Grandes ventanas te ofrecen un maravilloso panorama del mar en dirección a Almuñécar. Desde la ermita un camino en el bosque te guía hasta el faro donde puedes empaparte de una vista impresionante.

Nos gusta vivir en esta parte de La Herradura. Además de compartir similares puntos de vista sobre la vida, Stephen y yo también compartimos amor por la música. Yo toco el piano, no muy bien pero lo disfruto. También me gusta cantar y he tomado algunas clases de canto. Solíamos organizar un proyecto llamado *Starfish* (estrella de mar), para proporcionar una oportunidad para que la juventud hiciese música. La verdad es que fue idea de mi marido Stephen Hill, ya que había organizado un proyecto similar en el Festival Internacional de Guitarras de Lewes, también creado por él. Se sintió inspirado a hacer esto por su hijo que tocaba los tambores. La asociación *Starfish* se creó para poder proporcionar un espacio para que la juventud practicase con instrumentos y para organizar conciertos y promocionar bandas. Yo participaba en la organización junto con mi marido y otros cuantos músicos y amantes de la música. Tuvimos numerosos conciertos exitosos y un grupo de músicos también visitaba los colegios para dar clases de forma espontánea. Treinta personas en una clase tendrían una 'jam session' con instrumentos. Era extraordinario y muy exigente con los músicos pero recompensaba ver a los jóvenes, que nunca habían tenido la experiencia de crear música espontánea. Dejaba a todos una sensación fantástica. Lamentablemente el proyecto se suspendió debido a la falta de un espacio de práctica, ya que perdimos el que teníamos cuando empezamos. De ahí fuimos incapaces de dar con un lugar rentable que pudiera insonorizarse y tener una supervisión adecuada para que la gente joven pudiera practicar allí. Pero esperamos poder retomarlo algún día y continuar Starfish.

Stephen también se encarga de una serie de conciertos llamada *Maestros de la Guitarra*. Le ayudo a organizar los conciertos. Traemos a guitarristas clásicos al pueblo para contribuir a la vida cultural de La Herradura. Suelen estar encantados de venir y sentirse inspirados por la conexión con Andrés Segovia. Consideran que es un gran honor tocar en la presencia del legado de Segovia y pueden contar con un público agradecido. La verdad es que disfruto organizando eventos y también estoy orgullosa de haber podido invitar a Tulku Lobsang al pueblo en dos ocasiones para que otras personas pudieran conocer su manera de ver la vida. El yoga tibetano que he aprendido de él se ha convertido en una parte importante de mi vida. En mi opinión el yoga es muy bueno para el cuerpo y mente y tiene un efecto sanador. Este efecto sanador es algo que también me interesa mucho y estudiar reflexología era un paso lógico para mí. Consiste en hacer presión sobre puntos específicos usando zonas de reflejo en las manos y los pies. Se cree que estos puntos corresponden a un órgano y sistemas específicos del cuerpo y esta presión promueve la auto-sanación.

Siento que vivir consciente y saludablemente es importante. Stephen y yo también formamos parte de un proyecto llamado *Eco-Huerto* – ofreciendo a niños la oportunidad de experimentar el cultivo de su propia comida de forma responsable, en armonía con la naturaleza y sin usar productos químicos. Pensamos que era un gran proyecto y esperamos poder seguir con ello algún día. El terreno que usábamos nos lo cedían de forma gratuita pero el dueño encontró un cliente que pagaba y eso significó que tuvimos que suspender el proyecto hasta que encontremos otro terreno para empezar de nuevo. La escuela local, Las Gaviotas, también estaba involucrada y el proyecto del Eco-Huerto se desarrolló allí duranteados años. Desde el punto de vista de los padres había una comprensible división de interés. A algunos padres les encantaba – aquellos que se criaron en pueblos o ciudades y que aprecian el acercamiento del contacto con la naturaleza. Aunque algunos padres de la zona no veían la lógica en que sus hijos perdieran tiempo escolar con ese proyecto. Estos padres tenían familiares que habían tenido que trabajar en el campo para sobrevivir. Estos padres no querían volver a esa vida y quieren que sus hijos sean médicos, abogados, etc. Para ellos la educación está fuertemente asociada con la mente y quieren que sus hijos tengan éxito. Quieren que sus hijos sean lo que ellos nunca fueron. Es un punto de vista razonable pero yo creo que sería bueno que hubiera un equilibrio. Hay tantos proyectos y cosas maravillosas sucediendo en mi vida y todas aquí en La Herradura. ¡Me encanta y me encanta compartirlo con quien lo quiera escuchar! Eso es que me apasiona, crear un interés..."

Marjolein Lu Jong - www.in-spira.info

Un pueblo de fiestas

Una parte muy característica de la vida en España son sus muchas fiestas. En casi todas las aldeas, pueblos y ciudades es costumbre para cada barrio organizar una fiesta al menos una vez al año. También es costumbre tener fiestas nacionales, la mayoría con algún tipo de celebración. Cada aldea, pueblo y ciudad tiene su propio día Santo, que se celebra con una feria y eventos musicales donde la gente sale y baila hasta la madrugada. Se sirven bebidas y tapas de barbacoa en las calles y en diversas tiendas vacías o garajes.

También es muy común en España que cuando una fiesta nacional cae en un jueves o un martes las personas también pidan el viernes o el lunes como día de vacaciones. Esto se llama un Puente. Muchos toman un mini descanso para celebrar este Puente.

La Herradura sigue siendo un pueblo muy español, especialmente en verano donde vienen sobre todo turistas españoles. Muchos de los apartamentos y casas tienen dueños españoles de ciudades como Madrid y Granada, que bajan al pueblo para pasar sus vacaciones. Les encanta la paz y la tranquilidad de la aldea, y su ambiente despreocupado, así como la amplia gama de deportes náuticos y excelente entretenimiento en los bares y restaurantes. Y por supuesto, al ser españoles, les encanta pasear por las noches de verano para ver y saludar a viejos amigos.

Fiestas locales, nacionales y ferias

Enero 1 - Día de año nuevo - fiesta nacional

Enero 6 - Epifanía del Señor y los Reyes Magos - Fiesta Nacional

La Epifanía, que significa literalmente 'manifestación', es una de las más antiguas celebraciones religiosas en España y se refiere a Jesús que baja a la tierra en forma humana. Ya era conocido en Egipto y otros países árabes, y su primera mención data del año 361 d.C.

Ahora es una fecha para conmemorar la adoración de Jesús por los Tres Sabios Reyes ofreciéndole los regalos simbólicos de incienso, mirra y oro. En algunos países es tradición darles regalos a los niños. En La Herradura siempre se celebra con un espectáculo maravilloso. Tan pronto como llega la oscuridad de la noche del cinco de enero, un colorido desfile de carrozas bellamente vestidas con los exquisitamente adornados tres Reyes y sus Reinas que los acompañan, sale del castillo y se mueve hacia el pueblo, rodeado de adultos y niños vestidos con ropa especial para la ocasión. Los niños que están mirando el espectáculo desde las calles reciben una ducha de dulces que luego son recogidos en bolsas por los pequeños entusiasmados. Otros niños bailan a intervalos en el desfile. Este colorido desfile llega finalmente a la Plaza Nueva donde los tres reyes y sus reinas tienen sus asientos en el escenario con sus elaborados tronos. Ahí es cuando llaman a los niños por sus nombres y ellos entonces suben al escenario para recibir sus regalos de los Reyes en medio de gran expectación.

Febrero 2 - La Candelaria

La Fiesta de Nuestra Señora de la Candelaria, (presentación de Jesús en el templo, Candelaria), es una fiesta popular que se celebra en honor de la Virgen de la Candelaria. Particularmente importante en Tenerife (Islas Canarias) donde la Virgen de la Candelaria se cree que ha aparecido en el siglo XV, se celebra también en el resto de España, con desfiles y en los pueblos de costa con pequeñas fogatas en la playa.

El Carnaval – las fechas varían

En La Herradura se celebra el Carnaval, y el pueblo se prepara para el evento a lo largo del año. Diversas asociaciones dedican su tiempo para convertirlo en un espectáculo anual que merece la pena visitar. Generalmente hay un desfile de Carnaval hacia el centro cívico de niños acompañados por sus padres, mostrando sus trajes y disfrutando de la fiesta con música y teatro.

Pero el carnaval en el pueblo no es solo para los niños. Cada año hay un concurso de chirigotas. La chirigota es un género de canción coral española folclórica y satírica, que se canta sobre todo en las calles durante el carnaval anual. Los cantantes están todos vestidos para la ocasión y cantan sobre temas políticos, locales o morales.

Febrero 28 - Día de Andalucía – Este día de vacaciones marca el reconocimiento de Andalucía como comunidad autónoma en 1981.

Marzo 19 - San José. Esta es la fiesta patronal de La Herradura en honor de San José. Hay una procesión religiosa en la parte antigua del pueblo y hay varios eventos de celebración como ¡la corrida de cintas en la playa! La fiesta se extiende siempre a lo largo de 4 días, con una gran carpa en Plaza Nueva, con actuaciones de música en vivo cada noche. Durante la fiesta hay una feria en el paseo marítimo. En la calle hay feria de día donde se ofrecen bebidas y comida a los visitantes y siempre hay un ambiente bonito y feliz. En la última noche de la fiesta, la gente va a admirar un bello espectáculo de fuegos artificiales en la playa.

Semana Santa - Las fechas varían. Sin duda la fiesta más importante del año es la Semana Santa, que dura desde el domingo de Ramos hasta el domingo de Pascua, cubriendo así toda una semana. La Semana Santa es conocida por las muchas procesiones durante toda la semana, en conmemoración a la crucifixión y resurrección de Cristo. Es una semana de espectáculo muy conmovedor. Grandes tronos de madera pesadas con un sinnúmero de decoraciones elaboradas en las cuales se colocan varias estatuas de Jesús y su madre, son llevados por hermandades durante muchas horas por las calles. Las estatuas parten de diferentes iglesias por varias rutas en un programa altamente coordinado varias veces durante el día y a veces hasta las primeras horas de la mañana. En estas procesiones hay también nazarenos con túnicas con capucha, llevando velas y objetos religiosos, así como personas vestidas con atuendo de soldado romano y las mujeres y niñas con velas y mantillas largas. Bandas del pueblo y la ciudad tocan música con el ritmo adecuado para acompañar a estas procesiones. Cuando las estatuas se cruzan, los tronos son elevados por los portadores con la mano y las estatuas se saludan mutuamente con una forma única y emocionante de danza.

Viernes Santo es una fiesta nacional. Este día se recuerda la Muerte de Jesús de Nazaret.

Mayo 1 - El Dia del Trabajo. Fiesta Nacional, celebración de los derechos de los trabajadores.

3 de Mayo- Día de la Cruz. Suele celebrarse del 1 al 3 de mayo. Es una de las fiestas españolas más populares. La fiesta se refiere a la búsqueda de la cruz cn la que murió Jesús por la Emperatriz bizantina Santa Elena.

Sin embargo, tradiciones populares que también son conectadas al festival tienen su origen en tradiciones paganas traídas a España por el imperio romano, de la cual el 1 de mayo es un ejemplo.

La gente del pueblo crea elaboradas cruces decoradas con flores y mantones e incluso una selección de complementos y utensilios de cocina. Las viejas tradiciones se conservan, como el colocar una manzana y un par de tijeras cerca de la cruz que se utilizan como advertencia de que no se debe criticar una decoración de la Cruz.

23 - 24 Junio - San Juan También conocida como la Noche de San Juan y que celebra el nacimiento de Juan el Bautista y el solsticio de verano. En regiones turísticas también marca el comienzo de le temporada de vacaciones de verano. En pueblos y ciudades de la costa es la única noche del año que la gente puede hacer fuegos y barbacoas en la playa. Grupos de amigos y familias se reúnen y establecen sus tiendas de campaña en la playa durante el día y en la noche hacen las barbacoas y encienden las hogueras. Estas se utilizan simbólicamente para quemar viejos recuerdos y marcar un nuevo comienzo. Según la tradición, la gente tiene que saltar la hoguera tres veces para poder ser limpiado y purificado y para que tus problemas sean quemados.

Algunas personas escriben un deseo en un pequeño papel que luego tiran al fuego. Es costumbre que cuando llegue la medianoche las personas se lancen al mar o laven sus ojos en el agua del mar. Se cree que esto crea suerte y te da el poder para ver el futuro con más claridad. Se comparten comidas y bebidas; la música de una guitarra nunca está muy lejos y se continúan las celebraciones hasta la madrugada. Puede ser una experiencia realmente mágica.

Corpus Christi – la fecha es variable Día del Señor. Una celebración de la iglesia donde los niños que acaban de tener su primera comunión van a varios barrios en el pueblo donde las personas han creado una cruz, y han esparcido flores por la calle.

Julio 16 - Fiesta de la Virgen del Carmen Esta fiesta es muy celebrada tanto en La Herradura como en Almuñécar. La Virgen del Carmen es la patrona de los marineros. El 15 de julio la estatua de la Virgen del Carmen se lleva desde la iglesia hasta la playa acompañada por música de banda. Luego es trasladada en un barco para navegar alrededor de las rocas de la bahía escoltada por un grupo de fieles. Después llega nuevamente a la playa. A esto le sigue un espectáculo de fuegos artificiales realmente increíble en la playa. Después la gente se va a comer, beber y bailar con música en vivo en la Plaza Nueva.

Cada último fin de semana de agosto - La Herradura Festival de Blues Con músicos nacionales e internacionales, tocando su música en vivo frente a un público cautivado. Generalmente tiene lugar en el castillo local.

1ª semana de octubre – Festival del Mar Festival para crear conciencia sobre problemas ambientales marinos actuales. Muchas actividades con los niños, música en vivo y actividades interesantes de mar para adultos. Organizado por la asociación Amigos del Mar.

Noviembre 1 – Día de los Santos y Día de las muertos Esta es más una fecha para la gente del pueblo, hay un éxodo en masa al cementerio, y las tumbas son decoradas con flores y los familiares hablan, recordando a los amigos y la familia. También es un día de fiesta nacional.

3ª semana de noviembre - Certamen Internacional de Guitarra Clásica Andrés Segovia - Cinco días de la mejor música de guitarra española de todo el mundo, celebrado en La Herradura. Las rondas previas de la competición son gratuitas pero las finales son solo con entrada.

Diciembre 6 - Día de la Constitución Día de fiesta nacional

Diciembre 8 - Día de La Inmaculada Concepción. Fiesta nacional de la Inmaculada Concepción de la Virgen María.

Diciembre 25 - Natividad del Señor - Día de fiesta nacional

Diciembre 28 - Día de los Santos Inocentes - también llamado Día de la Zorra donde la gente sale de excursión a Cerro Gordo para compartir comida, como carne de cerdo, de caza y pucheros.

Nota del autor

Escribir este libro ha sido un viaje muy interesante. Un viaje reuniendo y compartiendo las sorprendentes e inspiradoras historias de unos cuantos habitantes y algunos de los muchos artistas que han encontrado su camino hasta el pueblo de La Herradura. Naturalmente, hay más artistas, escritores y otras personas creativas que han vivido un tiempo en el pueblo o que aún lo hacen y que no he podido incluir en este libro, simplemente ¡no podría incluirlos a todos! Todos los entrevistados han recibido una copia de su propia historia para aprobación antes de la publicación. Casi todos, en colaboración conmigo, han hecho pequeños cambios en sus historias, lo que es normal en un proceso de escribir sobre contemporáneos. Tres personas han revisado intensivamente sus historias, respetando mi estilo y la idea del libro. Tomás Hernández Molina ha preferido escribir su propia historia con su estilo propio.

Comprendo totalmente la pasión de los artistas, no solo por su propio trabajo (todos son fantásticos ejemplos de cómo seguir el deseo del corazón y el destino del alma) sino también por el amor verdadero y perdurable que todos sienten por La Herradura.

Fue mi amor personal por La Herradura la que me impulsó a emprender este viaje. Espero que al leer este libro te sumerjas en la historia y la evolución del pueblo, así como conocer algunos personajes pintorescos e interesantes, espíritus creativos que viven en los alrededores de esta localidad.

¡Que sus palabras inspiradoras te inspiren a hacer un viaje creativo dentro de ti!

Renate van Nijen

NB: Cuando esté leyendo este libro las circunstancias de algunos de los artistas pueden haber cambiado. Toda la información en este libro fue proporcionada por los entrevistados, encontrada en internet o en los siguientes libros:

- Ŝāt – Jate La Herradura – José Ángel Morales y Carmen Molina Poveda
- Un viento inesperado - Tomás Hernández Molina
- Naufragio en La Herradura – Juanfran Cabrera